Produktplatzierung
und duales Rundfunksystem

**Europäische Hochschulschriften**

European University Studies

Publications Universitaires Européennes

**Reihe II** **Rechtswissenschaft**

Series II Law

Série II Droit

Band/Volume **5437**

Dominik Markus André Herzog

# Produktplatzierung und duales Rundfunksystem

## Die neue Rechtslage nach Inkrafttreten des 13. Rundfunkänderungsstaatsvertrags

PL ACADEMIC RESEARCH

**Bibliografische Information der Deutschen Nationalbibliothek**
Die Deutsche Nationalbibliothek verzeichnet diese Publikation in der Deutschen Nationalbibliografie; detaillierte bibliografische Daten sind im Internet über http://dnb.d-nb.de abrufbar.

Zugl.: Chemnitz, Techn. Univ., Diss., 2012

Ch 1
ISSN 0531-7312
ISBN 978-3-631-62741-9


Internationaler Verlag der Wissenschaften
Frankfurt am Main 2013

PL Academic Research ist ein Imprint der Peter Lang GmbH



www.peterlang.de

Zum Andenken an meinen Großvater

# Vorwort

Die vorliegende Dissertation wurde im Sommersemester 2012 von der Technischen Universität Chemnitz, Fakultät für Wirtschaftswissenschaften, als Dissertation angenommen. Der Dank gebührt an allererster Stelle meinem Doktorvater, Herrn Prof. Dr. Ludwig Gramlich, der durch seine stets treffenden und fundierten Anmerkungen in erheblichem Umfang zum Gelingen der vorliegenden Arbeit beigetragen hat. Fachlich wie menschlich stand Herr Prof. Dr. Ludwig Gramlich als unermüdlicher Motivator zur Seite und hat durch seine stets prompten Rückmeldungen und seine aufopferungsvolle Betreuung die Arbeit an der Promotion in ganz erheblichem Maße erleichtert. Außerordentlicher Dank gebührt zudem Herrn Prof. Dr. Matthias Niedobitek für die zügige Erstellung des Zweitgutachtens. Der mit Abstand wichtigste Dank gilt meinen Eltern und meiner Großmutter, die mich weit über das zu erwartende Maß hinaus moralisch und nicht zuletzt finanziell unterstützt haben und damit den Weg für dieses aufwändige Unterfangen erst geebnet haben. Zu guter Letzt danke ich all denjenigen Weggefährten, die sich bereits geraume Zeit vor Abschluss des Promotionsverfahrens für die Anrede meiner Person mit Titel entschieden haben und den Abschluss der Dissertation damit antizipiert haben.

München im Dezember 2012 Der Autor

# Inhaltsverzeichnis

# A. Einleitung

## I. Produktplatzierung und 13. Rundfunkänderungsstaatsvertrag

Am 1. April 2010 ist der 13. Rundfunkänderungsstaatsvertrag[1] in Kraft getreten. Dieser setzt die EU-Richtlinie über audiovisuelle Mediendienste („AVMD-Richtlinie“)[2], welche am 19. Dezember 2007 in Kraft trat, in nationales Recht um und bringt zahlreiche Ergänzungen und Modifizierungen von Bestimmungen des bislang geltenden Rundfunkstaatsvertrages in der Fassung des 12. Rundfunkänderungsstaatsvertrags mit sich, die den privaten und öffentlich-rechtlichen Rundfunk in Deutschland betreffen.[3] Von besonderer Bedeutung für die Praxis sind dabei insbesondere die neuen gesetzlichen Regelungen zu Produktplatzierungen im Rundfunk (engl. „Product Placements”). Hierunter versteht man grundsätzlich die Integrierung eines Markenproduktes gegen Bezahlung in die Handlung bzw. in den Ablauf einer Fernsehsendung in der Art und Weise, dass besagte Produktplatzierung für den Fernsehzuschauer auch als solche erkennbar ist.

Das Phänomen der Produktplatzierung entstammt ursprünglich der Betriebswirtschaftslehre und wird dort als Instrument der sogenannten erlebnisorientier-

1 Vgl. Zustimmungsgesetze der Länder: Baden-Württemberg: G. v. 16. 3. 2010 (GBl. S. 307), Bayern: Bek. v. 15. 3. 2010 (GVBl S. 145), Berlin: G. v. 3. 2. 2010 (GVBl. S. 39), Brandenburg: G. v. 16. 2. 2010 (GVBl. I Nr. 8 S. 1), Bremen: G. v. 17. 3. 2010 (Brem.GBl. S. 235), Hamburg: G. v. 2. 3. 2010 (HmbGVBl. S. 239), Hessen: G. v. 4. 3. 2010 (GVBl. I S. 54), Mecklenburg-Vorpommern: G. v. 11. 3. 2010 (GVOBl. M-V S. 150), Niedersachsen: G. v. 17. 3. 2010 (Nds. GVBl. S. 135), Nordrhein-Westfalen: Bek. v. 9. 2. 2010 (GV. NRW. S. 144), Rheinland-Pfalz: G. v. 19. 2. 2010 (GVBl. S. 27), Saarland: G. v. 10. 2. 2010 (Amtsbl. S. 10), Sachsen: G. v. 10. 3. 2010 (SächsGVBl. S. 86), Sachsen-Anhalt: G. v. 15. 3. 2010 (GVBl. LSA S. 112), Schleswig-Holstein: G. v. 23. 3. 2010 (GVOBl. Schl.-H. S. 407), Thüringen: G. v. 26. 2. 2010 (GVBl. S. 28); der *Rundfunkstaatsvertrag* in der Fassung des 13. Rundfunkänderungsstaatsvertrages wird im Folgenden abgekürzt als *RStV*.

2 „Richtlinie 2007/65/EG des Europäischen Parlaments und des Rates vom 11. Dezember 2007 zur Änderung der Richtlinie 89/552/EWG des Rates zur Koordinierung bestimmter Rechts- und Verwaltungsvorschriften der Mitgliedstaaten über die Ausübung der Fernsehtätigkeit“, Amtsblatt Nr. L 332 vom 18.12.2007, S. 27, im Folgenden AVMD-Richtlinie genannt.

3 Vgl. auch Begründung zum Dreizehnten Staatsvertrag zur Änderung rundfunkrechtlicher Staatsverträge, S. 1.

ten Kommunikationspolitik verstanden.[4] Die Besonderheit der Produktplatzierung liegt in ihrem engen Bezug zum Inhalt des Programms: Als Gegenstück zur klassischen Werbung in Werbeblöcken, die auf dem Prinzip der strikten räumlichen und thematischen Trennung zwischen Werbung und Programm basiert, wird die Produktplatzierung der programmintegrierten Werbung zugerechnet, bei der Werbung und Programm wechselseitig durchdrungen werden.[5] Insbesondere in den USA ist Product Placement seit langem weit verbreitet, die Wurzeln dieses Phänomens liegen jedoch in Frankreich: So war in dem Film „Défilé du 8e battalion" der französischen Gebrüder Lumière aus dem Jahre 1896 deutlich der Name der Seifenmarke einer britischen Firma zu erkennen; diese Einblendung gilt als das erste Product Placement in der Geschichte des Films und soll an dieser Stelle als einleitendes Beispiel für eine Produktplatzierung dienen.[6] Ungeachtet der rechtlichen Bedingungen ist die Produktplatzierung aber auch in Deutschland schon seit geraumer Zeit praktizierte Realität; die Aushöhlung des sogenannten Trennungsgrundsatzes hat in der Praxis daher faktisch längst begonnen.[7] So betrug das in Deutschland in Product Placements investierte Volumen nach Schätzungen bereits 2005 – mithin fünf Jahre vor Inkrafttreten der neuen Regelungen – über 500 Mio. EUR.[8] Bei dieser Zahl ist zwar zu berücksichtigen, dass nach bislang geltender Rechtslage Produktplatzierungen in Kinofilmen zulässig waren und für erhebliche Umsätze gesorgt haben.[9] Trotz des Verbots entgeltlicher Platzierungen von Produkten bzw. Schleichwerbung[10] im Rundfunk ist jedoch weitestgehend bekannt, dass sich bereits in der Vergangenheit auch im Rundfunk ein eigener Markt für Produktplatzierungen entwickelt hat. Teilweise wurden hierbei die gesetzlichen Spielräume, etwa die Regelungen zum Sponsoring oder zur unentgeltlichen Produktionshilfe, ausgenutzt.[11] Teilweise wurde jedoch schlichtweg „contra legem" gehandelt, wie die zuletzt öffentlich bekannt gewordenen Schleichwerbeskandale im öffentlich-rechtlichen Fernsehen belegen.[12]

4 *Kloss*, S. 437 ff.; *Nieschlag/Dichtl/Hörschgen*, S. 984 ff.

5 *Schaar*, S. 23.

6 *Wolf*, DER SPIEGEL 22/10, S. 114.

7 *Ladeur*, AfP 2003, S. 385 (390); *Fuchs*, S. 82.

8 *Jolly*, Absatzwirtschaft 3/05, S. 93.

9 Hierbei bestand und besteht jedoch eine Pflicht zur Kennzeichnung, soweit Zahlungen für den Auftritt von Unternehmen bzw. deren Produkte in nicht unerheblichem Umfang erfolgt sind, so BGH GRUR 1995, S. 744 (747).

10 Zur Abgrenzung siehe B. I. 2.

11 *Castendyk*, ZUM 2010, S. 29 (30 f.).

12 Zum Fall „Marienhof" siehe *Lilienthal*, epd medien 42/05, S. 1 f; zum Verdachtsfall „Die Affäre Semmeling" siehe *Brandenburg/Merholz*, BILD vom 13.01.2011, S. 8.; siehe dazu auch *Frey*, S. 69 f.

Im Zuge des 13. Rundfunkänderungsstaatsvertrages wird der Grundsatz des Verbots von bezahlten Platzierungen nun eingeschränkt und die Rechtslage hierdurch maßgeblich geändert. Zwar bleibt rechtssystematisch auch nach dem neuen RStV die Produktplatzierung grundsätzlich unzulässig, jedoch wurden Ausnahmetatbestände eingeführt, nach denen entgeltliche Produktplatzierungen im Rundfunk bei Erfüllung bestimmter Voraussetzungen zulässig sein können. Diese Ausnahmen gelten sowohl im privaten als auch im öffentlich-rechtlichen Rundfunk. Zu beachten ist hierbei allerdings, dass die Anforderungen an die Erfüllung der Ausnahmetatbestände im öffentlich-rechtlichen Rundfunk erheblich höher sind als im privaten Rundfunk. Diese Diskrepanz ist zentrales Thema der vorliegenden Arbeit.

## II. Ausgangslage

### 1. Entwicklung des Marktes

Mit der Neuregelung wird der in der Praxis gewachsenen Bedeutung von Produktplatzierungen Rechnung getragen und hierfür eine rechtliche Grundlage geschaffen. Insbesondere die Tatsache, dass sich schon unter den ungleich strengeren Voraussetzungen der alten Rechtslage ein nicht unerheblicher Markt für kommerzielle Produktplatzierungen im Rundfunk entwickelt hat, belegt, dass eine deutliche Nachfrage nach dieser besonderen Werbeform besteht. Dies gilt offenbar für sämtliche Beteiligte, namentlich sowohl für die werbetreibende Industrie als auch für Rundfunkveranstalter sowie grundsätzlich auch für die Produzenten von Inhalten für Film und Fernsehen. Infolge der Öffnung des bislang geltenden Verbots in Gestalt der Einführung der Ausnahmetatbestände ist zudem zu erwarten, dass der Markt auch in Zukunft noch weiter anwachsen wird, insbesondere wenn die zahlreichen Möglichkeiten für die Umsetzung von Produktplatzierungen zukünftig systematisch ausgeschöpft werden können. Dies setzt voraus, dass die Zusammenarbeit zwischen den Produzenten und der werbetreibenden Industrie – unter entsprechender Einbindung der Sendeunternehmen, die für die Umsetzung der Platzierungen nach der Systematik des RStV verantwortlich gemacht werden[13] – in einem frühen Stadium des Produktionsprozesses anläuft.[14] Je früher die Interessen der beteiligten Parteien im Hinblick auf die Realisierung von Produktplatzierungen abgestimmt werden können, desto eher kann

13 Vgl. § 49 Abs. 1 RStV, dort z.B. Nr. 7-9.
14 Vgl. hierzu auch *Fuchs*, S. 48 f.

bei der zeit- und geldintensiven Film- und Fernsehproduktion das Potenzial von Produktplatzierungen ausgeschöpft werden.

## 2. Interessenlage

Die jeweils an der Umsetzung von Produktplatzierungen im Rundfunk beteiligten Parteien verfolgen naturgemäß Interessen unterschiedlicher Art, jedoch bietet diese Werbeform für sämtliche Beteiligte eine Reihe von Vorteilen.

### a) Werbetreibende Industrie

Für die werbetreibende Industrie sind Produktplatzierungen insofern besonders interessant, als sich durch die Einflechtung der Werbung in die Sendung für den Zuschauer keine erkennbare Trennlinie zwischen redaktionellem Programm und kommerzieller Werbung ergibt. Dem beworbenen Produkt begegnet der Rezipient daher nicht bereits mit jener kritischen Haltung, die er im Laufe der Zeit gegenüber der auf den ersten Blick erkennbaren Werbung im Rundfunk entwikkelt hat. Insbesondere in Reaktion auf klassische Spotwerbung wechseln die meisten Zuschauer häufig das Programm für die Dauer der Werbeeinblendungen, um somit der unerwünschten Willenslenkung zu entkommen.[15] Diese Skepsis gegenüber der mit Werbung beabsichtigten Einflussnahme durch Wirtschaftsunternehmen macht es für die werbetreibende Industrie zunehmend schwierig, den Zuschauer über klassische Blockwerbung zu erreichen und ihm eine Werbebotschaft zu vermitteln, die ihn letztlich zum Kauf des jeweiligen Produktes veranlassen soll. Mittels programmintegrierter Werbung, zu der auch die Produktplatzierung zu zählen ist, kann diese Skepsis jedoch umgangen werden, da die strikte Trennung zwischen Programm und (unerwünschter) Werbung wegfällt. Hierdurch hat die werbetreibende Industrie daher die Möglichkeit, auch diejenigen Zielgruppen zu erreichen, die Werbung grundsätzlich ablehnen. Hinzukommt, dass aus Sicht der werbetreibenden Industrie kaum Streuverluste zu beklagen sind, da die entsprechende Zielgruppe – durch die Analyse des Sende-Umfeldes einschließlich des Inhalts der konkreten Sendung und des Platzierungskontextes – sehr genau ausgewählt und so noch direkter werblich angesprochen werden kann. Im Gegensatz dazu hat Spotwerbung eine vergleichsweise breite Streuwirkung, da diese traditionell regelmäßig in den Werbepausen von ganz unter-

15 Vgl. *Koberger*, S. 105; zum Begriff des „zappings“ siehe *ebd.*, S. 56 f.; siehe auch *Pießkalla/ Leutgeb*, K&R 2005, S. 433.

schiedlichen Formaten geschaltet wird.[16] Zugleich ist die Überzeugungskraft der Werbeaussage bei Produktplatzierungen höher zu bewerten als bei Block- bzw. Spotwerbung, da der Zuschauer das jeweilige Programm selbst und mithin bewusst ausgewählt hat.[17] Schließlich kann die Produktplatzierung beim Zuschauer sogar den Eindruck einer besonderen Authentizität hervorrufen und auf diesem Wege im besten Falle Sympathien, die der Zuschauer beispielsweise den jeweiligen Protagonisten entgegenbringt, im Wege eines „Imagetransfers" auf das zu bewerbende Produkt übertragen.[18] Das Interesse der werbetreibenden Wirtschaft an der Umsetzung von Produktplatzierungen ist damit insbesondere auf deren Vorteile im Hinblick auf die – gegenüber klassischer Spotwerbung gesteigerte – Werbewirkung der vermittelten Werbebotschaften zurückzuführen.

### b) Produktionswirtschaft

Für die Produktionswirtschaft, namentlich die Produzenten von Rundfunkprogrammen, sind es dagegen die in Aussicht stehenden Zusatzeinnahmen, die die Attraktivität des Instruments der Produktplatzierung ausmachen. Die Budgets für die Herstellung von aufwendigen fiktionalen, aber auch non-fiktionalen Produktionen sind angesichts konjunkturbedingt schwankender, darüber hinaus tendenziell zurückgehender Werbeeinnahmen, aber auch vor dem Hintergrund des erwarteten Rückgangs der Gebühren im öffentlich-rechtlichen Rundfunk zunehmend geschrumpft.[19] Das Interesse der Produktionswirtschaft daran, neue Mittel zur Finanzierung zu erschließen, ist folglich nachvollziehbar. Wirtschaftliche Vorteile ergeben sich für Produzenten jedoch nicht nur durch die Einbindung von Produktplatzierungen gegen die Erbringung einer finanziellen Gegenleistung. Zusätzlich verschaffen auch die Möglichkeiten der vergünstigten oder gar unentgeltlichen Beschaffung von Requisiten, die andernfalls beispielsweise über Mietverträge realisiert werden müsste, dem Produzenten zusätzliche Spielräume, mittels derer die Produktionskosten gesenkt werden können.[20] Je nach Programm stellt die Sonderwerbeform der Produktplatzierung für die Produzenten daher nicht nur ein Spitzenfinanzierungsinstrument dar, sondern kann bei kumuliertem Einsatz innerhalb einer Produktion darüber hinaus möglicherweise sogar einen durchaus tragfähigen Anteil an der Gesamtfinanzierung von Produktionen ausmachen.

---

16 *Holzapfel*, S. 53.

17 *Strouvali*, S. 15.

18 *Bork*, GRUR 1988, S. 264 (265); ebenso *Bergmann*, S. 10.

19 *Kreile*, ZUM 2009, S. 709 (709).

20 *Pießkalla/Leitgeb*, K&R 2005, S. 433.

Diesem wirtschaftlichen Vorteil steht jedoch die nicht zu gering zu bewertende potenzielle Gefahr der Einschränkung der künstlerischen Gestaltungsfreiheit des Produzenten gegenüber. Denn zu bedenken ist, dass ein Wirtschaftsunternehmen, welches für die Einbindung einer Werbebotschaft in das redaktionelle Programm eine – in der Regel finanzielle – Gegenleistung erbringt, auch bei der konkreten Realisierung der Platzierung regelmäßig die Einräumung eines Mitspracherechts erwarten wird. Ein solches würde bei der Produktion eines Werbespots zu keinem Zeitpunkt infrage stehen, da eine solche Produktion allein nach den Vorstellungen des werbenden Unternehmens und in dessen alleinigem Auftrag hergestellt wird. Anders als bei einem Werbespot kann jedoch bei der Produktion einer Fernsehsendung nur in äußerst begrenztem Maße durch den Werbetreibenden Einfluss genommen werden, da die Platzierung nur einer von vielen Aspekten bei der Realisierung der Sendung ist. Damit besteht die Gefahr, dass die entsprechende Erwartungshaltung der Werbetreibenden mit der künstlerischen Verantwortung und redaktionellen Unabhängigkeit des Produzenten in ein Spannungsverhältnis gerät. Um derartige Konfliktsituationen von vorneherein zu verhindern, obliegt es dem Gesetzgeber, die Einflussnahme durch den Werbetreibenden auf den künstlerischen Prozess weitest möglich zu verbieten.

### c) Rundfunkveranstalter

Der Rundfunkveranstalter hat zunächst insbesondere bei Auftragsproduktionen, deren vollständige Finanzierung er in der Regel trägt, aus finanzieller Sicht gleichfalls ein Interesse daran, dass das Budget der jeweiligen Produktion durch entgeltliche Produktplatzierungen oder auch unentgeltliche Produktionshilfen entlastet wird. Hiervon profitiert der Rundfunkveranstalter insbesondere dann, wenn entsprechende Produktplatzierungen bereits in einem frühen Stadium in der Kalkulation der Produktion berücksichtigt werden konnten und sich die durch Produktplatzierungen erzielten Gegenleistungen auf das erforderliche Gesamtbudget entsprechend auswirken. Ist eine solche frühe Einbindung hingegen nicht der Fall, etwa weil zu einem derart frühen Zeitpunkt das ‚Ob‘ und ‚Wie‘ einer möglichen Produktplatzierung noch nicht absehbar waren, hat das Sendeunternehmen zunächst keinen Vorteil, da die Kalkulation unverändert bleibt. Im Falle der späteren Akquise einer Produktplatzierung würde dementsprechend allein die beauftragte Produktionsfirma profitieren. Dieses im Rahmen von Auftragsproduktionen gleichgeschaltete Interesse von Produktionswirtschaft und Sendeunternehmen ist auch der Anlass und Ausgangspunkt für die Verhandlungen zwischen einzelnen Sendeunternehmen und der Produzentenallianz, eine

Vereinigung deutscher Film- und Fernsehproduzenten.[21] Ziel dieser Verhandlungen ist das Erreichen einer interessengerechten Aufteilung der finanziellen Vorteile der Produktplatzierung sowie der inhaltlichen Verantwortlichkeit zwischen den Beteiligten. Dabei ist neben der Frage der juristischen Verantwortung bei rechtlichen Verstößen, welche auf Seiten der Sendeunternehmen liegt, insbesondere zu berücksichtigen, dass private Rundfunkveranstalter sich nahezu allein durch Werbung finanzieren. Daher haben die privaten Sendeunternehmen auch ein Interesse daran, für die Auswahl des werbenden Unternehmens möglichst alleinverantwortlich zu sein, um nicht an anderer Stelle – namentlich im Bereich der Spotwerbung – Konflikten mit Werbekunden gegenüberzustehen oder im schlimmsten Falle finanzielle Einbußen zu erleiden. Wie sich also zeigt, haben die Sendeunternehmen zweifellos ein Interesse an Zusatzeinnahmen und der kostengünstigeren Produktion von Programmen. Da das Geschäftsmodell der privaten Rundfunkanbieter jedoch ausschließlich auf Werbeeinnahmen basiert, wollen diese auch sichergestellt wissen, dass es sich bei den durch aufwendige Produktplatzierungen erzielten Erlösen auch um zusätzliche Einnahmen handelt, die nicht an anderer Stelle abfließen. Aber auch öffentlich-rechtliche Rundfunkanstalten werden unter wirtschaftlichen Gesichtspunkten ein Interesse an finanziellen Entlastungen bzw. Vorteilen haben.

### d) Werbebranche

Schließlich sind auch die Bindeglieder zwischen werbetreibender Industrie und Produktionswirtschaft, namentlich Werbeagenturen sowie Vermittler und Ausstatter, unter dem wirtschaftlichen Aspekt an einer Ausweitung dieses Geschäftsfeldes und damit ihrer Tätigkeit interessiert. Soweit die Sender oder Produktionsgesellschaften keine eigenen Abteilungen zur Koordinierung von Produktplatzierungen unterhalten, übernehmen diese die Kontaktanbahnung zwischen interessierten Unternehmen und Film- und Fernsehproduzenten und regeln die Details der Abwicklung. Hierfür erhalten die Agenten und Vermittler bei erfolgreicher Vermittlung eine Provision, welche sich in der Regel nach der für die Platzierung erbrachten Gegenleistung richtet und mit 15-30% durchaus auf hohem Niveau liegt.[22]

Die Tätigkeit der Ausstatter unterscheidet sich von derjenigen der Agenturen und Vermittler dadurch, dass sie keine einzelnen Produktplatzierungen auf Pro-

21 Vgl. Pressemitteilung „Product Placement: „Goldgrube"" der Produzentenallianz vom 19.8.2011, abzurufen unter http://www.produzentenallianz.de/meldungen/einzelansicht/article/product-placement-goldgrube.html.

22 *Fuchs*, S. 44 f.; vgl. zu Rechtsnatur und Wirksamkeit der entsprechenden Verträge: *Pießkalla/Leitgeb*, K&R 2005, S. 433 (439).

visionsbasis vermitteln. Stattdessen unterhalten Ausstatter ein Warenlager (sog. „warehouse"), in welchem sie verschiedenste Filmrequisiten – etwa Autos oder TV-Geräte – bereitstellen, die von Filmproduzenten für eine konkrete Produktion unentgeltlich angefordert werden können.[23] Die auftraggebenden Firmen, d.h. die Hersteller der Produkte, die als Requisiten vorgesehen sind, stellen für die Tätigkeit des Ausstatters einen entsprechenden Jahresetat bereit.[24] Während also der Vermittler die Produktplatzierung ausschließlich als Finanzierungsinstrument ansieht, stellt sie für einen Ausstatter primär eine Maßnahme zur Senkung der Filmproduktionskosten dar.[25] Für beide Geschäftsmodelle bedeutet ein sich vergrößernder Markt von Produktplatzierungen zusätzliche Einnahmen, so dass auch hier wirtschaftliche Vorteile im Vordergrund stehen.

### e) Zusammenfassung

Alle an der Umsetzung von Produktplatzierungen Beteiligten haben ein vornehmlich wirtschaftlich orientiertes Interesse an dieser Werbeform. Während die Rundfunkveranstalter und Produzenten die Kosten für die Produktion von Sendungen durch zusätzliche Einnahmen reduzieren können, hat die werbetreibende Industrie ein Interesse an alternativen Werbeformen, um hierdurch gezielt bestimmte Zielgruppen anzusprechen und damit letztlich den Absatz ihrer Produkte zu fördern. Auch für die Werbebranche bedeutet die Produktplatzierung eine zusätzliche Einnahmequelle.

## III. Privater und öffentlich-rechtlicher Rundfunk

Die Grundentscheidung bezüglich der Liberalisierung von Produktplatzierungen gilt für beide Rundfunkarten innerhalb des dualen Rundfunksystems in Deutschland, d.h. für den privaten und den öffentlich-rechtlichen Rundfunk. Gleichwohl gelten in Bezug auf Produktplatzierungen im öffentlich-rechtlichen Rundfunk einerseits und im privaten Rundfunk andererseits unterschiedlich strenge Anforderungen. In der praktischen Umsetzung sind die unterschiedlichen Regelungen allerdings in mehrfacher Hinsicht nicht ganz unproblematisch.

---

23 *Auer/Kalweit/Nüßler*, S. 152.
24 Ebd.
25 Ebd.

## 1. Anforderungsgefälle

### a) Unterschiedlich weit gefasste Ausnahmetatbestände

Grundsätzlich gelten die Ausnahmetatbestände des neuen RStV im Bereich der Produktplatzierung sowohl für den privaten als auch für den öffentlich-rechtlichen Rundfunk. Die Voraussetzungen für das Vorliegen der jeweiligen Tatbestände im privaten Rundfunk einerseits und im öffentlich-rechtlichen Rundfunk andererseits sind jedoch unterschiedlich streng geregelt. Gemeinsam ist den Zulässigkeitsregelungen – zum einen § 15 Nr. 1 RStV, die sich auf die rechtliche Zulässigkeit von Produktplatzierungen im öffentlich-rechtlichen Rundfunk bezieht, und zum anderen § 44 Nr. 1 RStV, welcher für den privaten Rundfunk gilt –, dass Platzierungen überhaupt nur in bestimmten, einzeln bezeichneten Genres zulässig sind. Erlaubt sind diese nach §§ 15 Nr. 1, 44 Nr. 1 RStV grundsätzlich nur in Kinofilmen, Filmen und Serien, in Sportsendungen und Sendungen der leichten Unterhaltung.

Über diese Beschränkung auf bestimmte Genres hinaus gibt es in Bezug auf den öffentlich-rechtlichen Rundfunk jedoch eine weitere bedeutende Einschränkung: So ist eine entgeltliche Produktplatzierung nur dann zulässig, wenn es sich um eine Sendung handelt, die nicht vom Veranstalter oder von einem mit dem Veranstalter verbundenen Unternehmen produziert oder in Auftrag gegeben wurde, § 15 Nr. 1 RStV. Daher ist es an dieser Stelle notwendig, zwischen Eigenproduktionen des Senders sowie Auftragsproduktionen auf der einen und Fremdproduktionen auf der anderen Seite zu unterscheiden.[26] Während im öffentlich-rechtlichen Rundfunk Produktplatzierungen in Eigen- oder Auftragsproduktionen von dem Ausnahmetatbestand in § 15 Nr. 1 RStV ausdrücklich ausgeschlossen sind und damit auch weiterhin unzulässig bleiben, werden sie in Fremdproduktionen – und ausschließlich dort – zulässig. Im privaten Rundfunk hingegen besteht diese Einschränkung nicht. Produktplatzierungen sind dort grundsätzlich – unabhängig von der konkreten Produktionsart – zulässig.

### b) Konsequenzen in der Praxis

Die praktische Konsequenz dieses Anforderungsgefälles ist, dass insbesondere die Produzenten von öffentlich-rechtlichen Auftragsproduktionen benachteiligt werden. Diese haben durch diese Regelung nicht die Möglichkeit, zusätzliche Einnahmen durch die Einbindung von Produktplatzierungen zu erzielen. Damit schränkt der Gesetzgeber die Refinanzierungsmöglichkeiten der Produzenten

26 Zu den Begriffen vgl. unten D. II. 2. c).

von solchen Auftragsproduktionen von vorneherein ein.[27] Hinzu kommt, dass der Produzent zu Beginn einer Produktion häufig weder weiß, ob er ein Sendeunternehmen als Auftraggeber für eine Auftragsproduktion gewinnen kann oder ob er die Produktion auf anderem Wege finanzieren wird, geschweige denn noch definitiv sagen kann, ob es sich bei dem potenziellen Auftraggeber um einen privaten Rundfunkanbieter oder eine öffentlich-rechtliche Rundfunkanstalt handeln wird. Für den Produzenten besteht in der Anlaufphase einer Produktion meist kein Unterschied, ob es sich bei dieser um eine durch einen Sender beauftragte Auftragsproduktion oder um eine eigenfinanzierte Fremdproduktion handelt: In jedem Fall muss er zu diesem frühen Zeitpunkt die Verantwortung sowie das finanzielle Risiko für die Entwicklung des Stoffes und die Vorarbeit im Hinblick auf dessen Umsetzung tragen. Daher kann er sich auch entsprechend früh einen Überblick darüber verschaffen, ob Möglichkeiten für die Integrierung einer Produktplatzierung in die Produktion bestehen. Dem steht allerdings gegenüber, dass er auch dann im Hinblick auf die Refinanzierungsmöglichkeiten faktisch eingeschränkt bleibt, wenn noch vollkommen offen ist, ob die geplante Produktion schließlich als öffentlich-rechtliche Auftragsproduktion umgesetzt wird.

## 2. Unscharfe Begrifflichkeiten

Jenseits der dargestellten Problematik in der Praxis sind auch die von dem Gesetzgeber verwendeten Begrifflichkeiten unscharf. So ergibt sich etwa weder aus § 15 Nr. 1 RStV noch aus einer anderen Norm des RStV konkret, was unter *„nicht vom Veranstalter selbst (...) produziert*", also einer Fremdproduktion zu verstehen ist; vielmehr wird der Begriff in § 15 Nr. 1 RStV lediglich negativ definiert. Die konkrete Reichweite und vor allem die Abgrenzung der Fremdproduktion zu den anderen in § 15 Nr. 1 RStV genannten Produktionsarten bleiben offen. Diese sich aus dem Gesetzestext ergebende begriffliche Unklarheit, verbunden mit der Tatsache, dass es in der Vertragspraxis zahlreiche (Misch-)Formen der Zusammenarbeit zwischen Sendern und Produktionsfirmen gibt, lassen erkennen, wie schwierig eine genaue Grenzziehung zwischen den einzelnen Produktionsarten in der Praxis ist. Die Abgrenzung zwischen einer Auftragsproduktion (vertragstypisch ein Werkvertrag gem. § 631 BGB) und einer Fremdproduktion (vertragstypisch ein Lizenzvertrag; hierbei handelt es sich um einen atypischen Vertrag eigener Art gem. § 311 Abs. 1 BGB mit Elementen ei-

27 *Kreile*, ZUM 2009, S. 709 (715).

nes Kauf- und Pachtvertrages[28]) ist in der Regel nur von Fall zu Fall entscheidbar: Meist bedarf es, losgelöst von der Bezeichnung des vertraglichen Verhältnisses als Auftrags- oder Fremdproduktion, einer genauen Untersuchung der konkreten vertraglichen Ausgestaltung,. Da es jedoch von dem Ergebnis dieser Abgrenzung abhängt, ob das Instrument der kommerziellen Produktplatzierung in der konkreten Produktion angewendet werden darf oder nicht, ist diese Frage aus finanzieller Sicht durchaus von erheblicher Relevanz.

## IV. Ziel

Die Werbeform der Produktplatzierung im Rundfunk birgt ein erhebliches wirtschaftliches Potenzial für sämtliche Beteiligten. Dies bedeutet auch, dass die maßgeblichen Regelungen zur Zulässigkeit der Produktplatzierung – über ihren rein rechtlichen Gehalt hinaus – insbesondere auch wirtschaftlich von erheblicher Bedeutung sein werden. Dies gilt jedoch für die Produktplatzierung nicht nur in einem globalen Sinne, sondern gerade auch im Hinblick auf die rechtssystematisch getroffene Entscheidung des Gesetzgebers, öffentlich-rechtlichen Rundfunk und privaten Rundfunk unterschiedlich zu behandeln. Die vorliegende Arbeit beabsichtigt daher, vor allem vor dem Hintergrund der praktischen Auswirkungen der Regelungen des RStV, Klarheit im Hinblick auf die Begrifflichkeiten zu schaffen, die im Falle der Produktplatzierungen die Unterscheidung zwischen öffentlich-rechtlichem und privatem Rundfunk ausmachen. Zu diesem Zweck soll insbesondere geklärt werden, in welchen praktischen Konstellationen die verschärften Zulässigkeitsvoraussetzungen im öffentlich-rechtlichen Rundfunk greifen, d.h., wann nicht vom Vorliegen einer Fremdproduktion im Sinne von § 15 Satz 1 Nr. 1 RStV auszugehen ist. Nach der Klärung der praktischen Anwendungsfragen liegt der Schwerpunkt dieser Arbeit darauf, die genannte rechtliche Systematik des RStV vor dem Hintergrund des dualen Rundfunksystems zu beleuchten und – unter besonderer Berücksichtigung der verfassungsrechtlichen Anforderungen – die Ungleichbehandlung von öffentlich-rechtlichem und privatem Rundfunk zu untersuchen.

---

28 Münchner Kommentar zum BGB, *Emmerich*, § 311, Rn. 40; mangels Übertragbarkeit der Substanz nach liegt kein Rechtskauf i.S.v. § 453 BGB vor, siehe ebd., *Westermann*, Vorbemerkung zu §§ 433 ff., Rn. 30.

## V. Gang der Analyse und Methode

Die vorliegende Arbeit ist in vier Teile gegliedert: Begriff der Produktplatzierung; Rundfunk; Zulässigkeit der Produktplatzierung; Bewertung der unterschiedlichen Zulässigkeitsvoraussetzungen. Die getrennte Betrachtung von Begriff und Zulässigkeit der Produktplatzierung ist dabei auf die der vorliegenden Arbeit zugrunde gelegte Zielsetzung zurückzuführen, welche die unterschiedlichen Zulässigkeitsvoraussetzungen im öffentlich-rechtlichen Rundfunk einerseits und dem privaten Rundfunk andererseits in besonderem Maße fokussiert. Dieser Untersuchung und Bewertung vorgelagert sind zunächst die für beide Rundfunkarten geltenden rechtlichen wie tatsächlichen Grundlagen darzustellen, zudem bedarf es einer Klärung der begrifflichen Grundlagen sowie einer genaueren Betrachtung von Geschichte und Eigenart des Mediums Rundfunks in Deutschland allgemein.

Zu Beginn der Arbeit wird dem Umstand Rechnung getragen, dass der Begriff der Produktplatzierung im Sprachgebrauch, insbesondere im Bereich der Werbung, zwar bereits existent war, als rechtlicher Terminus technicus hingegen bis zum Inkrafttreten des RStV nicht existierte. Daher soll zunächst unter Berücksichtigung der bislang geltenden Rechtslage in Deutschland auf den *Begriff* sowie einzelne Unterarten der Produktplatzierung eingegangen werden. Im Anschluss hieran wird anhand einer Darstellung der gemeinschaftsrechtlichen Grundlagen die Entstehung des Rechtsbegriffs der Produktplatzierung aufgezeigt, bevor auf die Umsetzung der gemeinschaftsrechtlichen Vorgaben in deutsches Recht eingegangen wird. Hieran schließt sich die Betrachtung der verfassungsrechtlichen Grundlagen aus dem Blickwinkel der bei der Produktplatzierung Beteiligten an. Im zweiten Teil der Arbeit wird der Rundfunk in Deutschland, namentlich das duale Rundfunksystem sowie seine Historie, dargestellt und hierbei im Besonderen auf die Unterschiede zwischen öffentlich-rechtlichem und privatem Rundfunk eingegangen. Im dritten Teil werden die Zulässigkeitsvoraussetzungen von Produktplatzierungen nach altem und neuem deutschen Recht unter Berücksichtigung des entsprechenden Gemeinschaftsrechts dargestellt. Der Schwerpunkt liegt dabei auf der Gegenüberstellung der jeweils geltenden Voraussetzungen im öffentlich-rechtlichen Rundfunk sowie im privaten Rundfunk, unter besonderer Herausarbeitung der Unterschiede. Ein Schwerpunkt der Untersuchung soll hierbei auf der Beleuchtung der strengeren Anforderungen des öffentlich-rechtlichen Rundfunks in praktischer Hinsicht liegen. Im letzten Teil erfolgt schließlich die Bewertung des Regelungsgefälles im Hinblick auf das duale Rundfunksystem und die Besonderheiten von öffentlich-rechtlichem Rundfunk einerseits, und den privaten Rundfunk andererseits – unter besonderer Berücksichtigung der zuvor zusammengetragenen Erkenntnisse.

# B. Begriff der Produktplatzierung

Bevor der Begriff der Produktplatzierung als rechtstechnischer Begriff im Jahre 2007 in eine europäische Richtlinie, die Richtlinie 2007/65/EG (Richtlinie über audiovisuelle Mediendienste, „AVMD-Richtlinie"), einging und später im Rahmen von deren Umsetzung in nationales Recht auch im deutschen Rundfunkstaatsvertrag erstmals einfachgesetzliche Erwähnung fand, handelte es sich hierbei lediglich um einen rechtstatsächlichen Begriff, der für das Phänomen dieser Sonderwerbeform stand. Für die Marketingpraxis war jedoch eine präzise juristische Definition auch nicht von Bedeutung. Vielmehr kam es im Hinblick auf den wirtschaftlichen Aspekt darauf an, die unterschiedlichen Erscheinungsformen von Produktplatzierungen in der praktischen Anwendung voneinander zu unterscheiden sowie Produktplatzierung von anderen Sonderwerbeformen, die am Ende dieses Kapitels kurz dargestellt werden sollen, abzugrenzen.

Anders als der Begriff der Produktplatzierung war der Begriff der Schleichwerbung nebst Definition hingegen bereits in der Richtlinie 89/552/EWG[29], besser bekannt als sog. EG-Fernsehrichtlinie, enthalten. Die EG-Fernsehrichtlinie ist insoweit auf gemeinschaftsrechtlicher Sekundär-Ebene die Basis für die heute geltende Richtlinie 2010/13/EU[30] sowie die in Deutschland herrschenden, einfachgesetzlichen Regelungen im Bereich des Rundfunks. Bevor auf die EG-Fernsehrichtlinie und damit auf den Ursprung des Begriffes der Produktplatzierung sowie auf die ihr nachfolgenden Richtlinien einzugehen ist, setzt sich die vorliegende Arbeit im Überblick zunächst mit dem Begriff der Produktplatzierung nach bisheriger Rechtslage in Deutschland auseinander.

## I. Bislang geltende Rechtslage in Deutschland

### 1. Begriff der Produktplatzierung in der Literatur

Versuchte man bislang, das Phänomen der Produktplatzierung begrifflich zu erfassen bzw. allgemeingültig zu definieren, zeigte sich bald, welche Hindernisse dem entgegenstanden. Denn mangels Vorliegen einer gesetzlichen Definition

29 Amtsblatt Nr. L 298 vom 17.10.1989 S. 23.
30 Amtsblatt Nr. L 95 vom 15.04.2010, S. 1.

waren die unter der alten Rechtslage in diesem Bereich verwendeten Begrifflichkeiten größtenteils unübersichtlich und missverständlich. Allein für den englischen Begriff des Product Placement gab es zahlreiche Variationen, deren konkrete Bedeutung und Reichweite meist nicht klar abgegrenzt waren. So war etwa von zulässigem und unzulässigem Product Placement die Rede – Letzteres wurde teilweise gerade nicht als Product Placement angesehen[31] – ebenso wie von Product Placement im *engeren* oder im *weiteren* Sinne.[32] Daneben wurden als Synonyme unter anderem Begriffe wie Schleichwerbung, getarnte Werbung oder programmintegrierte Werbung verwendet.[33]

Entsprechend gab es in der juristischen und betriebswirtschaftlichen Fachliteratur unterschiedliche Auffassungen darüber, welche einzelnen Merkmale vorliegen mussten, damit eine Werbemaßnahme tatsächlich als Product Placement einzustufen war. So wurde etwa diskutiert, ob es ausreichend ist, dass ein Gegenstand als Requisite lediglich in einer Sendung erkennbar ist,[34] oder ob darüber hinaus auch notwendig ist, dass hinter der Präsentation eine werbliche Absicht liegt.[35] Uneinigkeit herrschte gleichfalls über das Objekt der Platzierung: Die Frage war hier, ob nur ein verkörpertes, haptisch wahrnehmbares Produkt das Objekt eines Product Placement sein könnte,[36] oder ob dies auch etwa für Dienstleistungen, Firmennamen und -zeichen oder sonstige Hinweise auf Hersteller gelten musste.[37] Daneben wurde vor allem diskutiert, ob es bei den Platzierungsmedien Einschränkungen geben sollte. So wurde etwa vertreten, dass Product Placements nur in Film und Fernsehen zulässig seien, wohingegen andere Mediengattungen ausgeschlossen sein sollten.[38] Andere wiederum bezogen auch weitere Medien wie Hörfunk, Software, Tageszeitungen oder Bücher mit ein.[39] Weitere Streitpunkte betrafen schließlich die Frage, ob die Entgeltlichkeit unum-

---

31 So angedeutet in *Gottschalk/Scheele*, MA 1987, S. 532.

32 So *Dörfler*, S. 25; *Scherer*, S. 21.

33 *Mallick*, S. 16; *Weng*, S. 40.

34 So etwa *Bosman*, ZUM 1990, S. 545 (551), ebenso *Hartel*, ZUM Sonderheft 1996, S. 1033 (1034).

35 Nach *Johansson* ergibt sich das schon aus dem Wortsinn, aaO, S. 15; *Henning-Bodewig*, ZUM 1997, S. 633 (634); *Scherer*, S. 23.

36 *Hartel*, ZUM Sonderheft 1996, S. 1033 (1034).

37 Für einen weiten Begriff wegen des generellen Werbeeffekts *Asche*, S. 20; ebenso *Bork*, S. 4; auch *Sack*, der auch Trikot- und Bandenwerbung bei Sportveranstaltungen als Product Placement einstufte, ZUM Sonderheft, S. 103 (104); a. A. *Johansson*, S. 16.

38 *Bente*, S. 24; *Hauschka*, DB 1988, S. 165 (166).

39 *Johansson*, S. 19; *Fuchs*, S. 24; *Asche*, S. 25.

gängliches Wesensmerkmal einer Platzierung sei[40] sowie ob grundsätzlich nur Markenprodukte – im Gegensatz zu „No-Name-Produkten" – der kommerziellen Produktplatzierung zugänglich sein sollten.[41]

Wie aus dieser Auflistung von Streitfragen ersichtlich ist, war Product Placement bis zur Gesetzesänderung ein kaum greifbarer und viele verschiedene Varianten umfassender Oberbegriff. Um dennoch ein juristisches Arbeiten mit dem Begriff des Product Placement zu ermöglichen, entschieden sich manche Autoren für eine andere Herangehensweise an den Themenkomplex. So stellte etwa *Schultze* infrage, ob wegen der zahlreichen Schwierigkeiten eine juristische Definition überhaupt vonnöten sei.[42] Stattdessen schlug er zur Vermeidung der Kopflastigkeit rechtlicher Prüfungen vor, auf eine Definition zu verzichten und stattdessen sogleich die Zulässigkeit der konkreten Werbemaßnahme zu prüfen.[43] *Mallick* distanzierte sich von den existierenden Definitionen und orientierte sich stattdessen am Begriff des Product Placement als tatsächliches Phänomen.[44]

## 2. Verhältnis und Abgrenzung zur Schleichwerbung

Die erheblichen Schwierigkeiten, die bei der Definition des Begriffs des Product Placement bislang bestanden, setzten sich auch im Rahmen der Abgrenzung zum Begriff der Schleichwerbung fort, denn in der Literatur wurde nicht immer klar zwischen beiden Begrifflichkeiten unterschieden. So wurden teilweise beide Begriffe synonym verwendet und dies wurde damit begründet, dass im Begriff des Product Placement nur ein neuer Name für ein altes Phänomen zu sehen sei.[45] Teilweise wurde etwa Product Placement als eine mögliche Erscheinungsform der Schleichwerbung angesehen, d. h., es wurde also begrifflich zwar zwischen Schleichwerbung und Product Placement unterschieden, beide wurden aber rechtlich gleich eingeordnet.[46] Was die einzelnen Abgrenzungsmerkmale anging, so gab es unterschiedliche Ansatzpunkte: Für die einen war nur dann von Product Placement zu sprechen, wenn für die Integrierung der Markenartikel als Re-

---

40 Dies bejahend *Henning-Bodewig*, GRUR 1988, S. 867 (867); a. A. *Asche*, S. 26 mwN; ebenso Hahn/Vesting/*Ladeur*, § 7, Rn. 54, der in der Entgeltlichkeit gerade das entscheidende Indiz für die Absicht der Schleichwerbung sieht.

41 Dies bejaht *Fuchs*, S. 23 mwN.

42 *Schultze*, S. 17.

43 Ebd.

44 *Mallick*, S. 19.

45 So *Bente*, S. 37 f., der beide Begriffe unter Verweis auf das Argument des Einschleichens von Werbung in das Programm gleichsetzt; ebenso Herrmann/*Lausen*, § 23 Rn. 61 ff.; *Weng*, S. 40; *Puff*, S. 82.

46 So *Kreile*, ZUM 2009, S. 709 (712), ebenso Hahn/Vesting/*Ladeur*, § 7 Rn. 53.

quisiten in eine Sendung eine dramaturgische Notwendigkeit bestand, wohingegen sich Schleichwerbung allein in seiner – mitunter aufdringlich dargestellten und störenden – Werbebotschaft erschöpfte.[47] Andere wiederum sahen im Merkmal der Entgeltlichkeit das entscheidende Abgrenzungskriterium.[48] Tatsächlich war eine Abgrenzung aus rechtlicher Sicht jedoch so lange nicht erforderlich, wie das Product Placement – jedenfalls im rundfunkrechtlichen Bereich – als definierter Begriff nicht existent war. Stattdessen war – unabhängig von der Frage, ob in tatsächlicher Hinsicht eine Unterscheidung zwischen Product Placement und Schleichwerbung notwendig war – hinsichtlich der rechtlichen Beurteilung allein auf die Definition von Schleichwerbung abzustellen.

## 3. Unterarten des Product Placement

Unabhängig von der rechtlichen Einordnung haben sich im Laufe der Zeit zahlreiche Varianten von Produktplatzierungen entwickelt, so dass der Begriff heute auch unter diesem Blickwinkel als Oberbegriff angesehen werden kann. Um die Vielseitigkeit der Werbeform zu illustrieren, werden im Folgenden die verschiedenen Formen von Produktplatzierungen in einem Überblick dargestellt, wobei an dieser Stelle offenbleiben soll, ob die jeweiligen Formen auch von der nunmehr im RStV kodifizierten Definition der Produktplatzierung mit umfasst sind.

Eine Unterteilung nach drei Kriterien ist hierbei sinnvoll und geboten: die Differenzierung nach der Form der Präsentation, nach dem platzierten Objekt sowie nach der Intensität.[49]

### a) Differenzierung nach der Form der Präsentation

Neben der visuell wahrnehmbaren Darstellung von Markenartikeln in Sendungen ist eine Platzierung vor allem auch in verbaler, also akustisch wahrnehmbarer Form möglich. Hierunter fällt nicht nur die entgeltliche Platzierung im Hörfunk, sondern auch die Erwähnung oder Hervorhebung von Markennamen in handlungsbegleitenden Dialogen im Rahmen von Spielfilmen oder in Moderationen bei Unterhaltungssendungen.

---

47 *Koberger*, S. 87; ebenso *Gottschalk/Scheele*, MA 1987, S. 532 (533).

48 Hahn/Vesting/*Ladeur*, § 7, Rn. 54; Ohly/*Sosnitza*, § 4 Rn. 3/35; zur Frage, ob kostenlose Bereitstellungen von Requisiten oder Produktionsmitteln eine Gegenleistung darstellen, siehe *Müller-Rüster*, S. 236 f.

49 *Frey*, S. 11.

### b) Differenzierung nach dem platzierten Objekt

Häufigste und naheliegende Form der Produktplatzierung ist die Einbettung eines Markenproduktes in einen Programmbeitrag, wobei hierzu neben Gegenständen auch Dienstleistungen zu zählen sind.[50] Aufgrund der Tatsache, dass die Zahl derjenigen Gegenstände, die sich für eine Platzierung in einer solchen Programmumgebung eignen, verständlicherweise begrenzt ist, haben sich daneben einige Sonderformen entwickelt.

So versteht man etwa unter *Generic Placement* die Abbildung nicht nur einzelner Produkte, sondern ganzer Warengattungen, um das Interesse an diesen bestimmten Gütern zu verstärken.[51] Wird ein einzelnes Unternehmen oder auch eine ganze Unternehmensgruppe werbewirksam in das Programm integriert, etwa durch Einblendung des Firmennamens oder des Firmenzeichens, so spricht man von *Corporate Placement.*[52] Weniger greifbar ist das *Idea Placement,* bei welchem das Platzierungsobjekt aus einer Meinung oder Idee besteht und dabei das Ziel verfolgt wird, den Zuschauer in seiner Meinungsbildung zu beeinflussen. Diese Art der Platzierung ist nicht nur für Unternehmen, sondern vor allem für Non-Profit-Organisationen interessant, die auf diese Weise auf Präventionsmaßnahmen im Umwelt- oder Gesundheitsschutz hinweisen können.[53] Von *Image Placement* ist die Rede, wenn das gesamte Thema oder der gesamte Inhalt eines Films auf eine einzelne Marke oder gar ein einzelnes Produkt zugeschnitten wurde.[54] Diese Form der Platzierung kann etwa für einzelne Berufsgruppen oder die Tourismusbranche interessant sein. Diese ist zwar als Produktplatzierung im Sinne von § 2 Abs. 2 Nr. 11 RStV einzuordnen, wenngleich hier in der Praxis eine Gefährdung der redaktionellen Unabhängigkeit gem. § 7 Abs. 7 Nr. 1 gegeben sein wird. Ausschließlich Orte, Städte, Landschaften, Regionen oder ganze Länder werden im Rahmen des *Location Placement* werbewirksam in Szene gesetzt. Insbesondere können hiermit auch weniger bekannte Regionen einen größeren Grad an Aufmerksamkeit erlangen,[55] wobei sich hier insoweit Überschneidungen mit dem *Image Placement* ergeben können. Auch das *Location Placement* ist jedoch mangels eines tauglichen Objekts nicht von der Definition in § 2 Abs. 2 Nr. 11 RStV umfasst. Anders jedoch das *Innovation Placement*, welches bei der

---

50 *Scherer*, S. 21.

51 *Frey*, S. 13; *Auer/Kalweit/Nüßler*, S. 103.

52 *Frey*, S. 14.

53 *Fuchs*, S. 37, der als Beispiel für Idea Placement die Thematisierung von AIDS in der Lindenstraße anführt, was zu einem deutlichen Anstieg der AIDS-Tests führte.

54 *Auer/Kalweit/Nüßler*, S. 98 f., der hierfür auf die Kino-Produktion „Top Gun" verweist, deren Handlung um die Ausbildung von Piloten der Marine gestrickt war.

55 *Frey*, S. 16; näher dazu *Auer/Kalweit/Nüßler*, S. 108 ff.

Einführung von Firmen-, Markt- oder Weltneuheiten Anwendung findet und sich von den anderen Formen insofern abgrenzt, als die platzierten Produkte völlig unbekannt sind und daher keinerlei Wiedererkennungswert haben – was jedoch zugleich die Gefahr in sich birgt, dass nur wenige Zuschauer die Neuheit überhaupt erkennen.[56] *Innovation Placement* betrifft ein noch nicht im Markt erhältliches Produkt.[57] Wie die Vielzahl der Begrifflichkeiten unschwer erahnen lässt, sind trotz aller Bestrebungen nach einer Unterteilung in der Theorie trennscharfe Unterscheidungen in der Praxis kaum möglich.

### c) Differenzierung nach der Intensität

Schließlich besteht die Möglichkeit der Differenzierung nach dem Grad der Integration einer Platzierung in die entsprechende Sendung; hierbei werden zwei unterschiedliche Intensitätsstufen unterschieden, wobei die Grenzen oftmals fließend sind.[58]

Beim *On Set Placement* – auch stilles oder statisches Placement genannt – werden die Markenprodukte als normale Requisiten in den Handlungsablauf integriert, wobei in der Regel keine darüber hinausgehende Verknüpfung mit der Handlung selbst besteht.[59] Das *Creative Placement* hingegen zeichnet sich dadurch aus, dass die platzierten Produkte oder Dienstleistungen selbst eine Neben- oder sogar Hauptrolle spielen.[60] Dies geschieht auf dem Wege einer „kreativen“ Einbindung in die Sendung, das Objekt wird – im Gegensatz zur statischen Platzierung – aktiver Bestandteil der Handlung.[61]

## II. Gemeinschaftsrechtliche Grundlagen

Sowohl Schleichwerbung als auch die Produktplatzierung haben ihren Ursprung im Gemeinschaftsrecht, welches nachfolgend darzustellen ist.

---

56 *Frey*, S. 17; ausführlich dazu *Auer/Kalweit/Nüßler*, S. 94 ff.

57 Der Vollständigkeit halber sei hier noch auf die sehr speziellen und eher seltenen Sonderformen des *Historic Placement*, des *Polit Placement*, des *Personality Placement*, des *Message Placement,* des *Service Placement,* sowie des *Music Placement* hingewiesen, die abgesehen von den beiden Letzteren regelmäßig nicht als Produktplatzierungen i. S. d. RStV gelten werden, vgl. ausführlicher dazu *Fuchs*, S. 39 mwN.

58 *Frey*, S. 19; *Asche*, S. 35 mwN.

59 *Fuchs*, S. 40.

60 Ausführlicher dazu *Auer/Kalweit/Nüßler*, S. 175 ff.

61 Ebd.

## 1. Primärrechtliche Grundlagen

### a) Vertrag von Lissabon

Die primärrechtliche Grundlage der für Produktplatzierungen maßgeblichen werberechtlichen Regelungen bildet der „Vertrag über die Arbeitsweise der Europäischen Union“ (AEUV). Dieser folgte nach Inkrafttreten des Vertrags von Lissabon vom 13.12.2007 am 1.12.2009 auf den bislang geltenden EG-Vertrag und stellte die Europäische Union damit auf eine neue rechtliche Grundlage. Insbesondere wurde die bisherige Drei-Säulenkonstruktion (supranational organisierte Europäische Gemeinschaften; gemeinsame Außen- und Sicherheitspolitik; polizeiliche und justizielle Zusammenarbeit) zugunsten einer Europäischen Union, welche mit einer eigenen Rechtspersönlichkeit ausgestattet ist, aufgegeben. Auch wurde im Zuge des Vertrags von Lissabon der europäische Grundrechtsschutz neu geordnet. Unverändert hingegen blieb die Konzeption der Grundfreiheiten, wonach der europäische Binnenmarkt durch den freien Verkehr von Waren, Personen, Dienstleistungen und Kapital gekennzeichnet ist.[62] Ebenso blieben und bleiben Inhalt und Reichweite der europäischen Grundfreiheiten unverändert – mit der Folge, dass die im Laufe der Zeit im Rahmen der Rechtsprechung durch den EuGH entwickelten Auslegungsgrundsätze auch weiterhin Anwendung finden.

### b) Grundfreiheiten im Rundfunk

Bei grenzüberschreitenden Sachverhalten im Bereich des Rundfunks, einschließlich dort integrierter Produktplatzierungen, kommt die Heranziehung der Dienstleistungsfreiheit sowie – angesichts der Tatsache, dass die platzierten Produkte häufig haptisch wahrnehmbare Gegenstände sind – der Warenverkehrsfreiheit in Betracht.[63]

#### *(1) Dienstleistungsfreiheit*

Der Schutzbereich der Dienstleistungsfreiheit gem. Art. 56 ff. AEUV (ehem. Art. 49 ff. EG) ist eröffnet, soweit die jeweilige Tätigkeit der bei der Umsetzung einer Produktplatzierung Beteiligten eine Dienstleistung und damit eine sachlich geschützte Tätigkeit i. S. d. Art. 56 ff. AEUV darstellt. Dienstleistungen im Sin-

62 Ein Überblick über die Änderungen findet sich bei *Hatje/Kindt*, NJW 2008, S. 1761 ff.

63 Zum grenzüberschreitenden Sachverhalt siehe EuGH, Slg. 1992, I-342 Rn. 9 – „*Steen I*“; Slg. 1994, I-2715, Rn. 9 – „*Steen II*“.

ne von Art. 57 Abs. 1 und 2 AEUV (ehem. Art. 50 EG) sind Leistungen, die in der Regel gegen Entgelt erbracht werden, insbesondere gewerbliche, kaufmännische, handwerkliche sowie freiberufliche Tätigkeiten. Wie der EuGH bereits in seiner „Sacchi"-Entscheidung aus dem Jahr 1974 entschieden hat, fällt die Ausstrahlung von Fernsehsendungen durch Sendeunternehmen in den Schutzbereich der Dienstleistungsfreiheit.[64] Daneben unterfallen auch der eigentlichen Dienstleistungserbringung vorgelagerte Tätigkeiten wie Werbung oder sonstige verkaufsfördernde Maßnahmen der Dienstleistungsfreiheit.[65] Werbung in diesem Sinne umfasst dabei Werbung ‚für' eine Dienstleistung an sich wie auch Werbung ‚als' Dienstleistung.[66] Damit ist für die folgenden, bei der Umsetzung von Produktplatzierungen Beteiligten der Schutzbereich der Dienstleistungsfreiheit eröffnet und zugleich eine Beeinträchtigung durch werberechtliche Vorschriften denkbar, soweit ein grenzüberschreitender Sachverhalt gegeben ist: Werbung treibende Unternehmen, die Anbieter von Dienstleistungen sind; Filmschaffende einschließlich der Produktionswirtschaft, deren Möglichkeiten zur Verwertung von Programminhalten ggf. eingeschränkt sind; und schließlich Rundfunkanbieter und -veranstalter.[67]

*(2) Warenverkehrsfreiheit*

Neben der Dienstleistungsfreiheit kommt bei der gemeinschaftsrechtlichen Beurteilung der Produktplatzierung die Warenverkehrsfreiheit nach Art. 28 ff. AEUV in Betracht, soweit ein grenzüberschreitender Handel von Platzierungsgegenständen stattfindet. Analog zu den Ausführungen zur Dienstleistungsfreiheit gilt auch im Rahmen der Warenverkehrsfreiheit, dass gleichfalls grenzüberschreitende Werbung zur Absatzförderung von Waren oder Produkten mittels Produktplatzierung in den Schutzbereich der Warenverkehrsfreiheit gem. Art. 28 ff. AEUV fällt.[68] Im Rahmen der Umsetzung von Produktplatzierungen ist der Schutzbereich der Warenverkehrsfreiheit insbesondere für Unternehmen eröffnet, deren Produkte keine Dienstleistungen, sondern Waren sind. Aber auch auf derjenigen Seite, die an der konkreten Umsetzung der Platzierung beteiligt ist, kommt ein Schutz im Rahmen der Warenverkehrsfreiheit in Betracht; hierzu

64 EuGH Rs. 155/73, Slg. 1974, S. 409 (428) – „*Sacchi*"; vgl. näher unten B. II. 2. a) (2).

65 Vgl. *Leitgeb*, S. 289 mwN.

66 Piper/Ohly/Sosnitza/*Ohly*, § 7 Rn. 9; Erstere bezeichnet der EuGH auch als „Werbungsdienstleistung", vgl. Urteil des EuGH vom 13.7.2004 – C-262/02 („*Kommission/Französische Republik*"), abgedruckt in: NJW 2004, S. 2957 (2958).

67 Vgl. zum Ganzen *Leitgeb*, S. 294 f.

68 Urteil des EuGH vom 08.03.2001 – C-405/98 („*Gourmet International*"), abgedruckt in: GRUR Int. 2001, S. 553 (555).

gehören gleichfalls die Rundfunkanbieter und -veranstalter sowie die Filmschaffenden.

## 2. Sekundärrechtliche Regelungen

Die für die Produktplatzierung maßgebliche sekundärrechtliche Regelung ist die AVMD-Richtlinie. Der europäische Gesetzgeber hat mit dieser wiederum die Weichen für die Zulässigkeit der Produktplatzierung im Rundfunk in Deutschland erst gestellt. Die AVMD-Richtlinie novelliert die Richtlinie 89/552/EWG[69], besser bekannt als sog. EG-Fernsehrichtlinie; nach der Richtlinie 97/36/EG[70] aus dem Jahre 1997 ist die AVMD-Richtlinie die zweite Richtlinie, die die EG-Fernsehrichtlinie den neuen Entwicklungen im Fernsehbereich anpasst. Dies geht auf Art. 26 FsRL zurück, wonach die Kommission angehalten ist, nach zunächst fünf Jahren nach Erlass und anschließend im Rhythmus von zwei Jahren einen Bericht über die Anwendung der Richtlinie sowie entsprechende Vorschläge zur Änderung zu machen. Während die Regelungen zur Produktplatzierung erst mit der AVMD-Richtlinie Eingang in eine sekundärrechtliche Regelung auf europäischer Ebene fanden, war die rechtliche Behandlung der Schleichwerbung bereits in der EG-Fernsehrichtlinie kodifiziert.

Im Folgenden wird zunächst auf die EG-Fernsehrichtlinie in ihrer ursprünglichen Fassung einzugehen sein, bevor die weitere Entwicklung über die Richtlinie 97/36/EG bis hin zur AVMD-Richtlinie näher dargestellt wird. Ein besonderes Augenmerk wird dabei insbesondere auf die jeweiligen werberechtlichen Regelungen gelegt. Mit Inkrafttreten der kodifizierten Fassung der Richtlinie 2010/13/EU[71] am 10. März 2010 wurde zur besseren Klarheit und Übersichtlichkeit eine neue Nummerierung der einzelnen Regelungen eingeführt.

### a) Die Richtlinie 89/552/EWG („EG-Fernsehrichtlinie“)

#### *(1) Ziel*

Die EG-Fernsehrichtlinie (FsRL) wurde am 3. Oktober 1989 verabschiedet. Ihr Ziel war es, die nationalen Rechtsordnungen im Hinblick auf die Ausübung der Tätigkeiten der Fernsehveranstalter und Kabelbetreiber anzugleichen, um auf diese Weise auszuschließen, dass innerhalb des Binnenmarktes der freie Verkehr

69 Amtsblatt Nr. L 298 vom 17.10.1989 S. 23.

70 Amtsblatt Nr. L 202 vom 30.07.1997 S. 60.

71 Amtsblatt Nr. L 95 vom 15.04.2010, S. 1.

von Sendungen behindert oder der Wettbewerb verzerrt wird.[72] Stattdessen sollten der freie Verkehr von Informationen und Ideen und die Ausübung der betroffenen Berufstätigkeiten innerhalb der Gemeinschaft erleichtert werden.[73] Sachlich beschränkte sich die Richtlinie hierbei auf Fernsehsendungen, Hörfunkprogramme waren hingegen nicht umfasst.[74]

*(2) Entstehungsgeschichte*

Die Entstehung der Richtlinie ist auf die Rechtsprechung des EuGH zurückzuführen. In dem „Sacchi"-Urteil von 1974 hatte der EuGH in einem ersten Schritt zunächst die Ausstrahlung grenzüberschreitender Fernsehprogramme als Dienstleistung qualifiziert.[75] Er hatte damit entschieden, dass die Fernsehtätigkeit von den Gemeinschaftsverträgen erfasst wird, und damit die Öffnung der Rundfunkmärkte eingeleitet.[76] In dem „Debauve"-Urteil aus dem Jahr 1980 stellte der EuGH jedoch klar, dass mitgliedstaatliche Beschränkungen des grenzüberschreitenden Rundfunks nicht allein anhand des Primärrechts abgebaut werden können; solche Beschränkungen wurden vielmehr als gerechtfertigt verstanden, solange die mitgliedstaatlichen Werberegelungen nicht harmonisiert waren.[77] Somit war die Errichtung eines Fernsehbinnenmarktes nur im Wege der Harmonisierung der nationalen Vorschriften zu erreichen.

Das Europäischen Parlaments erließ daraufhin am 12. März 1982 die „Entschließung zu Rundfunk und Fernsehen in der Europäischen Gemeinschaft",[78] woraufhin die Kommission das „Grünbuch über die Errichtung des gemeinsamen Marktes für den Rundfunk, insbesondere über Satellit und Kabel" vom 14. Juni 1984, auch „Fernsehen ohne Grenzen" genannt, vorstellte.[79] Die Kommission hatte erkannt, dass vor allem im Hinblick auf rundfunkspezifische Werberegeln einschließlich des Sponsorings Harmonisierungsbedarf bestand. Das Grünbuch enthielt bereits das grundlegende Prinzip der Trennung von Werbung und sonstigem redaktionellem Programm und erkannte dieses als zentralen Grundsatz an. Werbung musste danach klar als solche erkennbar sein und durfte nicht auf das

---

72 Vgl. Erwägungsgründe Nr. 9 und 10 der Richtlinie 89/552/EWG.

73 Vgl. Erwägungsgrund Nr. 11 der Richtlinie 89/552/EWG.

74 Vgl. auch *Dörr*, S. 72.

75 EuGH Rs. 155/73, Slg. 1974, S. 409 (428) – *„Sacchi"*; EuGH Rs. 62/79, Slg. 1980, S. 881 ff. – *„Coditel/Cine Vog"*.

76 *Dörr*, S. 48.

77 EuGH Rs. 52/79, Slg. 1980, S. 833 (855) – *„Debauve"*; *Holznagel*, Rundfunkrecht, S. 180; *Hümmerich*, AfP 1991, S. 591 (592).

78 Amtsblatt Nr. C 87 vom 5. April 1982, S. 110.

79 Vgl. Grünbuch der Kommission „Fernsehen ohne Grenzen", KOM(84) 300.

sonstige Programm Bezug nehmen oder in einer Form auftreten, die die Grenze verwischt.[80] Als weitere potenzielle Regelungsbereiche wurden der Jugendschutz, das Recht der Gegendarstellung und das Urheberrecht vorgestellt.[81]

Am 30. April 1986 legte die Kommission dem Rat einen Richtlinienvorschlag vor, der auf der Grundlage des Grünbuchs erarbeitet worden war.[82] Die Richtlinie in ihrer endgültigen Form wurde – nach längeren Beratungen im Europäischen Parlament und einigen Änderungen[83] – schließlich am 3. Oktober 1989 verabschiedet.

*(3) Regelungsinhalte*

(a) Mindeststandardprinzip und Sendestaatsprinzip

Die Richtlinie wird von zwei Grundprinzipien dominiert, dem Mindeststandardprinzip und dem Sendestaatsprinzip.

Das Mindeststandardprinzip gem. Art. 3 Abs. 1 FsRL besagt, dass es den einzelnen Mitgliedstaaten freisteht, strengere Bestimmungen als die in der Richtlinie vorgegebenen zu erlassen; die Richtlinie stellt insoweit lediglich einen Mindeststandard sicher. Das Sendestaatsprinzip nach Art. 2 Abs. 1 FsRL hingegen besagt, dass Rundfunksendungen, die den rechtlichen Bedingungen des Ursprungslandes sowie dem europäischen Recht entsprechen, ebenso von allen anderen Empfangsstaaten als ihrer Rechtsordnung genügend akzeptiert werden müssen, unabhängig davon, ob die rechtlichen Anforderungen des Empfangsstaates strenger sind als diejenigen des Sendelandes.[84] Es soll jedoch vermieden werden, dass die Verantwortung für die Übereinstimmung mit dem nationalen Recht bei dem jeweiligen Empfangsstaat liegt („Empfangsstaatsprinzip“).[85] Das Sendestaatsprinzip verbietet dem jeweiligen Empfangsland daher grundsätzlich, im koordinierten Bereich eine zweite Prüfung vorzunehmen bzw. Maßnahmen gegen die Verbreitung des Programms zu ergreifen.[86]

80 Vgl. Grünbuch der Kommission „Fernsehen ohne Grenzen“, KOM(84) 300, S. 277.

81 Vgl. Grünbuch der Kommission „Fernsehen ohne Grenzen“, KOM(84) 300, S. 209 ff.

82 Amtsblatt Nr. C 179 vom 17. Juli 1986, S. 4.

83 Ein Streitpunkt war dabei insbesondere die Quotenregelung für europäische Produktionen; näher dazu *Holznagel*, Rundfunkrecht, S. 178 f.

84 *Dörr*, S. 73; *Fezer/Koos* bevorzugen „Niederlassungs- bzw. Sitzprinzip“, da der Begriff „Sendelandprinzip“ missverständlich aufgefasst werden könnte, weil es nicht auf den Standort des Senders, sondern auf die Niederlassung des Veranstalters ankomme, in: Staudinger, EGBGB/IPR, Rn. 570.

85 *Schaar*, S. 128.

86 *Schulz*, EuZW 2008, S. 107 (111).

(b) Schleichwerbung und weitere Regelungsbereiche

Jenseits dieser beiden Grundprinzipien umfasste die Harmonisierung mitgliedstaatlicher Vorschriften durch die Richtlinie fünf Regelungsfelder: eine Quotenregelung, wonach europäischen Werken ein bestimmter Anteil am Programm garantiert werden soll, den Schutz der Leistungsfähigkeit der Kinos, Fernsehwerbung und Sponsoring, den Jugendschutz sowie ein Gegendarstellungsrecht bei der Behauptung falscher Tatsachen.[87]

Für die vorliegende Untersuchung sind insbesondere die Regelungen in Art. 10-21 FsRL bedeutend, da dort die entsprechenden Bestimmungen zum Kapitel ‚Fernsehwerbung und Sponsoring' enthalten sind. Eine Regelung zur Produktplatzierung enthielt die Richtlinie in ihrer ursprünglichen Fassung nicht. Vielmehr war der Begriff der Produktplatzierung als rechtlicher Terminus technicus zum damaligen Zeitpunkt als solcher noch gar nicht existent. Stattdessen wurde in Art. 1 lit. c FsRL jedoch die Schleichwerbung definiert, mithin *„die Erwähnung oder Darstellung von Waren, Dienstleistungen, Namen, Warenzeichen oder Tätigkeiten eines Herstellers von Waren oder eines Erbringers von Dienstleistungen in Programmen, wenn sie vom Fernsehveranstalter absichtlich zu Werbezwecken vorgesehen ist und die Allgemeinheit hinsichtlich des eigentlichen Zwecks dieser Erwähnung oder Darstellung irreführen kann. Eine Erwähnung oder Darstellung gilt insbesondere dann als beabsichtigt, wenn sie gegen Entgelt oder eine ähnliche Gegenleistung erfolgt.*" Das Vorliegen von Schleichwerbung erforderte demnach drei unterschiedliche Tatbestandsmerkmale: die Integration eines tauglichen Werbeobjektes; das Vorliegen einer Werbeabsicht; schließlich die Absicht der Irreführung.

In Art. 10 Abs. 4 FsRL war ausdrücklich geregelt, dass Schleichwerbung verboten war. Darüber hinaus enthielt Art. 10 FsRL das Verbot der Einsetzung von subliminalen Techniken und regelte den Grundsatz der Trennung von Werbung und Programm.[88]

## b) Die Richtlinie 97/36/EG

Die erste Revision der EG-Fernsehrichtlinie wurde am 23. Juni 1997 in Form der „Richtlinie 97/36/EG des Rates zur Koordinierung bestimmter Rechts- und Verwaltungsvorschriften der Mitgliedstaaten über die Ausübung der Fernsehtätigkeit" verabschiedet.[89] Die wirtschaftliche Bedeutung und die soziale Rolle des

87 Näher zum Inhalt der Richtlinie: *Dörr*, S. 74 ff.

88 Siehe hierzu unten C. V. 3. b).

89 Amtsblatt Nr. L 202 vom 30. Juni 1997, S. 60.

audiovisuellen Sektors hatten eine Anpassung der Richtlinie auch im Werbebereich grundsätzlich notwendig gemacht.[90] Letztlich fielen die Änderungen im Kapitel ‚Fernsehwerbung und Sponsoring' jedoch marginal aus: So wurde etwa der Geltungsbereich der Richtlinie erweitert, so dass nun auch Teleshopping und Eigenwerbekanäle einbezogen, sowie das Sponsoring durch Arzneimittelhersteller erlaubt wurde. Die Werbung für bestimmte Arzneimittel oder medizinische Behandlungen blieb jedoch – wie schon zuvor – untersagt.[91] Zudem wurde die als neuartig eingestufte Eigenwerbung – also die Werbung des Senders für eigene Produkte, Dienstleistungen oder Programme – der sonstigen Werbung gleichgestellt und größtenteils denselben Bestimmungen unterworfen; ausgenommen blieben hiervon öffentliche Botschaften oder karitative Aufrufe.[92] Auch nach der Novellierung blieb es jedoch bei dem Verbot der Schleichwerbung; der Aspekt einer zulässigen Produktplatzierung war nicht geregelt.

### c) Die Richtlinie 2007/65/EG („AVMD-Richtlinie")

#### *(1) Allgemeines*

Am 11. Dezember 2007 trat schließlich die Richtlinie 2007/65/EG, auch AVMD-Richtlinie genannt, in Kraft. Der Grund für die erneute Revision der Fernsehrichtlinie war zum einen die technische Weiterentwicklung bei den Übertragungstechniken für audiovisuelle Mediendienste und die teilweise damit einhergehende Konvergenz der Medienangebote,[93] sowie zum anderen die beabsichtigte Neuregulierung der Werbevorschriften.

Unter Konvergenz versteht man dabei den Trend von der Beschränkung einzelner Dienste auf bestimmte Übertragungsnetze oder Endgeräte hin zu einer Verschmelzung der Übertragungsnetze und Endgeräte dergestalt, dass eine zunehmende Zahl an elektronischen Diensten und Angeboten über dieselben Übertragungsnetze verbreitet und durch dasselbe Endgerät empfangen werden kann.[94] Wie sich anhand dieser Beschreibung zeigt, kann man innerhalb des Oberbegrif-

---

90 *Schmitt-Vockenhausen*, ZUM 1998, S. 377 (377).

91 Vgl. zu den Neuerungen bei Werbung und Sponsoring insbesondere Erwägungsgründe 33 bis 39 sowie 43 der Richtlinie 97/36/EG; *König*, ZUM 2002, S. 803 (807); *Schmitt-Vockenhausen*, ZUM 1998, S. 377 (379).

92 Vgl. Erwägungsgrund Nr. 39 der Richtlinie 97/36/EG; *Schmitt-Vockenhausen*, ZUM 1998, S. 377 (379).

93 Vgl. Erwägungsgrund Nr. 1 der Richtlinie 2007/65/EG; *Schulz,* EuZW 2008, S. 107 (108).

94 Vgl. „Grünbuch zur Konvergenz der Branchen Telekommunikation, Medien und Informationstechnologien und ihren ordnungspolitischen Auswirkungen", KOM (97), 623; *Holznagel*, NJW 2002, S. 2351 (2351 f.).

fes der Konvergenz zwischen verschiedenen Unterkategorien der Konvergenz unterscheiden:[95] Als am weitesten fortentwickelt ist die Konvergenz auf der technischen Ebene zu betrachten, die dazu führt, dass alle Dienste, die auf der elektrischen Übermittlung von digitalen Signalen basieren, über ein singuläres Netz übertragen werden.[96] Hiervon gilt es die Konvergenz der Endgeräte zu unterscheiden, die – hypothetisch weitergedacht – am Ende der Entwicklung zu einem Gerät führt, welches Telefon, Fernseher, Computer sowie Spielkonsole miteinander verbindet.[97] Schließlich kann sich die Konvergenz der Dienste und Endgeräte jedoch auch nur dann praktisch durchsetzen, wenn nicht nur die Konvergenz der Inhalte, sondern auch diejenige im Verhalten der Nutzer mit der technischen Entwicklung Schritt hält. Im Hinblick auf konvergente Inhalte haben sich jedoch bereits neue Formen audiovisueller Mediendienste entwickelt; beispielhaft sei hier etwa auf Fernsehen über Internet-Protokoll (sog. „IP-TV“) verwiesen.[98]

Während der Anwendungsbereich der ursprünglichen EG-Fernsehrichtlinie auf herkömmlich übermittelte Fernsehsendungen beschränkt war, fielen etwa Video-on-Demand-Angebote als sog. Abrufdienste in den Anwendungsbereich der E-Commerce-Richtlinie. Die revidierte Richtlinie sollte nunmehr audiovisuelle Mediendienste unabhängig von der Abrufplattform und damit technologieneutral umfassen, um auf diesem Wege der technischen Entwicklung Rechnung zu tragen.[99] Zu diesem Zwecke wurde der Regelungsbereich der Richtlinie erweitert: So fallen nunmehr – neben den bislang schon von der Richtlinie umfassten Programmen, die im Rahmen der linearen Fernsehübertragung, d.h. nach festem Sendeplan, ausgestrahlt werden – auch bestimmte sogenannte nichtlineare Abrufdienste, insbesondere Video-on-Demand-Angebote aus dem Netz in den Anwendungsbereich der Richtlinie, sofern audiovisuelle Inhalte dort nicht lediglich eine Nebenerscheinung darstellen.[100] Von der Richtlinie umfasst werden dementsprechend nicht mehr nur, wie zuvor, Point-to-Multipoint-Übertragungen, sondern auch von der Anzahl möglicher Rezipienten unabhängige Point-to-Point-Übertragungen.[101]

Neben der Erweiterung des Anwendungsbereichs war, wie eingangs erwähnt, die Neuregulierung der Werbevorschriften das zweite zentrale Anliegen bei der

95 Ausführlich zum Ganzen *Mallick*, S. 258 ff.

96 *Bartosch*, ZUM 1998, S. 209 (210 f.).

97 *Rossen-Stadtfeld*, ZUM 2000, S. 36 (37).

98 *Schulz,* EuZW 2008, S. 107 (108).

99 *Puff*, S. 38.

100 Vgl. Erwägungsgrund Nr. 18 der Richtlinie 2007/65/EG; vgl. *Castendyk/Böttcher*, MMR 2008, S. 13 (15).

101 *Leitgeb*, ZUM 2006, S. 837 (843); Grabitz/Hilf/*Ress/Ukrow*, Art. 167 AEUV, Rn. 214.

Revision der Richtlinie. Im Vordergrund stand die Liberalisierung der quantitativen und qualitativen Werberegulierung. So sollte unter anderem den Fernsehveranstaltern eine größere Flexibilität bei Werbeeinschüben eingeräumt und beispielsweise die tägliche Höchstdauer für Werbung abgeschafft werden.[102]

*(2) Liberalisierung der Vorschriften zur Produktplatzierung*

Bereits zu einem frühen Zeitpunkt im Laufe des Richtlinienverfahrens und besonders intensiv wurde über eine Flexibilisierung der Vorschriften zur Produktplatzierung diskutiert.[103] Der wohl wichtigste Grund hierfür war, dass erkannt wurde, dass diese Werbeform bereits zu dem damaligen Zeitpunkt eine Tatsache in Kinospielfilmen und Fernsehproduktionen war.[104] Die Entwicklungen des Werbemarktes in diesem Bereich machten daher eine rechtliche Neuordnung auf europäischer Ebene erforderlich, zumal die rechtlichen Rahmenbedingungen hinsichtlich der Werbeform der Produktplatzierung in den einzelnen Mitgliedstaaten unterschiedlich geregelt waren.[105] Dementsprechend enthielt auch der Vorschlag für die Revision der Fernseh-Richtlinie, den die Europäische Kommission am 13.12.2005 vorgelegt hatte, bereits eine Definition des Begriffs der Produktplatzierung und regelte die Voraussetzungen der Zulässigkeit von Produktplatzierungen in Sendungen.[106] In der sich an den Vorschlag anschließenden Diskussion zwischen Rat, Parlament und Kommission war man sich allerdings zunächst uneins, in welcher Form die Zulässigkeit von Produktplatzierungen rechtlich gestaltet werden solle. Während sich die Kommission in ihrem Vorschlag, wie vorstehend erwähnt, für die grundsätzliche Zulässigkeit von Produktplatzierungen aussprach und lediglich für einzelne Formate, wie etwa Nachrichtensendungen, wegen der Gefahr redaktioneller Beeinflussung ein Verbot vorsah, bevorzugten Rat und Parlament ein generelles Verbot von Produktplatzierungen mit Ausnahmen für bestimmte Formate.[107] Schließlich entschied man sich für letztere Variante und damit für ein grundsätzliches Verbot von Produktplatzierungen, jedoch unter Einbeziehung eines Erlaubnisvorbehalts. Trotz aller – nicht nur in

---

102 Vgl. Erwägungsgründe Nr. 57 und 59 der Richtlinie 2007/65/EG; *Leitgeb*, ZUM 2006, S. 837 (843).

103 Vgl. auch *Mallick*, S. 226.

104 Vgl. Erwägungsgrund Nr. 46 des RL-Vorschlag, KOM (2005), 646.

105 So war etwa in Österreich bereits vor Inkrafttreten der AVMD-Richtlinie Product Placement in Fernsehfilmen und TV-Serien sowohl im ORF als auch im privaten Fernsehen erlaubt.

106 RL-Vorschlag KOM (2005), 646.

107 RL-Vorschlag der finnischen Ratspräsidentschaft, Dok.-Nr. 14616/2006; Berichtsentwurf der MdEP Ruth Hieronymi vom 22.11.2006, der die Grundlage für die in erster Lesung des Europäischen Parlaments gebilligte Fassung des Richtlinienvorschlags bildete, Dok.-Nr. A6-0399/2006.

Deutschland – kontrovers geführter Diskussionen[108] wurde damit der Trennungsgrundsatz im Bereich der Produktplatzierung – anders als bei Fernsehwerbung und Teleshopping – aufgeweicht.[109]

## d) Die Richtlinie 2010/13/EU

### *(1) Allgemeines*

Mit dem Datum vom 10. März 2010 trat schließlich die Richtlinie 2010/13/EU[110] in Kraft. Diese stellt den vorläufigen Schlusspunkt in der Entwicklung der EG-Fernsehrichtlinie dar. Alleiniges Ziel der Richtlinie ist es, die EG-Fernsehrichtlinie sowie sämtliche darauffolgenden Änderungsrichtlinien in einem neuen, einzelnen Rechtsakt – nämlich der kodifizierten AVMD-Richtlinie – zusammenzufassen. Dies wurde aufgrund der mehrfachen und erheblichen Änderungen der Richtlinie 89/552/EWG zur besseren Klarheit und Übersichtlichkeit erforderlich.[111] Über die Einführung einer neuen Nummerierung hinaus enthält die kodifizierte AVMD-Fernsehrichtlinie jedoch keine inhaltlichen Änderungen.

### *(2) Definition der Produktplatzierung*

Art. 1 Abs. 1 lit. m) AVMD RL enthält die Legaldefinition der Produktplatzierung. Danach ist Produktplatzierung „jede Form audiovisueller kommerzieller Kommunikation, die darin besteht, gegen Entgelt oder eine ähnliche Gegenleistung ein Produkt, eine Dienstleistung oder die entsprechende Marke einzubeziehen bzw. darauf Bezug zu nehmen, so dass diese innerhalb einer Sendung erscheinen“. Die Definition der Produktplatzierung besteht dementsprechend aus drei Elementen, auf die im Folgenden näher einzugehen ist. Für die Definition der Produktplatzierung gilt dabei wie für sämtliche in der Richtlinie enthaltenen Definitionen, dass der europäische Gesetzgeber diese zur Vereinfachung nach einer Art LEGO-System zusammengesetzt hat. Damit ist gemeint, dass einzelne

---

108 Vgl. etwa epd medien Nr. 8, 1. Februar 2006, S. 9 f., „Kulturstaatsminister ist gegen Zulassung von Product-Placement“; EuZW 2006, S. 101, „Pläne der EU-Kommission zum „Product Placement" stoßen auf Kritik“; *Gounalakis/Wege*, K&R 2006, S. 97 ff.; *Danwitz*, AfP, S. 417 ff.; vgl. Castendyk/Dommering/Scheuer/*Chavannes/Castendyk*, Art. 1 AVMSD, Rn. 20.

109 Vgl. Erwägungsgrund Nr. 55 der Richtlinie 2007/65/EG.

110 „Richtlinie 2010/13/EU des europäischen Parlaments und des Rates vom 10. März 2010 zur Koordinierung bestimmter Rechts- und Verwaltungsvorschriften der Mitgliedstaaten über die Bereitstellung audiovisueller Mediendienste (Richtlinie über audiovisuelle Mediendienste) (kodifizierte Fassung)“, im Folgenden AVMD RL.

111 Vgl. Erwägungsgrund Nr. 1 der Richtlinie 2010/13/EU.

Definitionen, etwa ‚audiovisuelle kommerzielle Kommunikation' oder ‚Sendung', zugleich auch Teile anderer Definitionen sein können.[112]

(a) Audiovisuelle kommerzielle Kommunikation

Mit der Erweiterung des Anwendungsbereichs der Richtlinie auf sämtliche audiovisuelle Medien war auch eine Anpassung des Begriffs der von der Richtlinie erfassten Werbung notwendig. Dies erfolgte im Wege der Schaffung des neuen Oberbegriffs der sogenannten audiovisuellen kommerziellen Kommunikation. Nach der Legaldefinition in Art. 1 Abs. 1 lit. h) AVMD RL fallen hierunter alle *„Bilder mit oder ohne Ton, die der unmittelbaren oder mittelbaren Förderung des Absatzes von Waren und Dienstleistungen oder des Erscheinungsbilds natürlicher oder juristischer Personen, die einer wirtschaftlichen Tätigkeit nachgehen, dienen. Diese Bilder sind einer Sendung gegen Entgelt oder eine ähnliche Gegenleistung oder als Eigenwerbung beigefügt oder darin enthalten. Zur audiovisuellen kommerziellen Kommunikation zählen unter anderem Fernsehwerbung, Sponsoring, Teleshopping und Produktplatzierung*". Vergleicht man diese Definition mit derjenigen der Fernsehwerbung gemäß der Richtlinie 89/552/EG, so zeigt sich, dass sich beide in weiten Teilen ähnlich sind, wobei daneben in Art. 1 Abs. 1 lit. i) AVMD RL auch die – nahezu unveränderte[113] – Definition der Fernsehwerbung weiterhin fortbesteht.[114] Dies ist dem Umstand geschuldet, dass keine vollkommen neue, von den bisherigen Begriffen losgelöste Begrifflichkeit eingeführt werden sollte, sondern dass vielmehr allein beabsichtigt war, den Begriff der Werbung im Hinblick auf die nunmehr von der Richtlinie zusätzlich umfassten Medien zu öffnen. Im Übrigen sollten jedoch die getroffenen Grunddefinitionen unverändert beibehalten werden. Ziel der Zusammenfassung von Fernsehwerbung, Sponsoring, Teleshopping und Produktplatzierung unter einem einzigen Oberbegriff war zudem, einheitliche Voraussetzungen für deren Zulässigkeit zu schaffen, wenngleich dies bei der Umsetzung letztlich jedoch nicht konsequent durchgehalten wurde.[115]

---

112 Siehe Castendyk/Dommering/Scheuer/*Chavannes/Castendyk*, Art. 1 AVMSD, Rn. 13, der jedoch auch darauf hinweist, dass dieses Konzept nicht vollständig durchgehalten wurde.

113 Die beiden einzigen inhaltlichen Anpassungen bestehen darin, dass nach der nunmehr in der AVMD RL enthaltenen Definition von Fernsehwerbung neben öffentlich-rechtlichen und privaten Rundfunkveranstaltern ausdrücklich auch natürliche Personen als potenzielle Sender erwähnt werden; weiterhin gilt nach der neuen Regelung ausdrücklich auch Eigenwerbung des Veranstalters als Werbung, vgl. Art. 1 b) FsRL.

114 So auch Castendyk/Dommering/Scheuer/*Chavannes/Castendyk*, Art. 1 AVMSD, Rn. 20.

115 Vgl. Castendyk/Dommering/Scheuer/*Chavannes/Castendyk*, Art. 1 AVMSD, Rn. 25, der etwa auf die überflüssige Doppelregulierung in Art. 3e Abs. 1 lit. d) und Art. 3g Abs. 3 1. Spiegelstrich verweist.

Nach der obigen Definition sind vertonte oder stumme Bilder, die in einer Sendung enthalten sind, die Grundlage der audiovisuellen kommerziellen Kommunikation. Stummfilme sind damit erfasst, nicht hingegen Tonübertragungen oder Hörfunkdienste.[116] Die Integrierung der Bilder in eine Sendung beinhaltet zwei „quid pro quo"-Merkmale: zum einen die Zahlung eines bestimmten Entgelts oder einer anderen Gegenleistung für die Platzierung, sofern es sich nicht um Eigenwerbung handelt, zum anderen die mittel- oder unmittelbare Förderung des Absatzes von Produkten oder des Images einer (natürlichen oder juristischen) Person, die einer wirtschaftlichen Tätigkeit nachgeht. Der Kreis derjenigen, in deren Interesse die Förderung von Absatz oder Image ist, ist damit weit gefasst und umfasst sämtliche natürlichen und juristischen Personen, die einer wirtschaftlichen Tätigkeit nachgehen, also unabhängig von der Art ihrer Tätigkeit sowie der Organisationsform. Nicht umfasst ist hiervon konsequenterweise jedoch der Veranstalter eines Mediendienstes, da die Veranstaltung bzw. die Ausstrahlung des Programms bzw. des jeweiligen Dienstes und damit die Leistung an sich denknotwendig nicht zugleich auch der Förderung des Absatzes dieser Leistung dienen kann. Da es sich hierbei mithin um zwei unterschiedliche Rechtspersönlichkeiten handeln muss, muss der Veranstalter des Mediendienstes daher nicht in Absatzförderungsabsicht handeln.

(b) Erscheinen eines Produkts, einer Dienstleistung oder Marke

Der europäische Gesetzgeber beabsichtigt mit seiner breit angelegten Definition, möglichst alle Formen von Produktplatzierungen, die im Hinblick auf Produkte, Dienstleistungen oder Marken denkbar sind, zu umfassen. Der Begriff der Marke etwa ist aus diesem Grunde weit auszulegen und umfasst auch Unternehmenskennzeichen.[117] Zudem kann auch das Programm-Bartering, also der Austausch von fertig produziertem Programm gegen Werbezeiten als potenzielle Form der Produktplatzierung angesehen werden.[118] In der Definition der Produktplatzierung werden Themenplatzierungen zwar nicht ausdrücklich erwähnt; soweit im Zusammenhang mit einer Themenplatzierung jedoch auch ein Produkt, eine Dienstleistung oder eine entsprechende Marke im Sinne von Art. 1 Abs. 1 m) AVMD RL eingebunden wird, könnten diese grundsätzlich eine Produktplatzierung darstellen. Allerdings stellt der Gesetzgeber in der Begründung zur Richtlinie klar, dass Themenplatzierungen aufgrund der von ihnen ausgehenden Beeinträchtigung der redaktionellen Verantwortung sowie der Unabhängigkeit des

---

116 Vgl. Erwägungsgrund Nr. 23 der Richtlinie 2010/13/EU.

117 So auch *Mallick*, S. 232.

118 So Castendyk/Dommering/Scheuer/*Chavannes/Castendyk*, Art. 1 AVMSD, Rn. 141.

Mediendiensteanbieters unzulässig sind.[119] Damit setzt der Gesetzgeber voraus, dass Themenplatzierungen auch unter die Definition der Produktplatzierung gem. Art. 1 Abs. 1 lit. m) AVMD RL fallen.[120] Sonderformen wie das *Location Placement* fallen nach der Definition regelmäßig nicht unter den Begriff der Produktplatzierung; ausgenommen ist der Sonderfall, dass ein Ort selbst über eine Marke verfügt.[121]

Der europäische Gesetzgeber unterscheidet zwischen der *Einbeziehung des* und der *Bezugnahme auf* das jeweilige Objekt der Produktplatzierung. Unter Einbeziehung ist in diesem Zusammenhang jede tatsächliche Integrierung in die Szenerie einer Sendung in dem Sinne zu verstehen, dass das zu integrierende Produkt tatsächlich sichtbar ist, wohingegen Bezugnahme nur die verbale Erwähnung bzw. sonstige akustisch wahrnehmbare Verbindung zu dem jeweiligen Objekt meint.[122] Tatsächlich dürfte aber in Anbetracht des weit gefassten Spektrums von möglichen Objekten der Produktplatzierung eine exakte Zuordnung zu einer der beiden Alternativen mitunter schwierig sein; dies gilt etwa insbesondere dann, wenn es sich nicht um ein haptisch wahrnehmbares und als solches integrierbares Produkt, sondern etwa um eine Dienstleistung oder Marke handelt.

Das *Erscheinen in einer Sendung* ist ausschließlich im Hinblick auf die Einbeziehung bzw. Bezugnahme zu verstehen, nicht jedoch in dem Sinne, dass ein gewisser Grad von Hervorhebung erreicht werden müsse.[123] Eine solche Auslegung widerspräche gerade der Bestimmung in Art. 3g Abs. 2 lit. c) AVMD RL, wonach das entsprechende Produkt nicht zu stark herausgestellt werden darf. *Sendung* ist schließlich im Sinne der Definition in Art. 1 Abs. 1 lit. b AVMD RL zu verstehen und stellt demnach einen Einzelbestandteil eines Sendeplans oder Katalogs dar. Damit hat der Gesetzgeber gegenüber der ursprünglichen EG-Fernsehrichtlinie insbesondere klargestellt, dass *Sendung* nur ein einzelnes Element, nicht aber das gesamte Programm meint, wohingegen zuvor unter dem Begriff der Sendung beides verstanden wurde.[124] Ob der genaue Sendeplan den Zuschauern bekannt sein muss, ergibt sich aus der Definition hingegen nicht, so dass es ausreichend ist, dass ein solcher Plan tatsächlich besteht.[125] Beispiele für Sendungen sind nach Art. 1 Abs. 1 lit. b AVMD RL unter anderem Spielfilme,

119 Vgl. hierzu Erwägungsgrund Nr. 93 der Richtlinie 2010/13/EU.

120 So auch Begründung zum Dreizehnten Staatsvertrag zur Änderung rundfunkrechtlicher Staatsverträge, S. 5.

121 Castendyk/Dommering/Scheuer/*Chavannes/Castendyk*, Art. 1 AVMSD, Rn. 139.

122 So ebd., Rn. 143.

123 Ebenso ebd., Rn. 144.

124 Ebd., Rn. 57.

125 Vgl. ebd., Rn. 58.

Sportberichte, Fernsehkomödien, Dokumentarfilme, Kindersendungen und Originalfernsehspiele.

(c) Gegen Entgelt oder eine ähnliche Gegenleistung

Wie sich aus dem Tatbestandsmerkmal „*gegen Entgelt oder eine ähnliche Gegenleistung*“ ergibt, ist – anders als in der Entwurfsfassung der Europäischen Kommission vom 13.12.2005[126] – die kostenlose bzw. gegenleistungsfreie Bereitstellung von Produkten von der Legaldefinition der Produktplatzierung offensichtlich nicht mit umfasst. Im Entwurf der Kommission hieß es hingegen in Art. 1 lit. k) noch „*[...]* ***üblicherweise*** *gegen Entgelt oder eine ähnliche Gegenleistung[...]*“, so dass hierdurch, wenngleich dies unüblich wäre, nicht ausgeschlossen war, dass eine Platzierung ohne Entgelt erfolgt. Noch deutlicher war diesbezüglich die auf den Entwurf der Europäischen Kommission folgende Parlamentsfassung,[127] nach welcher die entsprechende Platzierung gem. Art. 1 lit. k) „*gegen* ***oder ohne*** *Entgelt oder eine ähnliche Gegenleistung*“ erfolgen könne. Den Eindruck, dass unentgeltliche Platzierungen nicht von der Definition der Produktplatzierung umfasst sein sollen, verstärkt auch die Legaldefinition des Begriffs der audiovisuellen kommerziellen Kommunikation. Voraussetzung ist danach gleichfalls, dass die Integrierung von Bildern in Sendungen zum Zwecke der Absatzförderung „*gegen Entgelt oder eine ähnliche Gegenleistung*“ erfolgt, Art. 1 Abs. 1 lit. h) AVMD RL.

Dennoch sind, entgegen dem Vorstehenden, von der Definition der Produktplatzierung unter bestimmten Voraussetzungen auch unentgeltliche Platzierungen erfasst. Dies folgt zum einen aus den Erwägungsgründen zur Richtlinie, wonach die kostenlose Bereitstellung von Waren und Dienstleistungen als Produktplatzierung gelten soll, soweit die entsprechenden Waren bzw. Dienstleistungen „*von bedeutendem Wert*“ sind.[128] Zwar sind die Erwägungsgründe zu einer Richtlinie primär vor allem als Auslegungs- bzw. Interpretationshilfen heranzuziehen, jedoch können sie in der Praxis dennoch faktischen Regelungscharakter erlangen.[129] Zum Anderen – insoweit wird im Hinblick auf die für Zulässigkeit von Produktplatzierungen geltenden rechtlichen Vorgaben, die später näher dargestellt werden[130], vorgegriffen – ist in Art. 11 Abs. 3 Untersabs. 1 lit. b) AVMD RL geregelt, dass vorbehaltlich mitgliedstaatlicher Sonderregelungen Produktplatzierungen *zulässig* sind, wenn kein Entgelt geleistet wird, sondern die ent-

126 RL-Vorschlag KOM (2005), 646.

127 Dok.-Nr. A6-0399/2006.

128 Vgl. Erwägungsgrund Nr. 91 der Richtlinie 2010/13/EU.

129 Vgl. auch Wandtke/Bullinger/*Thum*, UrhR, Vor §§ 87 a ff., Rn. 17.

130 Vgl unten D. II.

sprechenden abzubildenden Produkte kostenlos zur Verfügung gestellt werden. Betrachtet man den Wortlaut von Art. 11 Abs. 3 Unterabs. 1 lit. b) AVMD RL isoliert, so sind hiernach gerade auch *unentgeltliche* Produktplatzierungen zulässig, und dies unabhängig von dem Wert des jeweiligen Produkts. Aufgrund dieser ausdrücklichen Regelung in Art. 11 Abs. 3 Unterabs. 1 lit. b) AVMD RL ist daher davon auszugehen, dass der europäische Gesetzgeber im Sinne eines weiten Begriffsverständnisses grundsätzlich auch unentgeltliche Platzierungen von der Richtlinie umfasst wissen wollte.[131] Hierfür spricht zudem, dass die Legaldefinition der Produktplatzierung in Art. 1 Abs. 1 lit. m) der AVMD RL auch in der Weise verstanden werden kann, dass die dort erwähnte „ähnliche Gegenleistung" gerade in der kostenlosen Zurverfügungstellung des jeweiligen Produktes im Sinne einer Produktionshilfe zu sehen ist.[132] Dies gilt jedoch nur für solche Platzierungsobjekte, welche die in den Erwägungsgründen der Richtlinie erwähnte Wertgrenze überschreiten.[133] Produkte und Dienstleistungen, deren Wert nicht „bedeutend" im Sinne der Richtlinie ist, fallen schon von vorneherein nicht unter die Definition der Produktplatzierung und sind daher – losgelöst von den Vorgaben der Richtlinie – ohne Einschränkungen zulässig.

(d) Bedeutender Wert

Der Richtlinie lässt sich jedoch nicht entnehmen, wo die erwähnte Wertgrenze tatsächlich zu ziehen ist, mithin ergibt sich aus dieser nicht, ab wann ein Platzierungsgegenstand von bedeutendem Wert ist. Teilweise wird hier in der Literatur vertreten, dass in Anlehnung etwa an das österreichische ORF-Gesetz bei der schenkweisen Produktbeistellung eine absolute Grenze bei einem Warenwert von EUR 1000 zu ziehen sei; die leihweise Überlassung soll jedoch unabhängig von dem jeweiligen Wert nie als Produktplatzierung gelten.[134] Die Gegenmeinung lehnt eine absolute Wertgrenze ab und verzichtet zudem auf die Unterscheidung zwischen Schenkung und Leihe. Sie schlägt stattdessen vor, eine Produktbeistellung dann als bedeutend einzustufen, wenn der Produktwert bei über 1 % des Produktionsbudgets einer Sendung oder höher liegt, um auf diesem Wege die übermäßige Beeinflussung der Produktionsverantwortlichen durch die Werbeindustrie zu vermeiden.[135] Dieser Meinung ist jedenfalls insoweit zuzu-

131 Ebenso sowie zum Ganzen *Puff*, S. 64 f.; ähnlich *Müller-Rüster*, S. 283.

132 So auch *Mallick*, S. 233.

133 A.A. *Puff*, die offenbar vom Produktplatzierungsbegriff unentgeltliche Bereitstellungen unabhängig von einer Wertgrenze umfasst sieht, S. 65.

134 Ausführlich hierzu *Mallick*, S. 234.

135 So Castendyk/Dommering/Scheuer/*Chavannes/Castendyk*, Art. 1 AVMSD, Rn. 146; *Castendyk*, ZUM 2010, S. 29 (32).

stimmen, als sie nicht zwischen schenk- und leihweiser Überlassung von Waren unterscheidet; insbesondere findet sich für eine derartige Differenzierung kein Anhaltspunkt in der gesetzlichen Regelung und besteht im Hinblick auf den Zweck der Bestimmung auch keine Veranlassung hierfür.[136]

*(3) Abgrenzung zur Schleichwerbung*

Trotz der Einführung der Produktplatzierung hält der europäische Gesetzgeber daneben auch weiterhin an der Existenz von Schleichwerbung parallel zur Produktplatzierung fest, vgl. Art. 1 Abs. 1 lit. j) AVMD RL. Die Definition der Schleichwerbung ist dabei gegenüber der in Art. 1 lit. c FsRL enthaltenen Regelung nahezu unverändert. Begrifflich gibt es zwischen der Produktplatzierung und der Schleichwerbung, jenseits der Regelung über deren Zulässigkeit, große Überschneidungsflächen; insbesondere im Hinblick auf taugliche Platzierungsobjekte deckt sich die so definierte Produktplatzierung beinahe vollständig mit der weiter gefassten Schleichwerbung.[137] Auch im Hinblick auf die Art und Weise der Integration einer Produktplatzierung in eine Sendung bzw. derjenigen von Schleichwerbung bestehen Überschneidungen, auch wenn die Tatbestandsmerkmale unterschiedlich beschrieben sind. Während bei der Schleichwerbung die Erwähnung bzw. die Darstellung in Sendungen erforderlich ist, ist für das Vorliegen von Produktplatzierung die Bezugnahme bzw. die Einbeziehung des Platzierungsobjektes notwendig. Weiterhin wird mit beiden Begriffen die Gefahr verbunden, dass der Zuschauer über deren eigentliche Zwecke, nämlich Werbezwecke, irregeführt wird.

Aufgrund der dargestellten Überschneidungen besteht damit aus begrifflicher Sicht zwischen Produktplatzierung und Schleichwerbung zunächst kein wirkliches Unterscheidungs- bzw. Abgrenzungsmerkmal.[138]

## III. Neue Rechtslage in Deutschland

### 1. Definition nach RStV

Mit Inkrafttreten des RStV hat der Gesetzgeber hinsichtlich der Begrifflichkeiten für Klarheit im Bereich der Produktplatzierung gesorgt, indem er den neu eingeführten Begriff der Produktplatzierung zugleich legaldefinierte. Damit wird die-

---

136 Vgl. zur bedeutenden Wertgrenze nach dem RStV, B. III. 1. e).

137 Vgl. *Müller-Rüster*, S. 143.

138 Näher zur Kennzeichnung, siehe unten D. II. 1. a).

ser Begriff innerhalb der nationalen Grenzen nunmehr auch der allein maßgebliche sein und insoweit den Begriff des Product Placements ablösen.

Nach der Definition in § 2 Abs. 2 Nr. 11 RStV ist Produktplatzierung *„die gekennzeichnete* (1) *Erwähnung oder Darstellung von Waren, Dienstleistungen, Namen, Marken, Tätigkeiten eines Herstellers von Waren oder eines Erbringers von Dienstleistungen* (2) *in Sendungen* (3) *gegen Entgelt oder eine ähnliche Gegenleistung* (4) *mit dem Ziel der Absatzförderung* (5)".[139]

Im Hinblick auf die oben dargestellten[140] Streitpunkte in Bezug auf die Definition der Produktplatzierung fällt auf, dass der Gesetzgeber sich für eine umfassende und verhältnismäßig breit angelegte Definition entschieden hat, die nahezu alle in der Literatur diskutierten Schwerpunkte berücksichtigt. Die Produktplatzierung wurde damit vom bloßen Oberbegriff für eine Vielzahl unterschiedlich weit gefasster Definitionen in den Rang eines eindeutig abgrenzbaren juristischen Begriffs gehoben.

### a) Kennzeichnung

Nach der Definition in § 2 Abs. 2 Nr. 11 RStV ist es zunächst notwendig, dass die jeweilige Platzierung „gekennzeichnet" ist. Unter Kennzeichnung in diesem Sinne versteht man einen Hinweis über den werblichen Charakter der Produktplatzierung zu Beginn und zum Ende einer Sendung sowie im Falle einer Werbeunterbrechung zu Beginn der Fortsetzung der Sendung.[141] Nach der neuen Konzeption des RStV hinsichtlich der Produktplatzierung ist dieses Merkmal von besonderer Bedeutung: Denn mit der Entscheidung des Gesetzgebers entgeltliche Produktplatzierungen grundsätzlich zuzulassen, hat sich zugleich das Tatbestandsmerkmal der Kennzeichnung zum maßgeblichen Abgrenzungskriterium zwischen zulässiger Produktplatzierung und unzulässiger Schleichwerbung entwickelt, da hierdurch der Verbraucher vor einer Irreführung über den werblichen Charakter geschützt werden soll.[142] Problematisch ist dabei jedoch, dass die Kennzeichnung auf der einen Seite zwar dem Zweck dient, dem Trennungsgrundsatz in angemessener Weise Rechnung zu tragen. Andererseits soll die

139 Die Ziffern in Klammern verweisen auf die folgenden Abschnitte.

140 Siehe oben B. I. 1.

141 *Castendyk*, ZUM 2010, S. 29 (35); nach Nr. 9.4 der Richtlinien von ARD und ZDF für Werbung, Sponsoring, Gewinnspiele und Produktionshilfe erfolgt für mindestens 3 Sekunden die Einblendung des Zeichens „P" mit dem Zusatz „enthält Produktplatzierung" bzw. „unterstützt durch Produktionshilfe". Zudem erfolgt im Abspann die Nennung der Produktionshelfer in alphabetischer Reihenfolge, dargestellt in normaler Schriftgröße, sowie ohne Logos oder (Bild-)Marken.

142 Vgl. unten. B. III. 2. a); *Castendyk*, ZUM 2010, S. 29 (35) mwN.

Werbebotschaft hierdurch jedoch nicht noch verstärkt werden, indem die Aufmerksamkeit der Zuschauer durch die Kennzeichnung auf die entsprechenden Produktplatzierungen gelenkt wird. Auf eine Konkretisierung des Hinweises und ggf. eine Verschärfung der europäischen Regelung in der AVMD RL hat der Gesetzgeber des Rundfunkstaatsvertrags daher auch verzichtet. Denn auch der europäische Gesetzgeber war sich über die Grundproblematik im Klaren. Zwar verortet dieser die Pflicht zur Kennzeichnung der Produktplatzierung, anders als der deutsche Gesetzgeber, systematisch nicht im Rahmen der Definition der Produktplatzierung, sondern im Rahmen der Zulässigkeitsprüfung einer Platzierung.[143] Unabhängig hiervon hat jedoch auch der deutsche Gesetzgeber auf eine nähere Konkretisierung der Ausgestaltung des Hinweises verzichtet.[144]

Eine Ausnahme von der strengen Kennzeichnungspflicht gilt nach § 7 Abs. 7 Satz 5 RStV allerdings bei Fremdproduktionen, sofern aufgrund der mangelnden Distanz zum Herstellungsprozess im Nachhinein nicht mehr *„mit zumutbarem Aufwand*“ festgestellt werden kann, ob die jeweilige Sendung Produktplatzierungen enthält oder nicht. Es gilt dann jedoch eine abgestufte, sekundäre Kennzeichnungspflicht, wonach der jeweilige Rundfunkveranstalter wiederum hierauf hinzuweisen hat, um auf diese Weise erfolglos gebliebene Nachforschungen zu dokumentieren und hierdurch den Vorwurf nicht erfolgter Prüfung zu vermeiden.[145]

### b) Erwähnung oder Darstellung

Der Gesetzgeber hat weiterhin klargestellt, dass neben Waren, die als Requisiten in den Handlungsablauf integriert werden, auch Dienstleistungen sowie Namen, Marken und Tätigkeiten Objekte einer Produktplatzierung sein können. Er ist insoweit dem auch bislang in der Literatur vertretenen weitreichenden Ansatz gefolgt,[146] der Produktplatzierungen nicht nur auf haptisch wahrnehmbare Markenprodukte beschränkt. Dies entspricht zudem einer realistischen Beurteilung der Werbewirkung; denn für den durchschnittlichen Rezipienten mag wohl kaum ein Unterschied zwischen (körperlichen) Produkten auf der einen Seite und Dienstleistungen oder der bloßen Nennung von Marken oder Namen auf der anderen Seite bestehen. Hiermit korrespondierend umfasst die Definition auch zwei unterschiedliche Arten der Integration in das jeweilige Programm, namentlich die

143 Vgl. unten D. II. 1. b) (3) (d).

144 *Castendyk*, ZUM 2010, S. 29 (35) mwN.

145 Vgl. Begründung zum Dreizehnten Staatsvertrag zur Änderung rundfunkrechtlicher Staatsverträge, S. 8.

146 Vgl. Fn. 36.

(optisch wahrnehmbare) Darstellung sowie die (regelmäßig akustisch wahrnehmbare) Erwähnung.

Neben der ausdrücklich verbalen Erwähnung der entsprechenden Platzierungsobjekte ist auch die bloß visuelle Darstellung geeignet, die Produktplatzierung wahrnehmbar zu machen.

### c) Sendungen

Für Produktplatzierungen im Rahmen des Anwendungsbereiches des Rundfunkstaatsvertrags ist der in § 2 Abs. 2 Nr. 2 RStV legaldefinierte Begriff der „Sendung“ maßgeblich. Sendung ist demnach „ein inhaltlich zusammenhängender, geschlossener, zeitlich begrenzter Teil eines Rundfunkprogramms“; Platzierungen etwa im Internet, im Rahmen von Softwareprogrammen oder in Printmedien bleiben nach dieser Regelung außer Betracht.[147]

### d) Entgeltlichkeit oder ähnliche Gegenleistung

Weiterhin ist für das Vorliegen einer Produktplatzierung nach § 2 Abs. 2 Nr. 1 RStV erforderlich, dass diese gegen Entgelt erfolgt bzw. eine ähnliche Gegenleistung erbracht wurde. Soweit dies nicht der Fall ist, liegt eine Produktplatzierung nur dann vor, wenn das platzierte Objekt zumindest von bedeutendem Wert ist.[148] Die Entgeltlichkeit ist mithin kein konstitutives Merkmal der Produktplatzierung, da keine Produktplatzierung vorliegt, wenn es sich bei dem jeweiligen Platzierungsobjekt um ein geringwertiges Gut handelt. In der Praxis wird im Hinblick auf unentgeltliche Produktplatzierungen unabhängig von deren Wert auch von sog. Produktionshilfen gesprochen. Neben der Zahlung eines Entgelts durch das werbende Unternehmen kommt auch die Erbringung einer ähnlichen Gegenleistung in Betracht. Denkbar sind hier etwa die Gewährung von Rabatten oder die Vereinbarung eines Aufschlages auf den regulären Preis für einen Werbespot.

### e) Bedeutende Wertgrenze

Nach der Definition in § 2 Abs. 2 Nr. 11 RStV liegt jedoch keine Produktplatzierung vor, wenn das Platzierungsobjekt unentgeltlich zur Verfügung gestellt wur-

---

147 Auf die Verweisung in § 58 Abs. 3 RStV, die die werberechtlichen Vorschriften für den Rundfunk und rundfunkähnliche Telemedien angleicht, wird hingewiesen; vgl. hierzu auch *Duisburg*, ZUM 2011, S. 141 (143).

148 Vgl. näher zur bedeutenden Wertgrenze B. III. 1. e).

de und nicht von bedeutendem Wert ist. Dieser Regelung legt der Gesetzgeber dabei offenbar zugrunde, dass bei der unentgeltlichen Bereitstellung geringwertiger Güter nur von einer geringen Gefahr für die redaktionelle Unabhängigkeit auszugehen ist. Auch vor Inkrafttreten der neuen Regelungen handelte es sich im Übrigen bei Vorliegen einer dramaturgisch oder journalistisch gerechtfertigten, unentgeltlichen Platzierung nicht um Schleichwerbung. Vor dem Hintergrund der wirtschaftlichen Interessen der Beteiligten ist die unentgeltliche Zurverfügungstellung von Produkten, deren Wert unterhalb der Erheblichkeitsschwelle angesetzt wird, jedoch freilich weniger attraktiv als die Platzierung von Produkten, deren Wert oberhalb dieser Schwelle liegt bzw. bezahlte Platzierungen, da diese die jeweiligen Budgets stärker entlasten.

Jenseits der Frage der Bedeutung in der Praxis ist in der gesetzlichen Regelung nicht festgehalten, wo die Wertgrenze konkret zu ziehen ist. Die konkrete Ausgestaltung der Wertgrenze wurde jedoch in den Werberichtlinien von ARD, ZDF und den Landesmedienanstalten übereinstimmend vorgenommen und bietet so den Rundfunkveranstaltern Rechtssicherheit.[149] Danach ist die Wertgrenze übereinstimmend überschritten, wenn das jeweilige Produkt, unabhängig davon, ob es schenk- oder leihweise überlassen wird, mindestens 1% des Wertes der Produktionskosten ab einer Untergrenze von EUR 1000 überschreitet. Damit wurde eine Regelung getroffen, die eine absolute Wertgrenze im Sinne einer Untergrenze, mit einer relativen Bemessung vereinbart. Denn insbesondere bei wertvollen Objekten ist von einem größeren Mitspracherecht des Werbenden auszugehen. Auf der anderen Seite werden insbesondere Produktionen mit kleineren Budgets („Low-Budget-Produktionen"), die ohnehin bereits in einigen Bereichen mit Problemen bei der Umsetzung des Vorhabens zu kämpfen haben, unverhältnismäßig belastet. Zudem wird der Wert mehrerer Objekte desselben Werbenden addiert, um keine Umgehung der Wertgrenze durch Aufsplittung der Platzierung zu ermöglichen.

Durch die Einführung der Wertuntergrenze ergibt sich in der Praxis, dass zahlreiche Erscheinungen von Produkten, Marken oder Firmen im Rundfunk

---

149 Siehe Ziff. 1. Abs. 2 Nr. 1 Gemeinsame Richtlinien der Landesmedienanstalten für die Werbung, die Produktplatzierung, das Sponsoring und das Teleshopping im Fernsehen (WerbeRL / FERNSEHEN) (i.d.F. vom 23. Februar 2010), abzurufen unter http://www.blm.de/apps/documentbase/data/pdf1/Werberichtlinien_FS_alm_0710.pdf, sowie Ziff. 9.1 ARD-Richtlinie für Werbung, Sponsoring, Gewinnspiele und Produktionshilfe vom 12. März 2010 (abzurufen unter http://www.ard.de/intern/abc/-/id=1794740/property=download/nid=1643802/14g8mzr/ARD-Werberichtlinien+f%C3%BCr+Werbung+und+Sponsoring+vom+M%C3%A4rz+2010.pdf) und ZDF-Richtlinie für Werbung, Sponsoring, Gewinnspiele und Produktionshilfe vom 12. März 2010 (abzurufen unter http://www.zdf-werbefernsehen.de/fileadmin/user_upload/zdfwerb/pdf/sonstiges/richtlinien_werbung_und_sponsoring_20100312.pdf); näher zu den Rechtsgrundlagen siehe unten D. II. 2. b).

keine Produktplatzierungen i. S. v. § 2 Abs. 2 Nr. 11 RStV darstellen, da sie zwar nicht gegen Entgelt oder eine sonstige Gegenleistung erfolgen, jedoch auch nicht die o. g. Wertgrenze überschreiten. Ob die konkrete Platzierung in der Sendung unvermeidbar war, etwa weil die Darstellung der Wirklichkeit ohne die Abbildung entsprechender Markenprodukte nicht möglich war, oder vermeidbar, weil sie gerade zu Werbezwecken erfolgte (etwa die visuelle Präsentation einer CD, deren Interpret in einer Sendung zu Gast ist), und damit gerechtfertigt, ist in diesem Zusammenhang ohne Belang.[150] Denn entsprechende Abbildungen von Produkten im Programm – da bereits nicht von der Definition umfasst – sind in jedem Fall zulässig.

#### f) Absicht der Absatzförderung

Schließlich ist eine weitere Voraussetzung für das Vorliegen einer Produktplatzierung, dass die Einbeziehung des Produktes dem Ziel der Absatzförderung dient. Dabei ist das Ziel der Absatzförderung allerdings von der Werbeabsicht des Veranstalters, also des jeweiligen Senders zu unterscheiden; diese ist – etwas anderes gilt hingegen bei der Prüfung, ob Schleichwerbung vorliegt – bei der Produktplatzierung ausdrücklich nicht erforderlich.[151] Seitens des werbenden Unternehmens ist jedoch die Absicht notwendig, diese zum Zwecke der Absatzförderung vorzunehmen. Diese Absicht wird aber gleichzeitig im Hinblick auf die damit verbundene Investition bei bezahlten Produktplatzierungen sowie bei unentgeltlichen Produktionshilfen von bedeutendem Wert regelmäßig vorliegen. Dies erklärt sich schon allein daher, dass aus ökonomischer Sicht für die Zahlung eines Geldbetrages für die Produktplatzierung auch ein Mehrwert für das werbende Unternehmen geboten wird und dieser gerade in der Werbewirkung liegt. Nicht ausreichend wäre hingegen die bloße Erkennbarkeit des entsprechenden Markenproduktes.

### 2. Abgrenzungen

Zur rechtlichen Einordnung der Produktplatzierung ist weiterhin von Bedeutung, diese insbesondere von der Schleichwerbung sowie den verwandten Werbeformen Sponsoring, Themenplatzierung, Programm-Bartering und unterschwelliger Werbung abzugrenzen.

---

150 Vgl. *Volpers*, Studie zur Produktplatzierung, S. 13; zum Kriterium der Rechtfertigung nach alter Rechtslage vgl. unten D. I. 1. d).

151 So ausdrücklich auch die Begründung zum Dreizehnten Staatsvertrag zur Änderung rundfunkrechtlicher Staatsverträge, S. 5.

## a) Schleichwerbung

Im Zuge der Novellierung des RStV und aufgrund der Einführung der Produktplatzierung konnte und musste der Gesetzgeber nunmehr das Verhältnis zwischen Produktplatzierung und Schleichwerbung eindeutig klarstellen. Denn trotz der Einführung der Produktplatzierung hat der Gesetzgeber nicht auf die rechtliche Definition der Schleichwerbung verzichtet. Diese bleibt vielmehr auch weiterhin neben der Produktplatzierung bestehen. Allerdings hat der Gesetzgeber die bislang geltende Definition der Schleichwerbung modifiziert und dabei das nunmehr wesentliche Unterscheidungsmerkmal zwischen Produktplatzierung und Schleichwerbung festgelegt, § 2 Abs. 2 Nr. 8 RStV: Wie bereits angesprochen,[152] liegt das entscheidende Merkmal der Abgrenzung zwischen (ggf. zulässiger) Produktplatzierung und (jedenfalls unzulässiger) Schleichwerbung in der *Kennzeichnung* der Produktplatzierung. Im Übrigen gibt es jedoch zwischen Produktplatzierung und Schleichwerbung kein äußerliches Unterscheidungsmerkmal.[153] Insbesondere gibt es auch im Hinblick auf die Art und Weise der Integration keine Unterscheidung mehr, da der Rundfunkgesetzgeber bei der Umsetzung der AVMD RL in den jeweiligen Tatbeständen die Integrationsmöglichkeiten bei Produktplatzierung und Schleichwerbung aneinander angeglichen hat, so dass es nun in beiden Fällen auf die Erwähnung bzw. Darstellung des jeweiligen Platzierungsobjektes ankommt, vgl. § 2 Abs. 2 Nr. 8 und 11 RStV.[154] Durch die Aufnahme des Merkmals der Kennzeichnung auch in die Definition der Schleichwerbung in § 2 Abs. 2 Nr. 8 RStV hat der Gesetzgeber zudem die Verknüpfung beider Definitionen hergestellt und somit die Grenze zwischen beiden Sonderwerbeformen festgelegt. Zwar bleibt auch nach neuer Rechtslage die Entgeltlichkeit der Platzierung ein Indiz für ein Handeln in Werbeabsicht, jedoch sind entgeltliche Platzierungen nunmehr zulässig, da bei ausreichender Kennzeichnung für den Zuschauer nicht mehr die Gefahr besteht, über diese Absicht getäuscht zu werden.[155] Trotz bzw. gerade aufgrund der Verknüpfung zwischen Produktplatzierung und Schleichwerbung handelt es sich nach der gesetzlichen Systematik

---

152 Vgl. oben B. III. 1. a).

153 Vgl. *Müller-Rüster*, S. 278.

154 Hingewiesen sei auf das Urteil des EuGH EuGH, Urteil vom 9. 6. 2011 – C-52/10, wonach die Zahlung eines Entgelts oder die Erbringung einer ähnlichen Gegenleistung keine notwendige Voraussetzung für das Vorliegen einer beabsichtigten Schleichwerbung ist.

155 So auch die Begründung zum Dreizehnten Staatsvertrag zur Änderung rundfunkrechtlicher Staatsverträge, S. 5; *Castendyk* lässt jedoch dahinstehen, ob die Einbeziehung des Tatbestandsmerkmals der Kennzeichnung, das an sich eine Zulässigkeitsvoraussetzung sei, in die Definition sinnvoll ist, da dies im Hinblick auf die Bußgeldvorschrift des § 49 Abs. 1 Nr. 9 RStV problematisch ist, ZUM 2010, S. 29 (31).

bei der Produktplatzierung nicht um einen zulässigen Unterfall der Schleichwerbung, da die Produktplatzierung ein Handeln in Werbeabsicht auf Seiten des Rundfunkveranstalters nicht erfordert.[156]

## b) Sponsoring

Eine weitere Sonderwerbeform, die grundsätzlich Parallelen zur Produktplatzierung aufweist, ist das Sponsoring. Ganz allgemein spricht man von Sponsoring, wenn Unternehmen mit der Förderung von Personen und Organisationen im sportlichen, kulturellen oder sozialen Bereich durch die Bereitstellung von Geld- oder Sachmitteln auch unternehmerische Marketing- und Kommunikationsziele erreichen wollen; ihr Handeln basiert regelmäßig nicht auf Mäzenatentum, sondern auf dem Prinzip von Leistung und Gegenleistung.[157] Bei Sponsoring im Sinne des RStV ist jedoch lediglich das sogenannte Programmsponsoring gemeint;[158] dies ergibt sich bereits aus der Legaldefinition in § 2 Abs. 2 Nr. 9 RStV i.d.F.d. 13. RÄndStV, wobei die Grundkonzeption des Sponsorings auch auf das Programmsponsoring übertragbar ist. Danach ist Sponsoring „*jeder Beitrag einer natürlichen oder juristischen Person oder einer Personenvereinigung, die an Rundfunktätigkeiten oder an der Produktion audiovisueller Werke nicht beteiligt ist, zur direkten oder indirekten Finanzierung einer Sendung, um den Namen, die Marke, das Erscheinungsbild der Person oder Personenvereinigung, ihre Tätigkeit oder ihre Leistungen zu fördern*". Bei dem Beitrag kann es sich sowohl um die Zuwendung von Finanz- als auch von Sach- und/oder Dienstleistungen des Sponsors handeln.[159] Sponsoring ist insofern eine mit dem Product Placement eng verwandte Werbeform, als es sich bei beiden Werbeformen um indirekte Werbung handelt, die sich auf die Förderung von Filmen und sonstigen Sendungen bezieht.[160] Zudem haben beide zum Ziel, eine Marke oder dergleichen zu bewerben, ohne dabei ein Teil von Werbeblöcken zu sein und daher die unerwünschte Umgehung des Werbekontakts seitens des Zuschauers etwa durch Wechsel des Programms („zapping") möglichst zu vermeiden.[161] Die Unterschiede liegen aber in den verschiedenen Verfahrensweisen und Zielsetzungen: So erfolgt bei der Produktplatzierung der Hinweis im Hinblick auf ein in die Sendung eingebautes Produkt, wohingegen Hinweise auf Sponsoren während der

156 Ebenso *Castendyk*, ZUM 2010, 29 (31).
157 *Koberger*, S. 132.
158 Ebenso *Schaar*, S. 30.
159 *Hermanns*, S. 36.
160 *Weng*, S. 38.
161 *Bülow*, S. 3.

Sendung zwar gezeigt werden können, jedoch kein Teil der Handlung sind.[162] Während also Product Placement hauptsächlich darauf abzielt, bestimmte Requisiten oder Dienstleistungen in den Handlungsablauf zu integrieren, um die Bekanntheit der Produkte und damit letztlich auch deren Absatz konkret zu fördern, zielt Sponsoring darauf ab, eine Sendung, die mit dem Sponsoren oder seinen Produkten oftmals unmittelbar gar nichts zu tun hat,[163] in ihrer Gesamtheit zu unterstützen. Dies geschieht weniger aus der Erwägung heraus, den Absatz konkreter Produkte zu fördern, als vielmehr generell den Bekanntheitsgrad eines Unternehmens zu steigern, um das Firmen- oder Markenimage aufzubessern.[164] Aus diesem Grunde wird das Sponsoring bisweilen auch eher den Public Relations zugeordnet.[165] Sponsoring von Sendungen war bereits nach dem am 1.1.1992 in Kraft getretenen Rundfunkstaatsvertrag zulässig; an diesem Grundsatz ändert auch der 13. RÄndStV nichts,[166] zumal in der Praxis das Programmsponsoring aus der heutigen Fernsehlandschaft ohnehin nicht mehr wegzudenken ist.[167]

### c) Programm-Bartering

Ebenso handelt es sich bei Programm-Bartering um eine mit der Produktplatzierung verwandte Werbeform. Man versteht hierunter den Tausch von durch Wirtschaftsunternehmen oder eine Werbeagentur vorproduzierten Sendeprogrammen gegen Werbezeiten, ohne dass zusätzliche Geldströme fließen.[168] Dies hat für die werbetreibenden Unternehmen vor allem den Vorteil, dass diese selbst ein zielgruppenaffines Zuschauerumfeld für ihre TV-Spots schaffen können, indem sie die redaktionellen Angebote selbst liefern.[169] Auf diese Weise soll eine erhöhte Werbewirkung der Spots erzielt werden; zudem spekulieren die werbenden Unternehmen auf im Ergebnis niedrigere Kosten für die Schaltung der Werbe-

162 Vgl. Erwägungsgrund Nr. 61 der Richtlinie 2007/65/EG.

163 *Bruhn/Mehlinger*, S. 246.

164 Vgl. *Hermanns*, S. 36; Hartlieb/Schwarz/*Castendyk*, S. 893, Rn. 1.

165 *Fuchs*, S. 32.

166 Gleichwohl werden einzelne Formulierungen in § 8 RStV durch den 13. RÄndStV modifiziert sowie Abs. 8 neu eingefügt; siehe auch Begründung zum Dreizehnten Staatsvertrag zur Änderung rundfunkrechtlicher Staatsverträge, S. 5.

167 Verwiesen sei insoweit auf *Bruhn/Mehlinger*, S. 245, der schon im Jahre 1999 darauf hinweist, dass insbesondere Brauereien Programmsponsoring besonders intensiv nutzen; diese Beobachtung besitzt auch heute noch Gültigkeit.

168 Hartlieb/Schwarz/*Castendyk*, S. 885, Rn. 14.

169 *Nickel*, S. 8, 28; *Johansson*, S. 47 f.; Castendyk/Dommering/Scheuer/*Chavannes/Castendyk*, Art. 1 AVMSD, Rn. 141.

spots.[170] Im Hinblick auf das Gebot der Trennung von Werbung und Programm bestehen jedoch beim Bartering insbesondere dann Bedenken, wenn bestimmte Produkte, Firmen oder Branchen in unkritischer Darstellung in einem positiven Programmumfeld erscheinen.[171] Zudem besteht bei großer Publikumsnachfrage nach den entsprechenden Sendeformaten die Gefahr der redaktionellen Abhängigkeit der Rundfunkveranstalter von den werbenden Unternehmen.[172] Da in Deutschland keine eigene Regelung zum Programm-Bartering existiert, ist dieses vor allem im Hinblick auf die existierenden Regelungen zur Produktplatzierung sowie zur redaktionellen Verantwortung und Unabhängigkeit auf seine rechtliche Zulässigkeit hin zu überprüfen.[173]

### d) Themenplatzierung

Bei der Themenplatzierung, deren Begriff neu in den Gesetzestext des RStV aufgenommen wurde, kann es sich je nach Art und Weise der Integrierung des jeweiligen Themas um eine Produktplatzierung handeln. Die Definition der Produktplatzierung gem. § 2 Abs. 2 Nr. 11 nimmt zwar nicht ausdrücklich auf die Themenplatzierung, jedoch ist eine Themenplatzierung nach § 7 Abs. 7 S. 1 RStV ausdrücklich verboten. Dabei geht der Rundfunkgesetzgeber sogar über den Inhalt der AVMD RL hinaus, da sich ein ausdrückliches Verbot von Themenplatzierungen – jenseits einer Erwähnung in der Begründung – in der AVMD RL nicht findet.[174]

Nach alter Rechtslage war die Themenplatzierung mitunter schwierig einzuordnen, da sie sich in der Grauzone zwischen unzulässiger Schleichwerbung, erlaubtem Sponsoring und teilweise zulässiger ideeller Werbung bewegte.[175] Auch der RStV enthält jenseits des Verbots der Themenplatzierung keine Definition. Zu verstehen ist hierunter jedoch nach der Literatur die Einbettung eines bestimmten Themas bzw. eine allgemeine Aussage zu einem bestimmten Thema in ein redaktionelles Umfeld, ohne dass dabei jedoch konkrete Hinweise auf ein bestimmtes Unternehmen, bestimmte Waren oder Leistungen erfolgen.[176] Insoweit unterscheidet sich jedoch die Themenplatzierung gerade von der Produktplatzierung. Das Ziel einer Themenplatzierung, auch als Themen-Sponsoring bezeichnet, besteht darin, soziale Lernprozesse auszulösen und dadurch dem Zuschauer

170 *Nickel*, S. 36 f.
171 *Johansson*, S. 48.
172 *Schaar*, S. 47.
173 So auch *Schaar*, S. 248.
174 Vgl. unten D. II. 2. a).
175 *Castendyk,* ZUM 2005, S. 857 (857).
176 Harte-Bavendamm/Henning-Bodewig/*Frank*, C. § 4 Nr. 3 Rn. 69.

Verhaltensalternativen aufzuzeigen, die von dem jeweiligen Sponsor gewünscht wurden.[177] Als Beispiel hierfür soll an dieser Stelle eine der breiten Öffentlichkeit bekannt gewordene Themenplatzierung im Rahmen der TV-Serie „Marienhof" dienen, die von der „Arbeitsgemeinschaft Textiler Bodenbelag" initiiert wurde, und die in klar erkennbarer Art und Weise die Vorteile eines Teppichbodens hervorhob.[178]

### e) Unterschwellige Werbung

Auch bei der unterschwelligen Werbung handelt es sich um eine der Produktplatzierung nahestehende Werbeform, die nichtsdestotrotz strengstens von dieser zu unterscheiden ist. Unterschwellige Werbung – auch als subliminale Werbung bezeichnet – zeichnet sich dadurch aus, dass während einer Sendung wiederholt kurze, mit dem Auge kaum wahrnehmbare Reize eingeblendet werden, die von dem Zuschauer nicht bewusst wahrgenommen werden können. Stattdessen werden die Reize jedoch unterbewusst gespeichert; subliminale Werbung hat daher zum Ziel, keinesfalls als solche erkannt zu werden, sondern stattdessen den Rezipienten versteckt zu beeinflussen.[179] Die Wirksamkeit einer solchen subliminalen Beeinflussung ist jedoch nicht unumstritten; der Psychologe *Brand* etwa suchte vergeblich nach einem Beleg für die Wirkungsweise und die Möglichkeit gezielter Beeinflussung von Verhaltensweisen durch subliminale Werbung.[180] Unabhängig von der tatsächlichen Wirksamkeit dieser Werbeform ist die Einsetzung subliminaler Techniken gem. § 7 Abs. 3 S. 2 RStV im Rundfunk jedenfalls verboten.

## IV. Verfassungsrechtliche Grundlagen

### 1. Vielschichtige Interessenlage

Der verfassungsrechtliche Rahmen der Produktplatzierung stellt das notwendige rechtliche Fundament und zugleich ein Indiz für ihre auch zukünftige Existenzsi-

177 *Bülow*, S. 3.

178 Konkret sagte der Protagonist zu seiner schwangeren Frau, nachdem sich auf dem Parkettboden Wollmäuse gebildet hatten: „Lass uns doch dann wenigstens die Wohnung mit Teppichboden auslegen, das hatte ich schon immer mal vor. Teppichboden bedeutet weniger Staub, schluckt die Geräusche, sieht tadellos aus und erleichtert unserem Nachwuchs die ersten Gehversuche"; Näheres dazu bei *Castendyk,* ZUM 2005, S. 857.

179 *Frey*, S. 27; *Johannson*, S. 8 f.

180 *Brand,* Die Legende von den „geheimen Verführern", S. 219 f.

cherung in Deutschland dar. Betrachtet man die Produktplatzierung unter dem Blickwinkel des Verfassungsrechts, so wird allerdings bald augenscheinlich, dass ihr die Betrachtung aus einem statischen Winkel nicht gerecht werden kann. Vielmehr ist zu berücksichtigen, dass es sich hier infolge der Beteiligung unterschiedlicher Parteien auch um ein Spannungsfeld verschiedenartiger Interessen handelt. Dies hat zur Folge, dass – je nach Blickwinkel – wiederum unterschiedliche verfassungsrechtliche Schutzgüter in Betracht kommen. Im Folgenden wird diesem Umstand dadurch Rechnung getragen, dass die Prüfung der berührten oder potenziell berührten Grundrechte aus dem Blickwinkel der jeweils beteiligten Partei heraus erfolgt und insofern isoliert vorgenommen wird. Beteiligte sind hierbei öffentlich-rechtliche Rundfunkanstalten und private Rundfunkanbieter, werbetreibende Wirtschaftsunternehmen, Filmschaffende, die Werbewirtschaft und schließlich – nicht zuletzt – die Zuschauer selbst.

‚Vor die Klammer' sei an dieser Stelle gezogen, dass bei den beteiligten Unternehmen die – naheliegende – Möglichkeit besteht, dass diese gesellschaftsrechtlich als juristische Person organisiert sind. Dies hat zur Folge, dass Art. 19 Abs. 3 GG zu berücksichtigen ist, wonach sich eine inländische juristische Person nur dann auf ein Grundrecht berufen kann, wenn das jeweilige Grundrecht seinem Wesen nach auch auf eine juristische Person anwendbar ist. Es entspricht jedoch einhelliger Auffassung, dass die hier angesprochenen Grundrechte grundsätzlich auch auf inländische juristische Personen des Privatrechts anwendbar sind; im Einzelnen gilt dies unstreitig für die Kommunikationsfreiheiten gem. Art. 5 Abs. 1 GG,[181] ebenso für die Kunstfreiheit nach Art. 5 Abs. 3 GG[182] sowie die Wirtschaftsfreiheit gem. Art. 2 Abs. 1 GG.[183] Wenngleich dies bezüglich der Berufsfreiheit nach Art. 12 Abs. 1 GG lange Zeit umstritten war und hiergegen insbesondere angeführt wurde, dass eine juristische Person streng genommen keinen eigenen Beruf ausüben kann, ist auch dies mittlerweile allgemein anerkannt.[184] Schließlich ist auch die Eigentumsfreiheit gem. Art. 14 GG gleichermaßen juristischen Personen eröffnet.[185]

181 Hinsichtlich der Pressefreiheit siehe etwa BVerfGE 80, 124 (131); 95, 28 (345 f.); 113, 63 (75); hinsichtlich der Meinungsfreiheit siehe BVerfGE 24, 278 (282); 113, 63 (75); hinsichtlich der Rundfunkfreiheit BVerfGE 95, 220 (234); 97, 298 (310).

182 BVerfGE 30, 173 (191).

183 BVerfGE 4, 7 (12); 10, 89 (99), 221 (225); 15, 235 (239); 19, 206 (215); 20, 283 (290), 323 (336); 23, 12 (30); 29, 260 (265 f.); 44, 353 (372); 50, 290 (319); 66, 116 (130).

184 Siehe Maunz/Dürig/*Remmert*, Art. 19 Abs. 3, Rn. 102 mwN.

185 BVerfGE 4, 7 (12); 21, 362 (369); 41, 126 (149); 66, 116 (130).

## 2. Öffentlich-rechtliche Rundfunkanstalten

Aus Sicht der Rundfunkanstalten, die für das gesendete Programm verantwortlich sind und die entsprechende Finanzierung sicherstellen müssen, kommt im Hinblick auf Produktplatzierungen allein ein Schutz im Rahmen der **Rundfunkfreiheit** in Betracht. Zwar stellen die Grundrechte des Grundgesetzes prinzipiell Abwehrrechte des Einzelnen gegenüber dem Staat dar, so dass es mit dem Wesen der Grundrechte nicht vereinbar ist, dass der Staat letztlich selbst zum Teilhaber oder Nutznießer der Grundrechte wird.[186] Da es sich bei den öffentlich-rechtlichen Rundfunkanstalten um staatliche Einrichtungen, genauer gesagt um Anstalten des öffentlichen Rechts,[187] handelt, die aufgrund staatlicher Kompetenz und nicht in Wahrnehmung von Freiheit eingerichtet wurden,[188] sind öffentlich-rechtlich organisierte staatliche Organisationen wie diese grundsätzlich nicht grundrechtsberechtigt.[189] Eine Ausnahme hiervon gilt jedoch insoweit, als sich eine juristische Person des öffentlichen Rechts in einer grundrechtstypischen Gefährdungslage befindet, die es rechtfertigt, den grundrechtlichen Schutz auch auf diese zu erstrecken.[190] Eine solche Ausnahme liegt nach der Rechtsprechung unter anderem bei öffentlich-rechtlichen Rundfunkanstalten vor, die daher Träger des Grundrechts nach Art. 5 Abs. 1 Satz 2 GG sind: Diese sind – gerade zur Verwirklichung der Rundfunkfreiheit – als vom Staat unabhängige, sich selbst verwaltende Anstalten des öffentlichen Rechts durch Gesetz geschaffen worden und aufgrund ihrer Organisation vor einem beherrschenden Einfluss des Staates geschützt.[191] Damit steht es öffentlich-rechtlichen Rundfunkanstalten grundsätzlich zu, sich auf die Rundfunkfreiheit nach Art. 5 Abs. 1 Satz 2 GG – und nur hierauf – zu berufen. Insoweit besteht hier aus verfassungsrechtlicher Sicht ein erheblicher Unterschied zu den privaten Rundfunkanbietern, für die, wie im Folgenden noch zu erörtern ist,[192] über die Rundfunkfreiheit hinaus auch ein Schutz im Rahmen der Kunst- und Meinungsfreiheit in Betracht kommt. Gem. Art. 5 Abs. 1 Satz 2 GG ist die Freiheit der Berichterstattung durch den Rundfunk geschützt. Rundfunk im Sinne des Art. 5 Abs. 1 Satz 2 GG ist jede an eine

---

186 Mangoldt/Klein/Starck/*Huber*, GG I, Art. 19 Abs. 3, Rn. 251.

187 Vgl. Art. 1 Abs. 1 Satz 1 BayRG; § 1 Abs. 1 HR-Gesetz; § 1 Abs. 1 MDR-StV; § 1 Abs. 1 NDR-StV; § 1 Abs. 2 Satz 1 RBG; § 1 Abs. 1 RBB-StV; § 22 Abs. 1 Satz 1 SMG; § 1 Abs. 1 Satz 1 SWR-StV; § 1 Abs. 1 Satz 1 WDR-Gesetz; § 1 Abs. 1 DWG.

188 BVerfGE 31, 314 (322, 329); vgl. auch Mangoldt/Klein/Starck/*Starck*, GG I, Art. 5 Abs. 1, 2, Rn. 111 ff.

189 Maunz/Dürig/*Remmert*, Art. 19 Abs. 3, Rn. 45.

190 BVerfGE 45, 63 (79); 61, 82 (105).

191 BVerfGE 31, 314 (322).

192 S.u. B. IV. 3.

unbestimmte Vielzahl von Personen gerichtete drahtlose oder drahtgebundene Übermittlung von Gedankeninhalten durch physikalische, insbesondere elektromagnetische Wellen.[193] Über den Wortlaut von Art. 5 Abs. 1 Satz 2 GG hinaus („Freiheit der Berichterstattung") umfasst der Schutz durch die Rundfunkfreiheit in Anlehnung an die Pressefreiheit jede Vermittlung von Informationen und Meinungen.[194] Was kommerzielle Wirtschaftswerbung, und damit auch die Produktplatzierung angeht, so gilt hier wie im Presserecht, dass der Inhalt der Wirtschaftswerbung im Rundfunk als Meinung oder Nachricht angesehen und daher dementsprechend allein schon wegen ihres Aussagegehaltes von der Rundfunkfreiheit geschützt wird.[195] Der Schutz der Wirtschaftswerbung aufgrund ihres Nachrichtenwertes ist dabei jedoch von dem Umstand zu unterscheiden, dass Werbung je nach der Organisation des Rundfunks auch eine entscheidende wirtschaftliche Voraussetzung für die Veranstaltung von Rundfunkprogrammen darstellt.[196] Was allerdings das Spannungsfeld angeht, welches sich aufgrund des Auftrags zur Grundversorgung bei öffentlich-rechtlichen Rundfunkanstalten im Zusammenhang mit einer Finanzierung durch Werbung ergibt, so folgt eine Befassung mit dieser Problematik erst im Rahmen der eingehenden Untersuchung des dualen Rundfunksystems in einem eigenen Kapitel.[197] An dieser Stelle vorweggenommen sei lediglich, dass auch die Finanzierung öffentlich-rechtlicher Programme aus Werbung im Grundsatz mit der Verfassung vereinbar ist und Wirtschaftswerbung daher auch unter diesem Gesichtspunkt von der Rundfunkfreiheit umfasst ist.[198] Damit ist die Produktplatzierung als Form der Wirtschaftswerbung unter beiden Aspekten von der Rundfunkfreiheit nach Art. 5 Abs. 1 Satz 2 GG geschützt.

### 3. Private Rundfunkanbieter

Wie bereits erwähnt,[199] ist die verfassungsrechtliche Lage bei privaten Rundfunkanbietern gegenüber öffentlich-rechtlichen Rundfunkanstalten eine andere.

---

193 Vgl. Maunz/Dürig/*Herzog*, Art. 5 Abs. 1, 2, Rn. 195; Jarass/Pieroth/*Jarass*, Art. 5 Rn. 36; Mangoldt/Klein/Starck/*Starck*, GG I, Art. 5 Abs. 1, 2, Rn. 95.

194 BVerfGE 57, 295 (319); 74, 297 (323).

195 Münch/Kunig/*Wendt*, Art. 5, Rn. 47; Mangoldt/Klein/Starck/*Starck*, GG I, Art. 5 Abs. 1, 2, Rn. 106.

196 So Jarass/Pieroth/*Jarass*, Art. 5, Rn. 38, der Werbesendungen nur deswegen als (mittelbar) von der Rundfunkfreiheit geschützt erachtet, weil sie der Finanzierung von Programmfunktionen dienen.

197 Vgl. oben C. V. 2. a).

198 So ausdrücklich BVerfGE 83, 238 (3105 ff.).

199 Vgl. oben B. IV. 2.

Insbesondere besteht hier kein Widerspruch im Hinblick auf die Konzeption der Grundrechte im Sinne staatlicher Abwehrrechte. Obwohl diese Arbeit ihren Schwerpunkt im Bereich des öffentlich-rechtlichen Fernsehens hat, soll im Folgenden auch der für private Rundfunkanbieter geltende verfassungsrechtliche Rahmen – in gebotener Kürze – dargestellt werden. Dies erfolgt aus der Erwägung heraus, dass gerade auch aus dieser Perspektive wichtige Erkenntnisse im Hinblick auf die Produktplatzierung gewonnen werden, die sonst außer Betracht bleiben müssten. Namentlich kommen hierbei, neben dem Grundrecht der Rundfunkfreiheit, die Berufsfreiheit, die Meinungsfreiheit, die Kunstfreiheit sowie gegebenenfalls die Eigentumsfreiheit in Betracht.

Auch private Rundfunkanbieter sind – neben den öffentlich-rechtlichen Rundfunkanstalten – Träger des Grundrechts auf **Rundfunkfreiheit**.[200] In Bezug auf Wirtschaftswerbung gelten dabei die oben dargestellten Grundsätze,[201] wonach diese schon aufgrund ihres Aussagegehalts vom Schutzbereich der Rundfunkfreiheit umfasst wird. Was die Finanzierung des privaten Rundfunks und die damit in Zusammenhang stehenden verfassungsrechtlichen Fragen angeht, so soll auch an dieser Stelle auf die später erfolgende Untersuchung des in Deutschland herrschenden dualen Rundfunksystems verwiesen werden.[202] Im Ergebnis gilt auch hier,[203] dass sich private Rundfunkanbieter auch unter diesem Aspekt ebenso wie öffentlich-rechtliche Rundfunkanstalten auf die Rundfunkfreiheit des GG berufen können.

Hinsichtlich des Schutzes der privaten Rundfunkanbieter im Rahmen der **Berufsfreiheit** gem. Art. 12 Abs. 1 GG ist zunächst herauszustellen, dass es im Hinblick auf Produktplatzierungen für diese weniger darum geht, berufliche Werbung im Hinblick auf ihre eigene geschäftliche Tätigkeit zur Verbesserung ihrer Außendarstellung zu machen. Vielmehr ist es die Werbung anderer Wirtschaftsunternehmen, die von den privaten Rundfunkanbietern verbreitet wird, und die die tragende Säule ihres Geschäftsmodells darstellt. Unter die weit auszulegende Berufsausübungsfreiheit fällt jedoch im Sinne einer Dispositionsfreiheit als Unterfall der gleichfalls hiervon umfassten Unternehmerfreiheit auch die freie Führung von Unternehmen.[204] Hierzu ist vor allem die unternehmerische Grundsatzentscheidung zu zählen, nach welchem Geschäftsmodell Umsätze zu generieren sind. Was das Verhältnis von Berufs- und Rundfunkfreiheit angeht, so bestehen diese nebeneinander, ohne dass die Rundfunkfreiheit als spezielleres

200 So uneingeschränkt Jarass/Pieroth/*Jarass*, Art. 5, Rn. 41; differenzierter Mangoldt/Klein/Starck/*Starck*, GG I, Art. 5 Abs. 1, 2, Rn. 108.

201 Vgl. oben B. IV. 2.

202 Vgl. unten C. V. 2. b).

203 Vgl. oben B. IV. 2.

204 BVerfGE 50, 290 (363); Mangoldt/Klein/Starck/*Manssen*, GG I, Art. 12 Abs. 1, Rn. 68.

Grundrecht die Berufsfreiheit zurückdrängt. Denn nach zutreffender Ansicht vermag die Rundfunkfreiheit die Dimensionen der Berufsfreiheit nicht voll auszuschöpfen.[205]

Neben der Rundfunkfreiheit ist der Schutzbereich der **Meinungsfreiheit** nach Art. 5 Abs. 1 Satz 1 hingegen nicht eröffnet, obwohl beide Grundrechte grundsätzlich nebeneinander anwendbar sind und die Meinungsfreiheit nicht etwa subsidiär gegenüber der Rundfunkfreiheit ist.[206] Dieser wäre jedoch nur eröffnet, soweit es im Hinblick auf Produktplatzierungen um die Zulässigkeit der in der Werbung enthaltenen Äußerung ginge.[207] Dies ist vorliegend jedoch nicht der Fall, da vielmehr lediglich die Äußerungen fremder Unternehmen vermittelt bzw. verbreitet werden.[208]

Was die **Kunstfreiheit** nach Art. 5 Abs. 3 Satz 1 GG angeht, so hat das Bundesverfassungsgericht entschieden, dass grundsätzlich auch der Träger des jeweils Kunst vermittelnden Mediums in den Schutzbereich der Kunstfreiheit fällt, da die Kunstfreiheit auch die Verbreitung oder sonstige kommunikative Vermittlung des Kunstwerks umfasst.[209] Voraussetzung hierfür wäre jedoch zunächst, dass es sich bei dem zu verbreitenden Objekt auch um Kunst im Sinne des Schutzbereiches von Art. 5 Abs. 3 Satz 1 GG handelt. Betrachtet man Filme und Fernsehsendungen, so liegt hier in der Regel Kunst in diesem Sinne vor, wenn die Darbietung ein eigenständiges, schöpferisch-persönliches Sinnerlebnis im künstlerischen Sinn darstellt, nicht hingegen, wenn sich der Film auf die rein empirische Berichterstattung oder Dokumentation beschränkt.[210] Ob ein derartiges schöpferisch-persönliches Sinnerlebnis jedoch auch (allein) von einer Produktplatzierung dargestellt werden kann, muss stark bezweifelt werden.[211] Hiergegen spricht insbesondere, dass – worauf später noch im Detail einzugehen sein wird[212] – für die Zulässigkeit der Platzierung die Grenze des § 7 Abs. 7 S. 2 Nr. 3 RStV einzuhalten ist, wonach das zu bewerbende Produkt „nicht zu stark herausgestellt werden“ darf. Insbesondere diese Regelung wird

205 So auch v. Münch/Kunig/*Wendt*, Art. 5, Rn. 115 für die Pressefreiheit.

206 Vgl. BVerfGE 62, 230 (243); a. A. jedoch Maunz/Dürig/*Herzog*, Art. 5 Abs. 1, 2, Rn. 204.

207 Vgl. BVerfGE 97, 391 (400); 85, 1 (11 f.); 95, 28 (34).

208 Vgl. Jarass/Pieroth/*Jarass*, Art. 5, Rn. 1, 24; zur Pressefreiheit Dreier/*Schulze-Fielitz*, Art. 5 Abs. 1, 2, Rn. 94.

209 Für den Buchverleger siehe BVerfGE 30, 173 (191); für den Schallplattenhersteller siehe BVerfGE 36, 321 (331); siehe auch Mangoldt/Klein/Starck/*Starck*, GG I, Art. 5 Abs. 3, Rn. 306 ff.; Maunz/Dürig/*Scholz*, Art. 5 Abs. 3, Rn. 17.

210 BVerwGE 1, 303 (305); zu den unterschiedlichen Ansätzen im Hinblick auf den Kunstbegriff siehe näher BVerfGE 67, 213 (226 ff.).

211 So *Asche*, S. 103, der jedoch nicht zwischen einer isolierten Betrachtung der Produktplatzierung und der Gesamtbeurteilung eines Filmes als Kunst unterscheidet.

212 D. II. 1. b) (3) (c).

verhindern, dass die Produktplatzierung in derart auffälliger Weise konzipiert wird, dass vom Vorliegen von Kunst auszugehen wäre. Soweit jedoch ein Film unter die Kunstfreiheit fällt, so steht auch das werbliche Element der Produktplatzierung unter diesem Schutz, da ein Kunstwerk seinem Wesen nach nur als Ganzes beurteilt werden kann.[213]

Ebenso ist der Schutzbereich der **Eigentumsfreiheit** nach Art. 14 GG nicht eröffnet. Zwar ist hiervon grundsätzlich auch das Recht am eingerichteten und ausgeübten Gewerbebetrieb umfasst. Jedoch kommt danach nur ein Schutz der *Substanz* einer Sach- und Rechtsgesamtheit in Betracht,[214] nicht jedoch der allgemeinen, äußeren Gegebenheiten und Chancen, innerhalb derer der Unternehmer seine Tätigkeit entfaltet und die keinen Bezug zu einem bestimmten einzelnen Gewerbebetrieb aufweisen.[215] Das Vertrauen eines privaten Rundfunkanbieters in den Fortbestand einer wirtschaftlich günstigen Rechtslage ist daher nicht schutzwürdig.[216]

## 4. Werbetreibende Wirtschaftsunternehmen

Für werbetreibende Wirtschaftsunternehmen ist die Produktplatzierung ein Mittel des Marketings. Das oberste Ziel der Werbemaßnahme ist es daher, den Absatz der in die jeweilige Sendung integrierten Produkte zu steigern; mittelfristig erhofft sich der Hersteller aus seiner Investition nichts weniger als einen gesteigerten Unternehmensgewinn. Damit ist die Produktplatzierung eine Facette des unternehmerischen Handelns und erfährt aus dieser Sicht heraus möglicherweise Schutz im Rahmen der Berufsfreiheit, der Meinungsfreiheit, der Unternehmerfreiheit, der Kunstfreiheit sowie der Eigentumsfreiheit.

Durch die **Berufsfreiheit** gem. Art. 12 Abs. 1 GG wird neben der Berufswahl insbesondere auch die Berufsausübung geschützt, also das berufsbezogene Verhalten einzelner Personen oder Unternehmen am Markt.[217] Umfasst sind hiervon etwa die Vertragsfreiheit, die Preisfreiheit und die Wettbewerbsfreiheit.[218] Ein am Markt tätiges Unternehmen setzt sich jedoch nicht nur dem Wettbewerb mit anderen Unternehmen, sondern damit zugleich auch der Kommunikation über die Qualität seiner Produkte und sein Verhalten, insbesondere durch Verbrau-

213 So auch *Johansson*, S. 121; vgl. BGH NJW 1995, 3182.

214 BVerwGE 95, 341 (348 f.); 118, 226 (241).

215 Ebenso *Johansson*, S. 134 ff.; BGHZ 78, 41 (44 f.).

216 Maunz/Dürig/*Herzog*, Art. 14, Rn. 101.

217 Zu den einzelnen Phasen von Art. 12 Abs. 1 GG vgl. näher BVerfGE 9, 338 (344 f.); 17, 269 (276); siehe auch Maunz/Dürig/*Scholz*, Art. 12, Rn. 266.

218 Vgl. *Schneider*, S. 77 f.

cher, aus. Hiergegen kann sich das jeweilige Unternehmen jedoch mittels aktiv kommunizierter Klar- und Richtigstellungen und insbesondere auch durch Werbung wehren. Vor diesem Hintergrund bezieht das Bundesverfassungsgericht in seiner ständigen Rechtsprechung „die auf Förderung des beruflichen Erfolgs eines Unternehmens gerichtete Außendarstellung einschließlich der Werbung für das Unternehmen oder für dessen Produkte“ auch in den Schutz der Berufsausübungsfreiheit ein. Auch bei der Produktplatzierung handelt es sich um eine Werbemaßnahme in diesem Sinne; sie fällt damit in den Schutzbereich von Art. 12 Abs. 1 GG.

Die Frage, ob von der **Meinungsfreiheit** nach Art. 5 Abs. 1 Satz 1 GG auch Wirtschaftswerbung umfasst ist, war hingegen lange Zeit umstritten. In der älteren Rechtsprechung und Literatur wurde die Einbeziehung in den Schutzbereich durchweg abgelehnt. Gegen die Vereinbarkeit von Wirtschaftswerbung und Meinungsfreiheit wurde etwa angeführt, dass Werbung nicht auf die Äußerung einer bestimmten Ansicht oder Wertung abziele, sondern vielmehr allein der Beeinflussung des Zuschauers diene, in der Absicht, diesen kaufbereit zu machen.[219] Nach anfänglichem Zögern hat jedoch das Bundesverfassungsgericht klargestellt, dass Wirtschaftswerbung dann von der Meinungsfreiheit aus Art. 5 Abs. 1 Satz 1 GG geschützt ist, wenn sie „einen wertenden meinungsbildenden Inhalt hat oder Angaben enthält, die der Meinungsbildung dienen“.[220] In jüngster Zeit hat das Bundesverfassungsgericht jedoch die Anforderungen an den Schutz von Wirtschaftswerbung zunehmend abgeschwächt; ausreichend ist hiernach, dass Werbematerialien „einen meinungsbildenden Beitrag“[221] leisten oder einen „auf Meinungsbildung gerichteten Inhalt“[222] haben.[223] Diese Voraussetzungen werden faktisch bei allen Werbeaussagen im Rahmen informativer Werbung erfüllt sein, da es sich hierbei stets um eine Vermischung von sachlichen, wertenden und informationsträchtigen Äußerungen handelt.[224] Die Frage ist jedoch, ob dies auch für suggestiv vermittelte Werbung gilt. Sofern man dies verneint, wäre zunächst zu klären, ob die Produktplatzierung dann grundsätzlich der informativen oder der suggestiven Werbung zuzuordnen ist. *Asche* etwa differenziert hierbei nach

219 So BGH NJW 1953, S. 1802 (1803); offengelassen von BVerfGE 40, 371 (382); vgl. *Drettmann*, S. 62 ff.; siehe auch *Schneider*, S. 64 f.

220 BVerfGE 102, 347 (359); BVerfGE 95, 173 (182); BVerfGE 71, 162 (175).

221 BVerfG NJW 2002, S. 1187 (1188).

222 BVerfGE GRUR 2008, S. 81 (83).

223 Vgl. hierzu auch *Schneider*, S. 66 f., der auf das neuere Schrifttum verweist, wonach Wirtschaftswerbung zunehmend vollständig und uneingeschränkt unter Art. 5 Abs. 1 Satz 1 GG fallen soll.

224 So auch *Dörfler*, S. 44; *Schneider*, S. 66.

der Art der konkreten Platzierung: Ein *On Set Placement*[225] sei danach aufgrund seines informativen Charakters eher der informativen Werbung zuzuordnen, wohingegen ein *Creative Placement*[226] eher zum Bereich der suggestiven Werbung zu zählen sei, da hier das Filmimage auch auf das Produkt abstrahle.[227] Zutreffenderweise ist jedoch eine eindeutige Zuordnung der Produktplatzierung zu suggestiv vermittelter bzw. informativer Werbung gar nicht vonnöten, da auch bei Suggestivwerbung eine geistige Auseinandersetzung mit der übermittelten Werbebotschaft möglich ist, da auch bei dieser – im Gegensatz jedoch zu subliminaler Werbung – der Rezipient wie bei informativer Werbung jederzeit über die kognitive und voluntative Kontrolle verfügt und damit die Möglichkeit zur Reflexion besitzt.[228] Nicht nur durch die rationale Vermittlung sachlicher Information, sondern auch von suggestiver Werbung, die dem Zuschauer auf einer emotionalen Ebene begegnet, kann daher ein motivierender Kaufappell ausgehen.[229] Daher ist auch der suggestiven Werbung in gleichem Maße wie der informativen Werbung ein wertender, meinungsbildender Charakter zuzusprechen mit der Folge, dass für die Produktplatzierung der Schutzbereich nach Art. 5 Abs. 1 GG jedenfalls eröffnet ist.[230]

Auch das Grundrecht der **Kunstfreiheit** gem. Art. 5 Abs. 3 Satz 1 GG ist regelmäßig nicht berührt. Dies folgt einerseits daraus, dass das werbende Unternehmen nicht vom persönlichen Schutzbereich umfasst ist. Unter diesen fällt in erster Linie der Künstler sowie daneben auch derjenige, der eine „unentbehrliche Mittlerfunktion“ zwischen Künstler und Publikum ausführt.[231] Die künstlerische Verantwortung für die konkrete Ausgestaltung einer Produktplatzierung wird jedoch in der Regel – trotz regelmäßig vertraglich eingeräumter Mitspracherechte – nicht bei dem werbenden Unternehmen liegen, sondern bei dem jeweiligen Regisseur bzw. dem Produzenten der Sendung. Darüber hinaus hat das Unternehmen auch keine Mittlerfunktion, sondern initiiert sowie finanziert die Werbemaßnahmen lediglich. Damit kann die Frage, ob eine Produktplatzierung als solche überhaupt die Schwelle zur Kunst überschreitet, an dieser Stelle offenbleiben.

Auch im Hinblick auf die **Eigentumsfreiheit** nach Art. 14 GG gilt, dass es sich aus Sicht der Unternehmen bei der Änderung der Rechtslage im Hinblick auf die Zulässigkeit von Produktplatzierungen lediglich um äußere Rahmenbe-

225 Vgl. oben B. I. 3. C).

226 Vgl. ebd.

227 *Asche*, S. 99.

228 So auch *Dörfler*, S. 47.

229 *Drettmann*, S. 110.

230 So auch Mangoldt/Klein/Starck/*Starck*, GG I, Art. 5 Abs. 1, 2, Rn. 25.

231 Vgl. oben, Fn. 207 (Buchverleger, Schallplattenhersteller); vgl. auch oben B. IV. 4.

dingungen handelt, ohne dass die Substanz eines konkreten Gewerbebetriebes berührt wird.[232]

## 5. Filmschaffende

Zu den kreativen Filmschaffenden zählt zunächst der Regisseur, dessen Aufgabe darin besteht, das geistige Konzept, das dem Filmvorhaben zugrunde liegt, in die filmische Bildform umzusetzen.[233] Weiterhin gehört hierzu der Drehbuchautor, der künstlerisch für die Entwicklung der Wort- und Schriftform des Vorhabens verantwortlich ist, sowie schließlich der Filmproduzent als Hersteller des Filmwerkes im Sinne von § 94 UrhG.[234]

Diese kreativen Filmschaffenden können sich auf die **Filmfreiheit** nach Art. 5 Abs. 1 Satz 2 GG berufen, die vom Bundesverfassungsgericht gleichfalls als für eine freiheitliche demokratische Staatsordnung schlechthin konstituierend bezeichnet wurde.[235] Denn hiervon werden neben der Darbietung des Films insbesondere auch alle der Darbietung vorausgehenden und diese begleitenden Handlungen wie die Herstellung des Drehbuchs, die Aufnahmen, die Herstellung der Kopien, der Filmimport, der Filmverleih sowie die Werbung *für* und *durch* den Film geschützt.[236] Unter diesem Aspekt und aus Sicht der Filmschaffenden ist daher die – rechtlich zulässige – Produktplatzierung auch von der Filmfreiheit geschützt, da es sich auch hierbei um eine Werbemaßnahme handelt.

Zudem besteht aufseiten der Filmschaffenden Schutz im Rahmen der weit auszulegenden Berufsausübungsübungsfreiheit als Teil der **Berufsfreiheit**, wonach die gesamte berufliche Tätigkeit, insbesondere Form, Mittel und Umfang sowie die gegenständliche Ausgestaltung der Betätigung, geschützt werden.[237] Auch die kreative Entscheidung, wie kommerzielle Produktplatzierungen in die Handlung bzw. die Sendung zu integrieren sind, fällt damit unter Art. 12 Abs. 1 S. 1 GG.

Ein Schutz der Produktplatzierung im Rahmen der **Meinungsfreiheit** gem. Art. 5 Abs. 1 Satz 1 GG scheidet hingegen aus, da es sich aus Sicht der Filmschaffenden regelmäßig nicht um eine eigene Meinungsäußerung, sondern wie-

232 Vgl. oben B. IV. 3.

233 Hartlieb/Schwarz/*Dobberstein/Schwarz/Hansen*, S. 164, Rn. 5 f.

234 Hartlieb/Schwarz/*Schwarz*, S. 382, Rn. 2; Hartlieb/Schwarz/*Schwarz/U. Reber*, S. 287, Rn. 2.

235 BVerfGE 20, 56 (97).

236 So auch Dreier/*Schulze-Fielitz,* Art. 5, Rn. 113; Mangoldt/Klein/Starck/*Starck*, GG I, Art. 5 Abs. 1, 2, Rn. 168; Jarass/Pieroth/*Jarass*, Art. 5, Rn. 51.

237 So auch *Asche*, S. 104.

derum um die Verbreitung der Werbebotschaft des jeweiligen Unternehmens handelt.[238]

Schließlich mag zwar für eine Vielzahl von Filmen aus Sicht der Filmschaffenden der Schutzbereich der schrankenfrei gewährten **Kunstfreiheit** eröffnet sein. Jedoch gilt auch hier, wie bereits ausgeführt,[239] dass Produktplatzierungen isoliert betrachtet die Schwelle zur Kunst regelmäßig nicht überschreiten und daher ein eigenständiger Schutz auch im Rahmen der Kunstfreiheit nach Art. 5 Abs 3 Satz 1 GG nicht besteht.

## 6. Werbewirtschaft

Die aufseiten der Werbewirtschaft Beteiligten, also Werbeagenturen, spezielle Product-Placement-Vermittler oder sonstige sogenannte Warehouse-Ausstatter sind die Bindeglieder zwischen werbetreibender Industrie und den Filmschaffenden. Ein Schutz ihrer Tätigkeit kommt jedoch allein im Hinblick auf die **Berufsfreiheit** in Form der Berufsausübungsfreiheit nach Art. 12 Abs. 1 GG in Betracht.[240]

## 7. Potenzielle Rezipienten

Nachdem bislang die Produktplatzierung ausschließlich im Hinblick auf diejenigen Beteiligten hin untersucht wurde, die ein wirtschaftliches Interesse hieran haben, gilt es an dieser Stelle zu untersuchen, inwieweit die potenziellen Rezipienten der Werbung, mithin die Zuschauer, ihrerseits in eigenen Rechten berührt sein können.

Der BGH hat in seiner Entscheidung „Feuer, Eis und Dynamit I“ klargestellt, dass das A**llgemeine Persönlichkeitsrecht** nach Art. 2 Abs. 1, 1 Abs. 1 GG berührt ist, soweit Produktplatzierungen eine auf Täuschung angelegte Tarnung darstellen und somit den Zuschauer zu beeinflussen imstande sind, ohne dass dieser die Beeinflussung bemerkt.[241] Danach bestand die Gefahr der Beeinflussung jedoch nur im Hinblick auf solche Produktplatzierungen, die im Film nicht ausreichend kenntlich gemacht worden waren. Nach der mit dem 13. RÄStV eingeführten neuen Rechtslage besteht dieses Gefahrenpotenzial jedoch gerade

238 Vgl. oben B. IV..3.
239 Vgl. oben B. IV. 3.
240 Vgl. oben C.I.3., C.I.4. und C.I.5.
241 BGH NJW 1995, 3177 (3179).

nicht mehr fort, da § 7 Abs. 7 S. 3 RStV n.F. vorschreibt, auf eine Produktplatzierung eindeutig hinzuweisen. Im Hinblick auf zulässige Produktplatzierungen ist der Schutzbereich des Allgemeinen Persönlichkeitsrechts daher nicht eröffnet.

Schließlich werden die Rezipienten durch die Produktplatzierungen auch nicht in ihrem Recht auf **körperliche Unversehrtheit** nach Art. 2 Abs. 2 GG berührt. Hiernach wird die menschliche Gesundheit im biologisch-physiologischen Sinne sowie, soweit diese Schwelle nicht erreicht wird, das psychische Wohlbefinden geschützt.[242] Durch Produktplatzierungen werden die Rezipienten, wenn überhaupt, jedoch lediglich in ihrer Willensbildung beeinflusst. Selbst wenn das zu platzierende Produkt als gesundheitsschädlich einzuordnen wäre – was angesichts der herrschenden strengen europarechtlichen Werberegelungen in der heutigen Werbelandschaft kaum mehr denkbar erscheint [243] –, wird allein durch die mögliche Schaffung eines Kaufanreizes jedenfalls nicht die körperliche Unversehrtheit berührt, da der Verbraucher noch immer selbst über sein aktives Konsumverhalten entscheiden kann und wird.[244]

## 8. Zusammenfassung

Öffentlich-rechtliche Rundfunkanstalten sowie private Rundfunkanstalten können sich auf die Rundfunkfreiheit berufen, Letztere darüber hinaus auf die Berufsfreiheit. Die werbenden Unternehmen können sich im Hinblick auf Produktplatzierungen gleichfalls auf die Berufsfreiheit sowie zudem auf die Meinungsfreiheit berufen. Für Filmschaffende sowie in der Werbewirtschaft Tätige ist ebenfalls der Schutzbereich der Berufsfreiheit eröffnet; Erstere können sich darüber hinaus grundsätzlich auf die Filmfreiheit berufen.

---

242 BVerfGE 56, 54 (74 f.).

243 Vgl. hinsichtlich Tabakerzeugnisse und alkoholischer Getränke Art. 9 Abs.1 lits. d) und e) sowie Art. 11 Abs. 4 lit. a) der Richtlinie 2010/13/EU.

244 So auch *Asche*, S. 115 f.; ähnlich *Johansson* 145 f.

# C. Rundfunk in Deutschland

Bevor auf die für Produktplatzierungen im Einzelnen geltenden Zulässigkeitsregelungen einzugehen ist, ist zunächst die Darstellung des Mediums Rundfunk Gegenstand dieser Arbeit. Hierzu ist neben der Erörterung des verfassungsrechtlichen Begriffs insbesondere seine Geschichte einschließlich der schrittweisen Entstehung des dualen Rundfunksystems darzustellen. Im Anschluss hieran erfolgt eine Gegenüberstellung der beiden Arten des dualen Rundfunksystems unter besonderer Berücksichtigung des jeweiligen Aufgabenfelds sowie der Finanzierung. Dabei ist insbesondere auf die im RStV geregelten allgemeinen Werbegrundsätze einzugehen.

## I. Verfassungsrechtlicher Begriff des Rundfunks

### 1. Keine Definition im Grundgesetz

Sucht man im Grundgesetz nach dem Begriff des Rundfunks, so wird schnell augenscheinlich, dass dieser in Art. 5 Abs. 1 Satz 2 GG zwar genannt wird („*Freiheit der Berichterstattung durch Rundfunk*“), jedoch weder näher definiert noch sonst umschrieben wird. Ein Blick in die Gesetzgebungszuständigkeiten des Grundgesetzes zeigt, dass dort zudem nicht von einem einheitlichen Rundfunkbegriff ausgegangen wird, sondern vielmehr Rundfunk aus zwei unterschiedlichen Blickwinkeln heraus betrachtet wird. Dies führt zu unterschiedlichen Gesetzgebungskompetenzen: So ist Rundfunk zum einen ein technischer Funkdienst, der durch das Erzeugen von Hochfrequenzschwingungen Nachrichten befördert.[245] Als Teil der Telekommunikation fällt die Gesetzgebungskompetenz insoweit in den Bereich des Bundes, Art. 73 Abs. 1 Nr. 7 GG. Zum anderen steht Rundfunk aber auch für die Produktion und Übermittlung publizistisch-kultureller Aussagen und damit für den Inhalt der mittels des Funkdienstes beförderten Nachrichten.[246] Im Hinblick auf diesen kulturellen, inhaltlichen Aspekt fällt die Zuständigkeit allerdings in den Bereich der Kulturhoheit der Länder, Art. 30, 70 Abs. 1 GG. Abgesehen vom Text des Grundgesetzes, das, wie bereits

245 *Fessmann*, S. 166 f.
246 Näher ebd., S. 168 f.

erwähnt, keine Definition des Rundfunks enthält, sind auch die Unterlagen aus der Entstehungszeit des Grundgesetzes wenig ergiebig. Aus Protokollen zu den Beratungen über das Grundgesetz ergibt sich lediglich, dass aufgrund der Erfahrungen aus der Zeit des Nationalsozialismus ein besonderes Augenmerk darauf gelegt wurde, dass zukünftig vor allem jeglicher Missbrauch des Rundfunks als Propagandainstrument verhindert würde.[247] Aber so fundamental diese Grundaussage für den Rundfunk an sich ist, so wenig inhaltlich Konkretes lässt sich daraus für die Definition des Rundfunks ableiten. Andererseits darf aber auch die Tatsache, dass beispielsweise der Staatsvertrag über die Regelung des Rundfunkgebührenwesens von 1974 oder das Rundfunkgesetz des damaligen Württemberg-Baden den Begriff des Rundfunks expressis verbis definierten,[248] nicht darüber hinwegtäuschen, dass sich diese einfachen Gesetze dennoch aus dem Schutzbereich des Verfassungsrechts heraus entwickelt haben.[249] Die Übernahme der Definition in umgekehrter Richtung, also aus dem einfachen Recht in das Verfassungsrecht, ist aber nicht möglich, da andernfalls gegen die normenhierarchische Rangfolge und die Bindung des Gesetzgebers an die Grundrechte, Art. 1 Abs. 3 GG verstoßen würde.[250]

Aus diesem Grunde wird in dieser Arbeit im Hinblick auf den verfassungsrechtlichen Begriff des Rundfunks zunächst die Definition *Hans von Bredows* zugrunde gelegt, die dieser 1947 in seinem Entwurf für ein zonales Rundfunkgesetz entworfen hat.[251] Denn trotz des Aufkommens neuer Medienformen gilt die *von Bredowsche* Definition auch heute noch nahezu unverändert fort.[252] Rundfunk umfasst danach *„die Veranstaltung und Übermittlung von Darbietungen aller Art unter Benutzung elektrischer Schwingungen in Wort, Ton und Bild, soweit sie sich an ‚Alle' wenden.“* Auch wenn diese Definition an keiner Stelle ausdrücklich mit in die Formulierung des Grundgesetzes aufgenommen wurde, darf sie doch als inhaltliche Selbstverständlichkeit der damaligen Zeit gelten; zudem lehnt sich auch die in den Rundfunk(gebühren)staatsverträgen befindliche Definition des Rundfunks eng an die von *von Bredow* geprägte Formulierung an.[253] Abgesehen hiervon haben sich später auch die Rundfunkreferenten der Länder auf den *von Bredow* geprägten Rundfunkbegriff geeinigt, als sie sich nä-

247 Vgl. *Schroeder*, ZUM 1994, S. 471 (476).

248 Vgl. § 2 Abs. 1 Rundfunkgebührenstaatsvertrag vom 5. Dezember 1974 (GV NW 1975, S. 278); vgl. § 1 SDR-Rundfunkgesetz, abgedruckt in *Herrmann*, Rundfunkgesetze, S. 165.

249 *Kuch*, ZUM 1997, S. 225.

250 Ebd.; *Gersdorf*, Rundfunkbegriff, S. 82; *Daufeldt*, S. 31.

251 *Brand*, S. 37. *Bredow* bezeichnet sich darüber hinaus selbst auch als Schöpfer des Begriffs (vgl. *Bredow*, S. 166).

252 Vgl. *Schroeder*, ZUM 1994, S. 471 (476).

253 *Brand*, S. 37.

her mit dem Rundfunk beschäftigten und mit dem „Schliersee-Papier“ (1975) und dem „Würzburger Papier“ (1979) die Grundlagen für das Verwaltungshandeln und weitere gesetzliche Maßnahmen schufen.[254] Maßgeblich für den Rundfunk ist gemäß dieser Definition das Vorliegen dreier Tatbestandsmerkmale: die Bestimmung für die Allgemeinheit; die Darbietung aller Art und eine fernmeldetechnische Verbreitung.[255]

## 2. Definition *Hans von Bredows*

### a) Allgemeinheit

Das Merkmal der Allgemeinheit ist zunächst vor dem Hintergrund der Geschichte des Rundfunks zu sehen, da es früher als Abgrenzungsmerkmal zu gewerblichen Funkdiensten diente; heute soll es die Massenkommunikation von der nicht vom Rundfunk erfassten Individualkommunikation abgrenzen.[256] Als Rundfunksendung im verfassungsrechtlichen Sinne soll daher nur diejenige Sendung gelten, die sich an eine beliebige Öffentlichkeit und nicht an einen individuell bestimmten Adressatenkreis bzw. eine geschlossene Benutzergruppe wendet.[257] Dies gilt nicht nur im Sinne einer technischen Allgemeinzugänglichkeit, sondern auch inhaltlich gesehen, auch wenn die technische Zugänglichkeit insoweit Indizwirkung besitzt.[258] Das Tatbestandsmerkmal der Allgemeinheit ist nicht erfüllt, wenn eine Darbietung ausschließlich gegenüber Personen stattfindet, die entweder durch gegenseitige Beziehungen oder jeweils durch Beziehungen zum Veranstalter persönlich miteinander verbunden sind.[259] Unschädlich ist es aber, wenn die Beziehungen vertraglicher Natur sind, solange die Eingehung einer entsprechenden vertraglichen Bindung jedermann offensteht.[260]

### b) Darbietung

Eine Darbietung im rundfunkrechtlichen Sinne liegt vor, wenn die dargebotenen Inhalte für die öffentliche Meinungsbildung bestimmt, geeignet und relevant

254 *Hartstein/Ring/Kreile*, S. 199 f.; „Schliersee-Papier“ vom 29. April 1975, abgedruckt bei *Ring*, Bd. II, F-I 1.5; „Würzburger Papier“ vom 25. Mai 1979, abgedruckt bei *Ring*, Bd. II, F-I 1.6.

255 *Hartstein/Ring/Kreile*, S. 200 ff; *Forsthoff*, AfP 1975, S. 739 (739 f.).

256 *Daufeldt*, S. 33; *Forsthoff*, AfP 1975, S. 739 (740).

257 *Forsthoff*, AfP 1975, S. 739 (740); *Schroeder*, ZUM 1994, S. 471 (476); *Hartstein/Ring/Kreile*, S. 200.

258 *Brand*, S. 142, 144.

259 *Hartstein/Ring/Kreile*, S. 200.

260 *Brand*, S. 141.

sind. Das Bundesverfassungsgericht hat dabei entschieden, dass dies grundsätzlich vom Inhalt der Kommunikation unabhängig ist und daher nicht nur für reine Informationsprogramme wie „*Nachrichtensendungen, politische* [...] *Kommentare, Sendereihen über politische Probleme der Gegenwart, Vergangenheit oder Zukunft*" zu bejahen ist, sondern auch für Unterhaltungsprogramme wie etwa Hörspiele, musikalische Darbietungen oder Übertragungen kabarettistischer Programme zutrifft.[261] Die Rundfunkreferenten der Länder verneinten die publizistische Relevanz von Kommunikationsinhalten jedoch, wenn die Darbietung in unmittelbarem Zusammenhang mit der Berufsausübung oder dem Betrieb eines Wirtschaftsunternehmens steht oder der eigentliche Gegenstand der Berufsausübung oder des Unternehmenszwecks ist.[262] Ausgenommen sind daher etwa Hinweise auf Verkehrsstauungen durch Polizei oder Autoklubs sowie der Bereich des Hotel- und Krankenhausfunks.[263] Diese Negativabgrenzung durch das Merkmal der Relevanz kann jedoch missverständlich aufgefasst werden und zu Abgrenzungsproblemen führen, da etwa die Herstellung privater Rundfunkprogramme regelmäßig auch unmittelbar mit dem Betrieb eines Unternehmens zusammenhängt.[264] Der Begriff der Relevanz ist daher primär aus dem Sinn und Zweck des Begriffes abzuleiten: Anlass für die Einführung dieses Merkmales durch die Rundfunkreferenten der Länder war es, die Ausstrahlung von sogenannter „Kaufhausmusik" zur Anregung der Kaufbereitschaft in Kaufhäusern und Betrieben vom Rundfunkbegriff auszunehmen.[265] Aber auch heute noch ist die Tragweite und Notwendigkeit des Merkmals der Relevanz für den Rundfunk nicht unumstritten.[266] Es wird jedoch regelmäßig dann erfüllt sein, wenn der kommunizierte Inhalt sich nicht in der bloßen Übermittlung von Daten erschöpft, sondern darüber hinaus in gewisser Weise planvoll-redaktionell gestaltet wurde.[267]

### c) Verbreitung

Schließlich ist die fernmeldetechnische Verbreitung Tatbestandsmerkmal für das Vorliegen von Rundfunk. Da es allein darauf ankommt, dass die Verbreitung –

---

261 BVerfGE 12, 205 (260).

262 „Schliersee-Papier", abgedruckt bei *Ring*, Bd. II, F-I 1.5, S. 10; *Schroeder*, ZUM 1994, S. 471 (476); *Ring*, Bd. I, B 5, S. 24.

263 *Hartstein/Ring/Kreile*, S. 201.

264 So auch *Gersdorf*, Rundfunkrecht, S. 99.

265 „Schliersee-Papier", abgedruckt bei *Ring*, Bd. II, F-I 1.5, S. 3.

266 Kritisch zum Tatbestandsmerkmal der Relevanz als inhaltsbezogenem Differenzierungsmaßstab: *Daufeldt*, S. 38; *Gersdorf*, S. 153 f.

267 *Hoeren/Sieber*, Teil 5, B. II. 3 b) Rn. 56.

in Abgrenzung zu Presse und Film – unter Verwendung elektromagnetischer Schwingungen und damit gegenstandslos erfolgt, ist es unerheblich, ob hierfür im Übrigen terrestrische Frequenzen, ein Satellit, (Breitband-)Kabel oder etwa ein Telefonnetz verwendet werden.[268] Auch das Bundesverfassungsgericht hat hierbei bereits festgestellt, dass der verfassungsrechtliche Begriff des Rundfunks nicht nur an ältere Technik geknüpft werden darf, sondern auch offen für zukünftige Entwicklungen sein muss.[269] Jedenfalls erforderlich ist jedoch die Überwindung einer räumlichen, zeitlichen oder raumzeitlichen Distanz.[270] Ausgeschlossen sind daher etwa Darbietungen, die sich lediglich innerhalb einer überblickbaren räumlichen Einheit abspielen, etwa bei einer Verbreitung per Telefax oder Telex, ebenso bei Verwendung eines Megafons oder eines Lautsprecherwagens.[271] Ebenso soll der Abruf von Informationen aus einer Datenbank durch einen einzelnen Abrufenden ausgenommen sein.[272]

## II. Entstehung des öffentlich-rechtlichen Rundfunks

Das Rundfunksystem in der Bundesrepublik Deutschland lässt sich besser – vielleicht sogar ausschließlich – vor dem Hintergrund seiner Historie zu verstehen. Denn nur aus der geschichtlichen Entwicklung heraus kann begründet werden, warum es in Deutschland zugleich neun unterschiedlich große Landesrundfunkanstalten nebst einer Anstalt des Bundesrechts gibt, welche in der Arbeitsgemeinschaft der öffentlich-rechtlichen Rundfunkanstalten der Bundesrepublik Deutschland (ARD) zusammengefasst sind, sowie daneben die zentrale Fernsehanstalt „Zweites Deutsches Fernsehen" (ZDF). Diese Struktur mag – zumindest von außen betrachtet – umso verwunderlicher sein, als alle einzelnen Elemente für sich gesehen als Anstalten des öffentlichen Rechts über die gleiche Organisationsform und insofern auch über die gleiche rechtlich selbstständige Qualität verfügen.[273] Bei der Betrachtung des Rundfunks in seiner heutigen Form muss man sich daher die außergewöhnlichen und schwierigen Bedingungen jener Zeit

268 *Hoeren/Sieber*, Teil 5, B. II. 3 b) Rn. 58 f.; Hahn/Vesting/*Schulz*, § 2 Rn. 20; *Brand*, S. 60; kritisch zur kabelgebundenen Übertragung wegen der Historie des Rundfunks: *Forsthoff*, AfP 1975, S. 739 (740).

269 BVerfGE 74, S. 297 (350 ff.).

270 *Brand*, S. 49.

271 *Hartstein/Ring/Kreile*, S. 201.

272 „Schliersee-Papier", abgedruckt bei *Ring*, Bd. II, F-I 1.5, S. 3, 9.

273 Es sei an dieser Stelle jedoch darauf hingewiesen, dass die ARD als solche im Gegensatz zu den Landesrundfunkanstalten selbst nicht rechtsfähig ist, vgl. OLG München NJW-RR 1992, S. 1444 (1445).

vor Augen halten, in welcher der Rundfunk entstanden ist: Die Weimarer Republik hat nicht nur die anfänglichen Ausgestaltungen und Ausformungen des Rundfunkwesens beeinflusst und geprägt, sondern dem Rundfunk auch einen dauerhaften Stempel aufgedrückt.[274] Denn trotz der sich später hierzu bietenden Möglichkeiten wurden die Grundstrukturen, deren Entstehung mitunter lediglich zufällig und den momentanen Verhältnissen geschuldet war, nicht mehr verändert.[275]

Vor dem Hintergrund dieser engen Verknüpfung der Entwicklung des Mediums Rundfunk einerseits mit der jeweiligen geschichtlichen und politischen Situation in Deutschland andererseits wird im Folgenden die historische Entwicklung des Rundfunks von seiner technischen Geburtsstunde an bis zum gegenwärtigen Zeitalter der Medienkonvergenz dargestellt.

## 1. Rundfunk in der Weimarer Republik

### a) Dezentralisation und Zweiteilung

Die Geschichte des neuen Mediums Rundfunk beginnt im Zeitalter der Weimarer Republik, genauer gesagt am 29. Oktober 1923 mit der Eröffnung des ersten regelmäßigen Rundfunkprogrammdienstes in Deutschland durch die Berliner Radio Stunde AG.[276] Nachdem die Funktechnik entsprechend weit fortentwickelt war, hatten kurz zuvor auch im Ausland erste Funkdienste ihren Sendebetrieb aufgenommen.[277] Die Initiative für einen allgemeinen Unterhaltungsrundfunk in der Bundesrepublik Deutschland ging auf die Deutsche Reichspost zurück, die unmittelbar nach dem Ende des Ersten Weltkriegs unter der Leitung des Staatssekretärs und späteren Rundfunkkommissars, des Reichspostministers *Hans Bredow*, damit begonnen hatte, ihr Vorhaben voranzutreiben.[278] Dabei verfolgte die Deutsche Reichspost, an sich gem. Art. 88 WRV[279] ein staatlicher Reichsbetrieb, aber zunehmend auch Ambitionen in Richtung privater Wirtschaftsführung hegte, bei ihrem Engagement vor allem wirtschaftliche Interessen.[280] Trotz ihrer

274 *Fessmann*, S. 19.

275 Ebd.

276 *Fessmann*, S. 19; *Holznagel*, Rundfunkrecht, S. 9.

277 In den Vereinigten Staaten wurde am 2. November 1920 ein Sendebetrieb aufgenommen, in England hatte ein Funkunternehmen am 14. Januar 1922 mit der Ausstrahlung wöchentlicher Sendungen begonnen, vgl. *Lerg*, S. 66.

278 *Holznagel*, Rundfunkrecht, S. 9.

279 Weimarer Verfassung vom 11. 8. 1919 (RGBl. 1383).

280 *Lerg*, S. 61 f.

monopolistischen Stellung war sie sich jedoch ihrer kulturellen und sozialen Verantwortung bewusst und grenzte sich durch diese Verpflichtung von allein auf Gewinn ausgerichteten Unternehmen der Privatwirtschaft ab.[281] Da es der Reichspost aufgrund der staatlichen Finanzkrise jedoch unmöglich war, ihr geplantes Vorhaben selbst zu finanzieren, bemühte sich *Bredow* frühzeitig um finanzielle Unterstützung für das Vorhaben aus der Privatwirtschaft, was ihm auch erfolgreich gelang.[282] Mithilfe kapitalkräftiger privater Investoren wurden daher in den Jahren 1923/24 neun regionale Rundfunkgesellschaften des privaten Rechts gegründet, deren Aufgabe darin lag, Rundfunkprogramme herzustellen.[283] Wie sich zeigt, waren die privatwirtschaftlichen Wurzeln des Rundfunks also weniger dem freien Unternehmergeist, sondern vielmehr der finanziellen Situation der Reichspost geschuldet.[284] Das privatwirtschaftliche Engagement änderte jedoch nichts daran, dass der Hörfunk nach allgemeinem Verständnis eine öffentliche Aufgabe und damit ein Teil der kulturellen Daseinsvorsorge war. Die dezentrale Struktur der Rundfunkorganisation war neben dem finanziellen Aspekt vor allem auf sendetechnische Gründe zurückzuführen, denn der Aufbau eines zentralen Rundfunknetzes war zum damaligen Zeitpunkt weder finanziell noch technisch durchführbar.[285] Keineswegs waren jedoch föderale Gründe, namentlich die Tatsache, dass nach Art. 12 Abs. 1 Satz 1 WRV die Bundesländer für die Organisation des Rundfunkwesens zuständig gewesen wären, maßgeblich für die dezentralisierte Organisationsstruktur.[286] Als jedoch unter dem von *Bredow* postulierten Schlagwort „Kulturfaktor Rundfunk" zunehmend das Interesse der kulturhoheitlich zuständigen Länder geweckt war, gelang es *Bredow*, diese Dezentralisierung im Nachhinein als föderativ und der publizistischen Vielfalt geschuldet darzustellen.[287]

Abgesehen hiervon hatte sich die Reichspost unter Berufung auf das Funkhoheitsrecht gemäß dem „Gesetz über das Telegraphenwesen des Deutschen Reiches" (TG)[288] den technischen Betrieb des Rundfunks jedoch von Anfang an selbst vorbehalten, d.h., die Ausstrahlung der Programme erfolgte über Verteileranlagen zur Rundfunkübermittlung, die im Alleineigentum der Post standen.[289]

281 Ebd.

282 *Lerg*, S. 149 f.

283 Vgl. *Holznagel*, Rundfunkrecht, S. 9; *Eckhardt*, S. 5; Die Bezirke waren dabei wie folgt aufgeteilt: Norddeutscher, Ostmarken-, Schlesischer, Mitteldeutscher, Bayerischer, Süddeutscher, Südwestdeutscher, Westdeutscher und Niederdeutscher Sendebezirk.

284 *Vesting*, S. 136.

285 Vgl. *Fessmann*, S. 30; vgl. *Vesting*, S. 137.

286 Ebd.

287 *Lerg*, S. 17.

288 Gesetz über das Telegraphenwesen vom 6. April 1892, RGBl S. 467.

289 *Fessmann*, S. 25; *Holznagel*, Rundfunkrecht, S. 9.

Diese Zweiteilung des Rundfunkwesens in Technik und Programm hat sich bis in die Gegenwart als typisch für den Rundfunk in Deutschland erwiesen und ist mittlerweile als ein grundlegendes Merkmal der deutschen Rundfunkordnung anzusehen, auch wenn die Entscheidung hierüber wiederum den tatsächlichen Umständen – schlechte Finanzlage, konkurrierendes Verhältnis zwischen Reichspost und Reichsinnenministerium – geschuldet war.[290] Rechtlich bedeutete dies jedoch, dass der technische Rundfunkbetrieb unter die unmittelbare Staatsverwaltung fiel und der programmliche Rundfunkteil in Form des von dem Programmunternehmen hergestellten Sendeinhalts von Anfang an zumindest mittelbar unter staatlicher Herrschaft stand.[291] Trotz der privatwirtschaftlichen Organisation war somit der staatliche Einfluss auf die Rundfunkgesellschaften äußerst stark ausgeprägt. Insbesondere sorgte das Reichspostministerium auch dafür, dass es mit über je 51 v. H. die Mehrheit der Aktienanteile an den jeweiligen Regionalgesellschaften verfügte und der Aufsichtsrat zudem mit Mitgliedern aus dem Ministerium besetzt war.[292]

## b) Rundfunkordnung von 1926

Die rechtlichen Beziehungen zwischen der Reichspost und den regionalen Programmgesellschaften wurden erstmals im März 1926 einheitlich und umfassend geregelt, indem der Post die Befugnis zur Erteilung der sogenannten ‚Genehmigung zur Benutzung von Funksendeanlagen der Deutschen Reichspost für die Zwecke des Unterhaltungsrundfunks' eingeräumt wurde.[293] Hierbei handelte es sich um eine fernmelderechtliche Sendekonzession, welche seitens der regionalen Rundfunkgesellschaften für die Herstellung und Verbreitung von Rundfunksendungen erforderlich war.[294] Die weiteren rechtlichen Beziehungen zwischen Reichspost und Programmgesellschaften wurden durch die der Sendekonzession als Beilage beigefügten sogenannten „Richtlinien für den Nachrichten- und Vortragsdienst der Sendegesellschaften" geregelt.[295] Zwar war hiernach die Beschaffung der programmlichen Darbietungen im Rundfunk auch weiterhin Aufgabe der Programmgesellschaften, doch war dort etwa geregelt, dass die Programmgesellschaften nur diejenigen politischen Informationssendungen verbreiten durften, die ihnen von der Nachrichtenstelle „Drahtloser Dienst AG für Buch und

290 *Fessmann*, S. 29.
291 Ebd., S. 25.
292 *Lerg*, S. 150 f.
293 Ebd., S. 247, 256.
294 Ebd. S. 255 f.
295 *Fessmann*, S. 73.

Presse“ (DRADAG) zugeliefert wurden.[296] An der DRADAG hielt wiederum das Deutsche Reichsministerium des Innern mit 51 v. H. die Mehrheit der Anteile.[297] Nicht nur bei der rechtlichen Ausgestaltung der Sendekonzession einschließlich der Richtlinien handelte es sich um einen Kompromiss zwischen Reich und Ländern um die Kompetenzen auf dem Gebiet der Rundfunkorganisation.[298] Auch die Gründung der Reichs-Rundfunk-Gesellschaft mbH (RRG) als zentraler Dachverband für die regionalen Programmgesellschaften stellte einen Kompromiss über die Kompetenzstreitigkeiten dar. Die Reichspost sicherte sich auch hierbei die Mehrheit der Anteile, indem sie die Regionalgesellschaften vor Erteilung der Sendekonzession verpflichtete, 17 v. H. ihres Aktienkapitals an die RRG abzuführen und sich zugleich im Februar 1926 51 v. H. der Anteile von der RRG übertragen ließ.[299] Nur wenige Jahre nach Gründung der dezentralen Regionalgesellschaften zentralisierte die Reichspost damit den Rundfunk auch über die ohnehin in ihren Bereich fallende technische Komponente hinaus. Zu den Hauptpunkten der RRG-Aufgaben gehörten unter anderem die zentrale Leitung und Überwachung der wirtschaftlichen Betriebsführung der Rundfunkgesellschaften, ebenso wie die zentrale Regelung der Finanz-, Steuer-, Rechts- und Tarifangelegenheiten.[300] Auch die Einhaltung des Grundsatzes der politischen Überparteilichkeit wurde überwacht sowie die Verfolgung von grundsätzlichen Beschwerden über die Programmgestaltung sichergestellt.[301] Obwohl die Programmaufsicht zu großen Teilen über die sog. Überwachungsausschüsse und die Kulturbeiräte vom Reichsministerium des Innern und den Staatsministerien der Länder gewährleistet wurde, hatte auch die Reichspost über die RRG Mitspracherechte.[302] Mittels der gesamten Organisation war sichergestellt, dass die Rundfunkveranstaltung direkt in den Verwaltungsbereich des Staates integriert war, ohne dass es jedoch einer Verstaatlichung der Programmunternehmen an sich bedurft hätte.[303]

Diese Tendenz belegte zugleich auch die Einführung des Amtes des „Rundfunkkommissars des Reichspostministers“ mit den Richtlinien für die Regelung des Rundfunks von 1926[304]. Diese, wie bereits einleitend erwähnt, ebenfalls von

---

296 Vgl. BVerfGE 12, S. 205 (208).
297 Vgl. *Lerg*, S. 261.
298 Vgl. BVerfGE 12, S. 205 (208).
299 *Holznagel*, Rundfunkrecht, S. 9; vgl. BVerfGE 12, S. 205 (209).
300 *Fessmann*, S. 67.
301 Ebd.
302 *Lerg*, S. 19; *Fessmann*, S. 67; vgl. BVerfGE 12, S. 205 (208).
303 *Fessmann*, S. 67.
304 Richtlinien über die Regelung des Rundfunk von 1926, in Kraft getreten am 1. März 1926, RT-Drucks. Nr. 2776, Bd. 411.

*Hans Bredow* bekleidete Funktion sollte als Koordinierungsstelle zwischen Reichspost, RRG und den Programmgesellschaften dienen.[305] Wie der Name unmissverständlich deutlich macht, handelte es sich dabei um ein direktes Vollzugsorgan der Reichspost, mittels welcher dieser ein weiteres Instrument zur Kontrolle der RRG und der einzelnen Gesellschaften zur Verfügung stand.[306]

### c) Rundfunkordnung von 1932

Mit dem Erlass der „Leitsätze für eine Neuordnung des Rundfunks" durch die Reichsregierung im Sommer 1932[307] wurde der im Reichsinnenministerium ausgearbeitete Reformplan zur Verwirklichung einer Rundfunkeinheit umgesetzt. Unter diesem Begriff verstand man die Umwandlung des Rundfunks in eine geschlossene und einheitliche staatliche Organisation im Sinne eines Staatsrundfunks, welcher in erster Linie der Reichsregierung als Publikationsmittel zur Verfügung stehen sollte.[308] Die Stimmen, die eine solche staatsautoritäre Rundfunkordnung gefordert hatten, waren im Zuge des in den letzten Jahren der Weimarer Republik erstarkenden Nationalismus sowie einer allgemeinen Politisierungswelle zunehmend laut geworden.[309] Nach der neuen Rundfunkordnung mussten die Privataktionäre nunmehr aus den regionalen Rundfunkgesellschaften gegen Erhalt einer Abfindung ausscheiden; 49 v. H. der Anteile an der jeweiligen Gesellschaft übernahmen die Länder, 51 v. H. erhielt das Post.[310] Ebenso wurde auch hinsichtlich der Kapitalverhältnisse innerhalb der RRG verfahren. Zudem wurde der Aufgabenkatalog der RRG neu gefasst und zugleich ausgeweitet und bestimmte nun, dass die RRG sämtliche Rechte und Pflichten wahrzunehmen hatte, die im „gesamte[n] Rundfunkgebiet" im Hinblick auf „[...] Organisation, [...]Wirtschaft, [...] Technik der Verstärker und Senderäume, [...] Rundfunkbeziehungen zum Ausland, [...] grundsätzliche Programmfragen, [...] Nachrichtendienst, [...] Programmaustausch" bestanden.[311] Zusammen mit einigen weiteren Änderungen – etwa der Schaffung eines weiteren Rundfunkkommissars, nämlich dem Reichsrundfunkkommissar des Reichsinnenministeriums, sowie der Einsetzung von sog. staatlichen Rundfunkkommissaren für jede der regionalen Rundfunkgesellschaften, welche wiederum den Weisungen des Reichsinnenministeriums unterlagen – konnten sich die Reichsregierung bzw. das

---

305 Ebd., S. 68.
306 Ebd.
307 Abgedruckt bei *Pohle*, S. 124 ff.
308 Vgl. BVerfGE 12, S. 205 (209); *Fessmann*, S. 74 f.
309 *Fessmann*, S. 74 f.
310 *Montag*, S. 24; vgl. *Lerg*, S. 465; *Fessmann*, S. 82.
311 „Leitsätze zur Neuregelung des Rundfunks", Ziffer 3, abgedruckt bei *Pohle*, S. 124 ff.

Reichsinnenministerium einen weitreichenden und unmittelbaren Einfluss auch auf die Programmgestaltung jedes einzelnen Sendeunternehmens sichern.[312]

### d) Zusammenfassung

Das deutsche Rundfunksystems entwickelte sich in den ersten zehn Jahren von einer regionalen, dezentralen und – zumindest kulturell – verhältnismäßig staatsfreien Struktur hin zu einer reichsweiten, zentralen und vollständig verstaatlichten Rundfunkorganisation.[313] Vor allem die Umstrukturierungen anlässlich der Rundfunkordnung von 1932 schufen, rückblickend gesehen, geradezu die Voraussetzungen für den Einsatz des Rundfunks im Dritten Reich als Propagandainstrument und zentrales „Führungsmittel" des Nationalsozialismus.[314] Was die Grundprinzipien des (öffentlich-rechtlichen) Rundfunks angeht, so fielen zweifellos Entscheidungen in die Zeit der Weimarer Republik, welche – trotz späterer Änderungen oder auch Abschwächungen – bis in die heutige Zeit fortwirken. Hierzu zählen insbesondere der Ausschluss jeglicher privater Beteiligung, ebenso wie die Zweiteilung in Technik und Programm. Nicht unerwähnt bleiben darf an dieser Stelle auch, dass mangels einer kulturell-rechtlichen Rundfunkgesetzgebung die Verteilung der Kompetenzen zwischen Reich und Ländern hinsichtlich des programmlichen Rundfunkwesens nie mehr als nur provisorisch gelöst wurden, was viele Jahre später noch zu erheblichen Problemen führen sollte. Insgesamt waren weniger theoretische Erkenntnisse als vielmehr praktische Maßnahmen für die Entstehung der deutschen Rundfunkorganisation ursächlich.[315]

## 2. Rundfunk im Dritten Reich

Der Beginn des Dritten Reiches und die Ernennung von *Joseph Goebbels* zum Reichsminister für Volksaufklärung und Propaganda im Jahre 1933 läuteten für den Rundfunk eine neue Epoche ein: Es war zugleich der Beginn des Zeitalters des Rundfunks als nunmehr bloßes Instrument nationalsozialistischer Propaganda. Zwar verblieben die technischen Angelegenheiten des Rundfunks bei der Reichspost, im Übrigen fiel der Rundfunk aber nun in den Bereich des Ministeriums für Volksaufklärung und Propaganda.[316] Von der dort befindlichen „Rund-

---

312 Näher *Fessmann*, S. 83.

313 *Lerg*, S. 19.

314 *Montag*, S. 24, *Fessmann*, S. 86.

315 *Montag*, S. 32; vgl. auch *Fessmann*, S. 87 mwN.

316 Vgl. BVerfGE 12, S. 205 (210).

funkabteilung“ (Abteilung III) wurden sämtliche Details wie Inhalte, konkrete Gestaltung oder zeitlicher Ablauf der Sendungen gesteuert.[317] Die Länder, die nach der Rundfunkordnung von 1932 zunächst noch über 49 v. H. der Anteile an den Regionalgesellschaften verfügten, mussten diese im Zuge der Gleichschaltung der Länder vollständig an die RRG abgeben und fungierten ab dem 1. April 1933 lediglich als unselbstständige Zweigstellen der RRG.[318]

Der Rundfunk stellte für *Goebbels* das „allermodernste und das allerwichtigste Massenbeeinflussungsinstrument“, mithin das wichtigste Propagandamittel zur Erreichung und Sicherung der nationalsozialistischen Herrschaft dar.[319] Bereits wenige Tage nach seiner Ernennung bezeichnete *Goebbels* am 25. März 1933 den Rundfunk als „das allermodernste und das allerwichtigste Massenbeeinflussungsinstrument“.[320] Ihm war bewusst, dass weder Presse noch Film so leicht und unmittelbar als Massenmedium zur Verbreitung nationalsozialistischer Propaganda und damit zur Beeinflussung der Bevölkerung instrumentalisiert werden konnten wie der Rundfunk. Im Zuge des Gleichschaltungsprozesses trieb sein Ministerium daher nicht nur die Entwicklung und Vermarktung eines kostengünstigen Volksempfängers voran, um auf diese Weise möglichst zügig die Reichweite des Rundfunks auszubauen, zugleich aber dem Volk den Empfang von ausländischen Radiosendungen so weit wie möglich zu erschweren.[321] Es wurde daneben durch die Anordnung von Gemeinschaftsempfang in Schulen und Behörden sowie Betrieben und Gaststätten dafür gesorgt, dass staatspolitisch „wichtige“ Rundfunksendungen im Kollektiv gehört wurden. Übertragen wurden etwa stundenlange Reden nationalsozialistischer Partei- und Staatsführer ebenso wie Reportagen von Reichs- und Gauparteitagen.[322] Um den Rundfunk nach innen von kritischen Mitarbeitern freizuhalten, wurde die Mitarbeit zudem von der Mitgliedschaft in der neu gegründeten Reichsrundfunkkammer abhängig gemacht.[323]

Mit Beginn des Zweiten Weltkrieges wurde der Rundfunk nahezu vollständig in dessen Dienst gestellt. Während der großen Angriffsschlachten etwa wurden die Hauptsender regelmäßig zu einem einheitlichen Reichsprogramm zusammengeschaltet, um Sondermeldungen von den jeweiligen Kriegsschauplätzen je-

317 Siehe hierzu Bundesarchiv, R 78, Rundfunkgesellschaft 1924-1945, Einleitung.

318 Siehe hierzu ebd.; vgl. *Diller*, S. 93 ff.

319 Vgl. *Diller*, S. 9.

320 Vgl. *Bressler*, S. 239.

321 *Daufeldt*, S. 9 f.; ab 1934 wurden jährlich über 500.000 Volksempfänger verkauft, vgl. *Hesse*, S. 7.

322 *Diller*, S. 9 f.

323 Vgl. Bundesarchiv, R 78, Rundfunkgesellschaft 1924-1945, Einleitung.

derzeit durchgeben zu können.[324] Da der Sendebetrieb jedoch mit den zwischenzeitlich entstandenen zwölf Haupt- und 27 Nebensendern überdimensioniert war,[325] wurden einige nicht mehr benötigte Funkhäuser und Reichssender stillgelegt.[326] Gegen Ende des Zweiten Weltkrieges wurden schließlich zahlreiche Sender durch alliierte Bombardements zerstört, die Mehrzahl aber fiel der Selbstzerstörung durch Soldaten der Wehrmacht zum Opfer, die diese auf ausdrücklichen Befehl *Hitlers* nicht in die Hände der Alliierten fallen lassen wollten. Kurz vor der bedingungslosen Kapitulation des Deutschen Reichs hatte am 3. Mai 1945 der letzte noch verbliebene Sender seine Sendungen eingestellt.[327]

## 3. Rundfunk nach 1945

### a) Organisation des Rundfunks

Die Zeit nach dem Ende des totalitären Dritten Reiches war in starkem Maße von dem Einfluss der jeweiligen Besatzungsmächte geprägt, welche zumeist versuchten, die Rundfunkstruktur ihres eigenen Landes auf ihre Besatzungszone zu übertragen.[328] Vor dem Hintergrund dieser außergewöhnlichen politischen Situation ist leicht nachvollziehbar, warum bei dem Wiederaufbau der Bundesrepublik Deutschland eine Neuorganisation des Rundfunks auf Basis eines auf die Bundesrepublik zugeschnittenen Gesamtplans vollkommen unrealistisch war. Aufgrund der Erfahrungen des Dritten Reichs waren sich jedoch sowohl die amerikanischen und britischen als auch französischen Besatzungsmächte in ihrer obersten Zielsetzung einig: Die Unabhängigkeit des deutschen Rundfunks von staatlichem Einfluss musste auf Dauer sichergestellt werden.[329] Die Bemühungen der Amerikaner gingen sogar noch weiter; ihr Ziel war es, den Unterhaltungsrundfunk in Deutschland darüber hinaus zu diesem Zwecke vollständig zu privatisieren. Dies folgte aus ihrer Vorstellung, dass Liberalismus und Demokratie untrennbar mit einer funktionierenden privaten Unternehmerwirtschaft zusammenhingen; jedermann sollten daher der Zugang zur Programmgestaltung sowie die Möglichkeit der Errichtung eines eigenen Senders offenstehen.[330] Zwar ließ sich die vollständige Privatisierung aus technischen wie aus wirtschaftlichen

324 *Diller*, S. 375.
325 Ebd., S. 372.
326 Ebd., S. 375.
327 Vgl. Bundesarchiv, R 78, Rundfunkgesellschaft 1924-1945, Einleitung.
328 *Montag*, S. 32 f.
329 Vgl. ebd., S. 33.
330 Ebd.

Gründen – die Erzielung von Werbeeinnahmen zur Refinanzierung eines privaten Rundfunks war in der damaligen wirtschaftlichen Lage der Bundesrepublik nicht denkbar – nicht wie geplant umsetzen. Zumindest konnte die amerikanische Militärregierung jedoch ihren pluralistischen Ansatz verfolgen, indem sie in jedem von ihr besetzten Bundesland eine eigene Rundfunkanstalt gründete.[331] Demgegenüber war die Rundfunkorganisation in der britischen Besatzungszone – in Anlehnung an die Strukturen der BBC – zentralistisch organisiert: Sitz der einzigen Rundfunkanstalt des Nordwestdeutschen Rundfunks war die Hansestadt Hamburg.[332] Auch in der französischen Besatzungszone entschied man sich, anders als die Amerikaner, für die Schaffung einer zentralen Rundfunkanstalt. Der Südwestdeutsche Rundfunk wurde in Baden-Baden angesiedelt, dem Sitz des Hauptquartiers der französischen Militärregierung.[333] Entgegen den beständigen Bestrebungen der deutschen Politiker, wieder ein Rundfunksystem nach dem Vorbild der Weimarer Republik – also in privatrechtlicher Form organisierte, aber direkter Regierungs- oder Parlamentskontrolle unterstehende Rundfunkgesellschaften – einzuführen,[334] setzte sich in den jeweiligen Rundfunkgesetzen bzw. Militärregierungsverordnungen letztlich eine andere Organisationsform durch, nämlich eine als selbstständige juristische Person des öffentlichen Rechts organisierte Rundfunkanstalt, die unter eingeschränkter staatlicher Aufsicht stand und zudem von einem übergeordneten Aufsichtsgremium, dem sogenannten Rundfunkrat, kontrolliert wurde.[335] Mit Inkrafttreten der jeweiligen Statuten und der Umwandlung der Anstalten in sich selbst verwaltende Landesrundfunkanstalten konnten diese schließlich von den Besatzungsmächten in deutsche Hände überführt werden.[336] Im Jahre 1950 schlossen sich die Rundfunkanstalten zur „Arbeitsgemeinschaft der öffentlich-rechtlichen Rundfunkanstalten der Bundesrepublik Deutschland“ (ARD) zusammen.[337] In dieser sollten die alle Sender berührenden Fragen und Problemstellungen geklärt werden.[338]

---

331 Vgl. ebd.; *Hartstein/Ring/Kreile*, S. 57; in der Zeit vom 10. August 1948 bis 6. April 1949 entstanden der Bayerische Rundfunk, der Hessische Rundfunk, Radio Bremen sowie der Süddeutsche Rundfunk.

332 *Bausch*, Teil I, S. 46.

333 Ebd., S. 134.

334 Vgl. ebd., S. 9 f., *Holznagel*, Rundfunkrecht, S. 12 mwN.

335 *Montag*, S. 35; *Hesse*, S. 9.; vgl. *Daufeldt*, S. 11; *Fix*, S. 67.

336 *Fix*, S. 67.

337 *Bausch*, Teil I, S. 259.

338 Ebd.

### b) Kompetenzstreitigkeiten

Kurze Zeit nach Gründung der ARD begann die Regierung um Bundeskanzler *Konrad Adenauer* mit ihren Versuchen, das föderalistische Rundfunksystem im Zuge des neu entworfenen Bundesrundfunkgesetzes in die Kompetenz des Bundes zu überführen.[339] Die Konsequenz dieser Bemühungen war, dass der bereits aus der Weimarer Republik stammende Streit um die Kompetenzen und die Rundfunkhoheit zwischen Bund und Ländern wieder zutage trat.[340] Hierbei konnte auch das zwischenzeitlich in Kraft getretene Grundgesetz keine Klärung herbeiführen: es enthielt in Art. 73 Nr. 7 GG und Art. 87 Abs. 1 GG lediglich Regelungen, die dem Bund die Kompetenzen für das Post- und Fernmeldewesen ausdrücklich zuwies, wohingegen der Rundfunk als solcher dort nicht ausdrücklich erwähnt war.[341] *Konrad Adenauer* konnte für seine Pläne im Bundesrat jedoch keine Mehrheiten erreichen.[342] In seinem „1. Fernsehurteil" vom 28. Februar 1961 stellte das Bundesverfassungsgericht schließlich klar, dass nicht der Bund, sondern ausschließlich die Länder über die Kompetenzen zur Regelung von Organisations- und Programmfragen auf dem Gebiet des Rundfunks verfügten.[343] Die Bundeskompetenz hingegen erstrecke sich lediglich auf die Übertragungstechnik. Dennoch durften die Länder die zum damaligen Zeitpunkt bereits von ihnen betriebenen Sender aufgrund Bestandsschutzes behalten, was erklärt, warum die Landesrundfunkanstalten auch heute noch teilweise über eigene Sender verfügen.[344] Damit war die lange Zeit ungeklärte Kompetenzfrage höchstrichterlich entschieden worden. Gestärkt durch diese Entscheidung und gleichsam als Reaktion hierauf beschlossen die Ministerpräsidenten der Länder, als programmliche Alternative zur ARD ein zweites Fernsehprogramm, nämlich das „Zweite Deutsche Fernsehen" (ZDF) zu gründen.[345]

---

339 *Hartstein/Ring/Kreile*, S. 61 f.

340 *Montag*, S. 36.

341 Vgl. *Hesse*, S. 15.

342 Vgl. *Montag*, S. 95.

343 BVerfGE 12, 205 (225 ff.).

344 *Hesse*, S. 17; dies sind insbesondere die westdeutschen Landesrundfunkanstalten, z.B. BR, HR, NDR.

345 *Holznagel*, Rundfunkrecht, S. 14.

## III. Entstehung des privaten Rundfunks

### 1. Bemühungen des Bundes

Die Streitigkeiten zwischen Bund und Ländern, die im „1. Fernsehurteil" gipfelten und zur Gründung des ZDF führten, gingen zum einen auf den dargestellten Kompetenzstreit zwischen Bund und Ländern zurück. Zum anderen verfolgte die Bundesregierung aber auch eine andere Rundfunkpolitik als die Länder, da sie insbesondere daran interessiert war, das Monopol der öffentlich-rechtlichen Rundfunkanstalten zu beenden und den privaten Rundfunk in Deutschland einzuführen.[346] Als Bundeskanzler *Adenauer* mit seinen Plänen für ein Bundesrundfunkgesetz im Bundestag scheiterte, versuchte er seine Pläne faktisch durch die Gründung der privatrechtlichen „Deutschland-Fernsehen GmbH" umzusetzen, wobei den Ländern eine stark eingeschränkte Möglichkeit zur Beteiligung an der Gesellschaft zustand. Im Rahmen des „1. Fernsehurteils" wurde jedoch auch die „Deutschland-Fernsehen GmbH" für verfassungswidrig erklärt. Das Bundesverfassungsgericht beendete damit die Versuche der Bundesregierung, einen privaten Rundfunk in Deutschland einzuführen.[347]

### 2. Bemühungen der Verleger

Eine andere Gruppierung, die bereits früh ihr Interesse am Rundfunk bekundet hatte, waren die Verleger. Diese hegten die Befürchtung, durch das neue und schnelle Medium des Rundfunks bald an publizistischem Einfluss zu verlieren. Um dies zu verhindern, beabsichtigten die Zeitungsverleger zunächst, eigene UKW-Frequenzen zugeteilt zu bekommen, um somit mittels eigener Sender am Rundfunk teilhaben zu können. Da die anfallenden, hohen Investitionen – insbesondere für die Produktion von Programmen – jedoch von den Verlegern allein nicht zu tragen waren, wurde Kontakt zur Markenindustrie gesucht, welche gleichfalls ein Interesse am Rundfunk und insbesondere an den sich neu bietenden Werbemöglichkeiten hatte.[348] Letztlich kam es allerdings nicht zu einer Zusammenarbeit, da die Verhandlungen zwischen Wirtschaft und Verlegern aufgrund von Meinungsverschiedenheiten und beiderseitiger Unentschlossenheit scheiterten.[349] Neben diesen Bemühungen der Verleger, kommerziellen Rund-

346 *Hesse*, S. 20.
347 BVerfGE 12, 205, (207).
348 Vgl. *Montag*, S. 79 f.
349 Ebd., S. 80.

funk in eigener Regie zu betreiben, versuchten diese parallel, Werbung im öffentlich-rechtlichen Rundfunk weitestgehend zu verhindern.[350] Dies betraf zunächst die Hörfunkwerbung, die ab 1949 eingeführt wurde. Mit dem Start des Gemeinschaftsprogrammes des Ersten Deutschen Fernsehens und der steigenden Popularität des Fernsehens konzentrierten sich die Kritik und der Protest der Verleger jedoch bald auf die Fernsehwerbung.[351] Der Bayerische Rundfunk hatte im November 1956 mit der Ausstrahlung von Fernsehwerbung begonnen, ab 1959 wurde diese schließlich von allen Rundfunkanstalten gesendet.[352] Da die Verleger der Meinung waren, dass eine kommerzielle Tätigkeit der öffentlich-rechtlichen Anstalten, die ohnehin Privilegien wie etwa Steuervergünstigungen genießen und zudem allein von dem Rundfunkgebührenzwang profitieren würden, als unlauterer Wettbewerb zu betrachten sei, versuchten sie schließlich, den Rundfunkanstalten im Wege einer Klage die Ausstrahlung von Werbung zu verbieten.[353] Das Oberlandesgericht München wies die Klage jedoch als unbegründet ab und stellte fest, dass die Ausstrahlung von Werbesendungen von den gesetzlichen Regelungen gedeckt sei und auch kein wettbewerbsfremdes Verhalten vorliege.[354] Auch sei eine Abhängigkeit der Rundfunkanstalten von den werbetreibenden Firmen angesichts des geringen Umfanges des Werbefunks und Werbefernsehens und der daraus erzielten Einnahmen im Verhältnis zu den Gebühren nicht zu erwarten.[355] Einige Jahre später untersuchte auch die Politik die nach wie vor von den Verlegern vertretene These von der Wettbewerbsverzerrung zwischen Presse und Rundfunk und berief hierzu im Jahre 1964 die sog. „Michel-Kommission“ ein. Deren Bericht konnte jedoch die These schließlich nicht bestätigen und lehnte – wenngleich nicht den Privatrundfunk im Generellen – jedenfalls einen privaten Rundfunk der Verleger ab.[356] Der letzte Versuch der Verleger, einen eigenen privaten Rundfunk zu betreiben, war schließlich ein Angebot zur Übernahme des ZDF. Bis zum Jahresende 1964 hatte das ZDF etwa 100 Mio. DM Schulden angehäuft, da es – anders als die ARD – neben den Fernsehgebühren nicht auch noch auf Hörfunkgebühren zurückgreifen konnte.[357] Die Ministerpräsidenten der Länder lehnten diesen Vorschlag jedoch aus „rechtlichen und wirtschaftlichen“ Gründen ab.[358]

---

350 Ebd.

351 Vgl. ebd., S. 81, 88.

352 Vgl. *Hesse*, S. 20 f.; *Montag*, S. 81; *Hartstein/Ring/Kreile*, S. 60.

353 *Montag*, S. 88 f., 126 f.

354 OLG München NJW 1958, S. 1298 (1301 ff.).

355 Ebd.

356 *Montag*, S. 137, 151 f.

357 *Hartstein/Ring/Kreile*, S. 63; *Hesse*, S. 21.

358 *Montag*, S. 148 mwN.

## 3. Vorstöße in Bayern und im Saarland

Vor allem in zwei Bundesländern gab es heftige Auseinandersetzungen über die Einführung des privaten Rundfunks:

### a) Volksbegehren in Bayern

In Bayern plante die CSU-Landtagsfraktion, ihren Einfluss auf den Bayerischen Rundfunk zu vergrößern, und brachte zu diesem Zwecke einen Gesetzentwurf in den Landtag ein, der eine Vergrößerung des Rundfunkrates und zudem eine Erweiterung von dessen Befugnissen vorsah.[359] Dieser Vorstoß rief jedoch erheblichen Widerstand unter anderem seitens SPD, FDP sowie der Gewerkschaften hervor, die das „Landesbürgerkomitee Rundfunkfreiheit“ gründeten.[360] Dieses wollte verhindern, dass der Rundfunk zum bloßen parteipolitischen Instrument herabgestuft wurde. Zudem wuchs in der Bevölkerung die Befürchtung, dass in ähnlicher Weise, wie der parteipolitische Einfluss im Alleingang zu vergrößern versucht wurde, auch die Einführung des privaten Rundfunks durchgesetzt werden könnte. Der Widerstand führte schließlich zur Durchführung eines Volksbegehrens, in dessen Gesetzesentwurf unter anderem eine Regelung gefordert wurde, wonach *„Hörfunk und Fernsehen* [...] *ausschließlich von öffentlich-rechtlichen Anstalten betrieben“* werden sollen.[361] Obwohl der Landtag die Verfassungsmäßigkeit des Volksbegehrens in Frage stellte und zur Klärung den Verfassungsgerichtshof anrief, kam es letztlich nicht zu einem Urteil. Stattdessen hatten sich die Mitglieder des Bürgerkomitees und die CSU auf einen Kompromiss geeinigt, der die Einfügung des Art. 111 a in die Bayerische Verfassung vorsah.[362] Dort hieß es unter anderem: *„Rundfunk wird in öffentlicher Verantwortung und in öffentlich-rechtlicher Trägerschaft betrieben.* [...] *Der Anteil der von der Staatsregierung, dem Landtag und dem Senat in die Kontrollorgane entsandten Vertreter darf ein Drittel nicht übersteigen.“*[363] Nach dieser Regelung sollte die eigenverantwortliche Tätigkeit privater Rundfunkveranstalter demnach vollständig ausgeschlossen sein. Die sich aus der Bayerischen Verfassung ergebenden Anforderungen hat der bayerische Gesetzgeber später durch das sog. Mediener-

359 Bayerischer Landtag, Drucksache 7/1860 vom 21. Januar 1972.

360 Vgl. *Hartstein/Ring/Kreile*, S. 66; *Montag*, S. 181.

361 Bayerischer Landtag, Drucksache 7/3069 vom 21. September 1972.

362 *Montag*, S. 183.

363 Viertes Gesetz zur Änderung der Verfassung vom 19. Juli 1973 (GVBL S. 389).

probungs- und -entwicklungsgesetz[364] umgesetzt, welches 1992 in das Bayerische Mediengesetz[365] überführt wurde.[366]

## b) Saarland und das „FRAG"-Urteil

Im Saarland hingegen war die Ausgangssituation eine andere, da hier – noch aus der Zeit seiner französischen Besetzung und Angliederung an Frankreich – der kommerzielle, jedoch nach Frankreich ausgerichtete Sender „Europe 1" existierte. Aus diesem Grunde war ausweislich des saarländischen Rundfunkgesetzes von 1956 auch lediglich die Veranstaltung eines privaten Rundfunks in deutscher Sprache unzulässig.[367] Im Anschluss an das 1. Fernsehurteil hielt man jedoch im Hinblick auf „Europe 1" die Novellierung des Rundfunkgesetzes für erforderlich; zugleich erkannten aber auch die im Saarländischen Landtag vertretenen Parteien, dass ein Einstieg in das Privatfunk-Geschäft und die hierdurch erwirtschafteten Gewinne in die Parteikassen fließen könnten.[368] Es war daher geplant, eine privatrechtliche Fernsehgesellschaft zu gründen, deren mehrheitliche Anteile in den Händen von CDU, SPD und FDP waren.[369] Unter strenger Geheimhaltung und durch Ausnutzung von Lücken in der Geschäftsordnung des Landtages gelang es, den Gesetzentwurf an nur einem einzigen Tage in drei Lesungen zu behandeln und sofort im Anschluss zu verabschieden.[370] Die auf dieses Vorgehen folgende öffentliche Diskussion verwundert wenig und hatte zur Konsequenz, dass die an sich gesetzlich zwar zulässige Rundfunkkonzession für private Rundfunkveranstalter von der saarländischen CDU-Regierung in der Folge de facto nicht erteilt wurde.[371] Dies jedoch war wiederum der Beginn einer langen gerichtlichen Auseinandersetzung zwischen der Regierung und der „Freien Rundfunk Aktiengesellschaft in Gründung" (FRAG). Diese war eine der fünf Bewerberinnen um eine private Rundfunklizenz und hatte gegen die Versagung der Erteilung geklagt.[372]

Der Rechtsstreit endete vor dem Bundesverfassungsgericht und führte zu einer weiteren wichtigen Rundfunkentscheidung, dem sog. „FRAG-Urteil" vom

364 Medienerprobungs- und entwicklungsgesetz vom 22. November 1984 (GVBL S. 445)

365 Bayerisches Mediengesetz vom 24. November 1992 (GVBL S. 584).

366 Vgl. Hahn/Vesting/*Hesse*, § 63 Rn. 2;

367 Vgl. *Hesse*, S. 23; *Hartstein/Ring/Kreile*, S. 64.

368 *Montag*, S. 161; vgl. auch *Hesse*, S. 23.

369 Vgl. *Hesse*, S. 23.

370 Ebd.

371 Vgl. *Montag*, S. 165 f; Hartstein/*Ring/Kreile*, S. 65.

372 *Hesse*, S. 23; *Hartstein/Ring/Kreile*, S. 65.

24. März 1981,[373] welches allgemein als Meilenstein in der Geschichte der dualen Rundfunkordnung gilt. Das Bundesverfassungsgericht erklärte darin den privaten Rundfunk für grundsätzlich verfassungsgemäß, verlangte aber die rechtliche Ausgestaltung einer positiven Ordnung, mittels derer die Vielfalt der Meinungen im Rundfunk in möglichster Breite und Vollständigkeit und damit eine umfassende Information sichergestellt ist.[374] Gleichsam stellte es damit die gegenwärtige binnenpluralistische Organisation des öffentlich-rechtlichen Rundfunks, bei dem die Zusammensetzung des Rundfunkrates für die Vielschichtigkeit maßgeblich ist, einem potenziell außenpluralistischen privaten Rundfunk gegenüber, bei dem die Summe der Einzelprogramme die Gesamtheit des Meinungsspektrums abbilden soll.[375] Da das saarländische Rundfunkgesetz über derartige Vorkehrungen jedoch nicht verfügte, erklärte das Bundesverfassungsgericht dieses für verfassungswidrig.[376]

## 4. Technischer Fortschritt

Einen ganz erheblichen Schub für die Entwicklung des privaten Rundfunks in Deutschland leistete der technologische Fortschritt, denn in den USA und in Japan wurden bereits seit Ende der 1960er Jahre Breitbandkabel und Satellit für die Verbreitung von Hörfunk- und Fernsehprogrammen verwendet und ermöglichten damit eine erhebliche Ausweitung des Programmangebots. Um die Einsetzung derartiger neuer Technologien auch in Deutschland zu testen, setzte die Bundesregierung 1973 die „Kommission für den Ausbau des technischen Kommunikationssystems" (KtK) ein.[377] Diese kam in ihrem Abschlussbericht drei Jahre später zwar zu dem – aus heutiger Sicht wenig treffsicheren – Ergebnis, dass nur ein vages Bedürfnis der privaten Haushalte nach weiteren Fernsehprogrammen und insbesondere Kabelfernsehprogrammen bestehe, gleichwohl empfahl es die Durchführung von Pilotprojekten mit verschiedenen Angebotsformen und unterschiedlichen Programmangebotszeiten.[378] Infolge dieser Empfehlung haben die Ministerpräsidenten der Länder 1978 vier befristete Versuche mit Breitbandkabel in Berlin, Dortmund, München und Ludwigshafen beschlossen.[379]

---

373 BVerfGE 57, 295.

374 BVerfGE 57, 295 (320).

375 Ebenso *Hesse*, S. 28.

376 BVerfGE 57, S. 295 (327 ff.).

377 Hartstein/*Ring*/*Kreile*, S. 67.

378 *Kommission für den Ausbau des technischen Kommunikationssystems*, Bedürfnisse und Bedarf für Telekommunikation, S. 161, 165.

379 *Ricker*, NJW 1981, S. 849.

Die sich auf internationalem Gebiet ergebenden Fragen zur Satellitentechnik wurden von der Weltfunkverwaltungskonferenz (WARC) 1977 in Genf erörtert.[380] Die Bundesrepublik und Frankreich beschlossen im Anschluss an die Konferenz, auf dem Gebiet der Satellitenentwicklung zusammenzuarbeiten und eigene Rundfunksatelliten zu entwickeln, nämlich für Frankreich den TDF-Satellit und für Deutschland den TV-Sat.[381] Zunächst mietete die Bundespost jedoch Kanäle auf dem Satelliten ECS 1; später sollten noch weitere Kanäle auf dem Intelsat-System und dem Fernmeldesatellitensystem „Kopernikus" dazukommen.[382]

### 5. Inkrafttreten der Landesmediengesetze

Die tatsächliche Möglichkeit für die Ausstrahlung von privatem Rundfunk infolge des technologischen Fortschrittes und die im „FRAG-Urteil" dargestellten Anforderungen an eine entsprechende gesetzliche Regelung hatten zur Folge, dass ab 1984 die ersten Privatrundfunkgesetze durch die Landesgesetzgeber erlassen wurden.[383] Um nicht Gefahr zu laufen, dass interessierte Unternehmen in andere Bundesländer abwanderten, zogen auch die übrigen Länder nach, so dass schließlich bis zum Jahre 1987 in allen Bundesländern Landesmediengesetze erlassen worden waren.[384] Zwar wiesen die einzelnen Landesmediengesetze – nicht zuletzt vor dem Hintergrund des „FRAG-Urteils" – in ihren Grundzügen ein hohes Maß an Übereinstimmung auf, doch konnte dies nicht darüber hinwegtäuschen, dass in den einzelnen Ländern teilweise unterschiedliche Auffassungen über den Stellenwert eines eigenen privaten Rundfunkprogrammes herrschten.[385] Dies wurde vor allem offensichtlich, als sich abzeichnete, dass ein bundesrechtlicher Ordnungsrahmen auf dem Gebiet des Rundfunks unerlässlich sein würde.

## IV. Rundfunkstaatsvertrag

### 1. Verhandlungen und Abschluss

Bis es jedoch zum Abschluss eines alle Bundesländer umfassenden Rundfunkstaatsvertrags kam, waren lange Verhandlungen zwischen den einzelnen Ländern

380 Vgl. *Hesse*, S. 26 f.; Hartstein/*Ring/Kreile*, S. 69.
381 Vgl. *Hartstein/Ring/Kreile*, Art. 1; Rn. 4; *Hesse*, S. 27.
382 *Hartstein/Ring/Kreile*, S. 85.
383 Vgl. näher hierzu *Hesse*, S. 27 f.
384 Ebd.
385 Vgl. *Hesse*, S. 29.

notwendig. Die Ministerpräsidentenkonferenz vom 23. Februar 1984 hatte zunächst über die Vergabe der beiden ECS-Kanäle entschieden; ein Kanal wurde dem ZDF zugewiesen und der zweite der Anstalt für Kabelkommunikation (AKK), einer Anstalt des öffentlichen Rechts, die im Rahmen des Breitbandkabelversuchs in Ludwigshafen gegründet wurde und zugleich als Überwachungsbehörde, Sendezentrale und Produktionsbetrieb für private Rundfunkstationen dienen sollte.[386] Neben der Vergabe der Kanäle beauftragten die Ministerpräsidenten in der Konferenz die Rundfunkkommission mit der Erstellung eines rundfunkrechtlichen Nutzungskonzeptes.[387] Hierbei ging es vor allem darum, Rahmenbedingungen für den privaten sowie öffentlich-rechtlichen Rundfunk zu schaffen und ein Nutzungskonzept für die wachsenden Satelliten-Übertragungskapazitäten – insbesondere unter Berücksichtigung des TV-Sats – in Form eines Staatsvertrages zu entwerfen.[388] Die sich anschließenden Verhandlungen scheiterten jedoch wiederholt aufgrund von Meinungsverschiedenheiten in Bezug auf die Finanzierung des öffentlich-rechtlichen Rundfunks durch Werbung, da die entsprechenden Einnahmen möglichst vollständig dem privaten Rundfunk vorbehalten sein sollten.[389] Zudem stellten die Gegner des privaten Rundfunks in Frage, ob der private Rundfunk die verfassungsrechtlich geforderte Meinungsvielfalt überhaupt ausreichend sichern könne. Erst das „Niedersachsen-Urteil" (auch „4. Rundfunkurteil") des Bundesverfassungsgerichts vom 4. November 1986 brachte wieder Bewegung in die zwischenzeitlich festgefahrenen Verhandlungen. Das Bundesverfassungsgericht stellte darin klar, dass es durchaus gerechtfertigt ist, wenn an die Breite und Vielfalt des Programmangebots im privaten Rundfunk nicht ebenso hohe Anforderungen gestellt werden wie an den öffentlich-rechtlichen Rundfunk, zumal Letzterer nicht auf die Erträge durch Wirtschaftswerbung angewiesen sei.[390] Voraussetzung für das Nebeneinander von privatem und öffentlich-rechtlichem Rundfunk ist laut diesem Urteil allerdings, dass die öffentlich-rechtlichen Anstalten die unerlässliche „Grundversorgung" sicherstellen, da sie aufgrund ihrer terrestrisch verbreiteten Programme nahezu die gesamte Bevölkerung erreichen können und zudem, anders als die privaten Anbieter, nicht auf hohe Einschaltquoten angewiesen sind.[391] Zudem wies das

386 Vgl. *Lerche*, NJW 1982, S. 1676 (1680 f.); als eine der ersten Kundinnen der AKK hatte die Programmgesellschaft für Kabel und Satellit (PKS) daraufhin mit der erstmaligen bundesweiten Ausstrahlung eines privaten Fernsehprogramms begonnen; vgl. *Hartstein/Ring/Kreile*, S. 88.

387 *Hartstein/Ring/Kreile*, S. 88.

388 Beschluss vom 23. Februar 1984, abgedruckt in: Media Perspektiven 2/84, S. 151.

389 Gleichwohl kam es – vorübergehend – zu einzelnen Teil-Staatsverträgen zwischen einzelnen Ländergruppen, vgl. näher *Hesse*, S. 29 f.; ausführlich *Hartstein/Ring/Kreile*, S. 87 ff.

390 BVerfGE 73, S. 118 (158 f.); kritisch hierzu *Stock*, NJW 1987, S. 217 (222).

391 BVerfGE 73, S. 118 (157).

Bundesverfassungsgericht darauf hin, dass vor dem Hintergrund der Erweiterung des Rundfunkangebots die Erfüllung des klassischen Auftrags des Rundfunks sichergestellt sein muss, also vor allem die Gewährleistung der Meinungs- und politischen Willensbildung durch über die bloße Berichterstattung hinausgehende Information, zum anderen aber auch die Wahrnehmung der kulturellen Verantwortung, etwa durch die Ausstrahlung von unterhaltenden Programmen.[392] Neben der grundsätzlichen Klarstellung, dass öffentlich-rechtlicher und privater Rundfunk nebeneinander bestehen können, schuf das Gericht mit seiner Entscheidung und der Einführung des Begriffs der „Grundversorgung“ dabei auch eine Arbeitsteilung bzw. qualitative Abstufung zwischen privatem und öffentlich-rechtlichem Rundfunk.[393] Für Letzteren bedeutete dies vor allem einen Zuwachs an Legitimation, da die bislang vorherrschende Stellung des öffentlich-rechtlichen Rundfunks in erster Linie die Konsequenz aus der technischen Situation war.[394] Mit der 4. Rundfunkentscheidung des Bundesverfassungsgerichts wurde das duale Rundfunksystem in Deutschland, welches sich auf der einen Seite zwar schon seit Längerem abgezeichnet hatte, auf der anderen Seite aber noch immer einige Gegner hatte, als solches für zulässig erklärt, und damit war der Weg frei für einen alle Bundesländer umfassenden Staatsvertrag. Nach weiteren intensiven Verhandlungen, insbesondere erneut über die Verteilung der Satelliten-Kanäle,[395] kam es schließlich am 3. April 1987 zur Unterzeichnung des Staatsvertrages zur Neuordnung des Rundfunkwesens (Rundfunkstaatsvertrag), welcher am 1. Dezember 1987 in Kraft trat.[396]

## 2. Bedeutung und Inhalt des Rundfunkstaatsvertrags

Gemeinsam mit der „Niedersachsen-Entscheidung“ des Bundesverfassungsgerichts bildet der auf unbestimmte Zeit geschlossene Rundfunkstaatsvertrag von 1987 das Fundament des bis heute in Deutschland geltenden dualen Rundfunksystems.[397] Der Rundfunkstaatsvertrag ist dabei der einzige länderübergreifende Rechtsakt, der sowohl für den öffentlich-rechtlichen als auch für den privaten

392 BVerfGE 73, S. 118 (157 f.).

393 *Stock*, NJW 1987, S. 217.

394 Ähnlich *Hesse*, S. 32.

395 Ausführlich *Hartstein/Ring/Kreile*, S. 110 ff.

396 Vgl. Zustimmungsgesetze der Länder: Baden-Württemberg (GBl. 1987 S. 511), Bayern (GVBl 1987 S. 249), Berlin (GVBl. 1987 S. 2613), Bremen (GVBl. 1987 S. 195), Hamburg (GVBl. 1987 S. 195), Hessen (GVBl. 1987 S. 165), Niedersachsen (GVBl. 1987 S. 183), Nordrhein-Westfalen (GVBl. 1987 S. 420), Rheinland-Pfalz (GVBl. 1987 S. 353), Saarland (Amtsbl. 1987 S. 1153), Schleswig-Holstein (GVBl. 1987 S. 223).

397 Siehe Art. 14 RStV.

Rundfunk grundsätzliche Regelungen enthält; es kann insoweit auch als das „Grundgesetz für den Rundfunk" bezeichnet werden.[398] Demgegenüber regeln die Landesrundfunkgesetze in der Regel lediglich den Bereich des öffentlich-rechtlichen Rundfunks.[399] Von besonderer Bedeutung im Hinblick auf die Dauerhaftigkeit des Systems ist dabei die in der Präambel zum Rundfunkstaatsvertrag festgeschriebene Bestands- und Entwicklungsgarantie für den öffentlich-rechtlichen Rundfunk sowie die entsprechende, wenngleich erheblich abgeschwächte Regelung für den privaten Rundfunk.

### a) Bestands- und Entwicklungsgarantie des öffentlich-rechtlichen Rundfunks

Für den öffentlich-rechtlichen Rundfunk wird in der Präambel zum Rundfunkstaatsvertrag eine Bestands- und Entwicklungsgarantie festgelegt, die auch die Erhaltung der finanziellen Grundlagen umfasst und die Teilhabe an sämtlichen neuen technischen Möglichkeiten sicherstellt.[400] Was den Begriff der Bestands- und Entwicklungsgarantie angeht, so ist dieser zwar nicht deckungsgleich mit dem vom Bundesverfassungsgericht geprägten Begriff der „Grundversorgung", umfasst aber alle Bereiche, die zur „Grundversorgung" zählen.[401] Auf die Übernahme des Begriffs der „Grundversorgung" in den Rundfunkstaatsvertrag wurde hingegen bewusst verzichtet, da er in seiner Bedeutung und Reichweite umstritten war.[402] Erst nach Abschluss des Staatsvertrages definierte das Bundesverfassungsgericht in seinem 5. Rundfunkurteil vom 24. März 1987 den Begriff der „Grundversorgung" näher. Danach sind hierfür drei Elemente erforderlich: eine Übertragungstechnik, mittels welcher der Empfang für jedermann in der Bundesrepublik sichergestellt ist; die Einhaltung eines inhaltlichen Programmstandards, der die Anforderungen an den dargelegten Auftrag voll erfüllt; schließlich die Sicherstellung der Meinungsvielfalt durch organisatorische sowie verfahrens-

---

398 So *Hartstein/Ring/Kreile*, S. 119 f.

399 Vgl. Art. 2 BayRG (BayGVBl. 2003, S.782 ff.); § 1 Abs. 1 ZDF-StV (GBl BW 1991, S. 745); § 1 Abs. 1 ARD-StV (Nds. GVBl 1991, S. 311); § 1 Abs. 1 NDR-StV (GVBl. 1992, S. 39); § 2 HRG (GVBl. S. 123), § 2 RBG (Brem.GBl. S. 13); § 1 Abs. 1 RBB-StV (GVBl, S. 251); § 1 Abs. 1 SWR-StV (GVBl. BW 1997, S. 300); anders jedoch das SMG, welches sowohl den Bereich des öffentlich-rechtlichen als auch des privaten Rundfunks regelt, vgl. § 1 Abs. 1 SMG (Amtsbl. 2002, S. 498); ebenso LRG NRW, vgl. dort § 1 Abs. 1 Nr. 1 LRG NRW (GV NW 1995, S. 994); ausschließlich für den WDR gilt hingegen das WDR-G, vgl. § 1 Abs. 1 WDR-G (GV NRW, S. 770).

400 Vgl. Präambel S. 4 und 5 RStV; zur Rechtsqualität der Präambel siehe auch *Hartstein/Ring/Kreile*, S. 238.

401 So auch *Hartstein/Ring/Kreile*, S. 227.

402 Ebd.

rechtliche Vorkehrungen.[403] Zudem stellte das Gericht klar, dass es sich bei der „Grundversorgung" ebenso wenig um eine Mindestversorgung wie um eine Grenzziehung zwischen öffentlich-rechtlichen und privaten Programmen handelt.[404]

### b) Sicherung der Entwicklungsmöglichkeiten des privaten Rundfunks

Im Bereich des privaten Rundfunks stellt die Präambel in Satz 6 klar, dass – gleichsam als Gegenstück zur Bestands- und Entwicklungsgarantie im öffentlich-rechtlichen Rundfunk – gegenüber den privaten Veranstaltern von Rundfunk die entsprechenden Entwicklungsmöglichkeiten für ein duales Rundfunksystem in weitem Umfang gewährleistet werden sollen. Zu diesem Zwecke sollen nicht nur ausreichende Sendekapazitäten zur Verfügung gestellt werden, sondern insbesondere auch terrestrische Fernsehfrequenzen, um eine bundesweite Ausstrahlung sicherstellen zu können, Sätze 7 und 8 der Präambel. Zudem sind angemessene Einnahmequellen zu gewährleisten, Satz 7 der Präambel. Bei der Regelung handelt es sich jedoch lediglich um eine Soll-Bestimmung, die gegenüber der Bestimmung zum öffentlich-rechtlichen Rundfunk („Garantie") einen deutlich abgeschwächten Schutz gewährleistet. Dennoch erscheint die Regelung als ausreichend, wenn man diese vor dem Hintergrund von Satz 3 der Präambel auslegt: Dort ist bestimmt, dass *beide* Rundfunksysteme im nationalen und internationalen Wettbewerb bestehen können müssen. Damit wird offenkundig, dass nicht eine beliebige Entwicklungsmöglichkeit gesichert werden soll, sondern vielmehr die konkrete wirtschaftliche Chance des privaten Rundfunks, im nationalen Wettbewerb mit dem öffentlich-rechtlichen Rundfunk sowie im internationalen Wettbewerb mit ausländischen Medien konkurrieren zu können.[405] Auch wenn damit zwar nicht der Schutz des privaten Rundfunks als Institution garantiert wird, so werden jedenfalls die wirtschaftlichen Rahmenbedingungen für ein dauerhaftes Bestehen sichergestellt. Damit ist das verhältnismäßig schwächere Schutzniveau des privaten Rundfunks gegenüber dem öffentlich-rechtlichen Rundfunk gleichwohl als ausreichend zu bewerten, da eine über die Gewährleistung der wirtschaftlichen Rahmenbedingungen hinausgehende Garantie des privaten Rundfunks seiner Rolle als privatwirtschaftlich tätiges Unternehmen zuwiderliefe.

---

403 BVerfGE 74, S. 297 (326).

404 Ebd.

405 So auch *Hartstein/Ring/Kreile*, S. 231.

## V. Gemeinsamkeiten und Unterschiede im dualen Rundfunksystem

Erste, grundlegende Unterschiede zwischen öffentlich-rechtlichem und privatem Rundfunk werden bereits bei einer lediglich summarischen Befassung mit der Entstehungsgeschichte von Rundfunk und Rundfunkstaatsvertrag offensichtlich. Im Folgenden werden nun öffentlich-rechtlicher und privater Rundfunk gegenübergestellt, um deren Gemeinsamkeiten und Unterschiede in den Bereichen ‚Organisation und Aufgaben', ‚Finanzierung' und ‚Werbung' im Detail darzustellen.

### 1. Organisation und Aufgaben

#### a) Öffentlich-rechtlicher Rundfunk

Nicht nur aufgrund der Entstehungsgeschichte des Rundfunks und des hieraus resultierenden zeitlichen Vorsprunges, den der öffentlich-rechtliche Rundfunk gegenüber dem privaten Rundfunk hatte, ist der Aufgabenbereich des öffentlich-rechtlichen Rundfunks vorrangig darzustellen. Die Notwendigkeit dieser Reihenfolge ergibt sich insbesondere auch aus der Rechtsprechung des Bundesverfassungsgerichts zum dualen Rundfunksystem: Danach obliegt die Wahrnehmung des unverzichtbaren Teils der Rundfunkaufgaben, die Grundversorgung, allein dem öffentlich-rechtlichen Rundfunk. Diese verantwortungsvolle Stellung geht mit dem Umstand einher, dass der öffentlich-rechtliche Rundfunk unmittelbar dem Gemeinwohl verpflichtet ist und es den Rundfunkanstalten daher verboten ist, sich den Gesetzen des wirtschaftlichen Wettbewerbs zu unterwerfen und die Ausstrahlung des Programms einzig an dem Ziel auszurichten, eine möglichst große Einschaltquote zu erreichen.[406] Dies ändert aber nichts an dem Grundsatz, dass Letztere gleichwohl als Gradmesser dienen muss, wenn es um die Bewertung der Massenattraktivität des öffentlich-rechtlichen Programms im Rahmen ihres Programmauftrags geht.[407] Zwar folgt hieraus nicht, dass der private Rundfunk nicht ebenso die Grundversorgung ganz oder teilweise sicherstellen kann, es ist aber jedenfalls nicht seine verfassungsrechtlich vorgegebene Aufgabe, zumal er nicht über das notwendige Maß an Unabhängigkeit verfügt. Sein Aufgabenbereich stellt daher grundsätzlich gegenüber dem öffentlich-rechtlichen Rundfunk eine zusätzliche, über die Grundversorgung hinausgehende ausfüllen-

---

406 Siehe *Hesse*, S. 118.

407 *Mahrenholz*, ZUM 1995, S. 508 (510 f.).

de Funktion dar und ist aus diesem Grunde innerhalb der vorliegenden Arbeit später zu betrachten.[408]

*(1) Grundversorgung*

Der zentrale verfassungsrechtliche Begriff in Bezug auf den öffentlich-rechtlichen Rundfunk ist derjenige der „Grundversorgung". Diesen Begriff hat das Bundesverfassungsgericht als Konkretisierung der Rundfunkfreiheit gem. Art. 5 Abs. 1 Satz 2 GG erstmalig in seiner Entscheidung vom 4. November 1986 verwendet.[409] Sie wird dort als „*unerlässlich*[e]" und alleinige Aufgabe des öffentlich-rechtlichen Rundfunks bezeichnet. Erst durch diese besondere Aufgabe erhält dieser wiederum die Rechtfertigung für sein Dasein und seine Eigenart. Eine Definition des Begriffs der Grundversorgung findet sich jedoch weder im Grundgesetz noch in einer einfachgesetzlichen Norm. Auch das Bundesverfassungsgericht selbst hat den Begriff erst in einer späteren Entscheidung definiert. Die Grundversorgung ist demnach durch folgende Merkmale gekennzeichnet: „*eine Übertragungstechnik, bei der ein Empfang der Sendungen für alle sichergestellt ist, bis auf weiteres mithin die herkömmliche terrestrische Technik (BVerfGE 73, 118 [123]); weiterhin der inhaltliche Standard der Programme im Sinne eines Angebots, das nach seinen Gegenständen und der Art ihrer Darbietungen oder Behandlung dem dargelegten Auftrag des Rundfunks nicht nur zu einem Teil, sondern voll entspricht; schließlich die wirksame Sicherung gleichgewichtiger Vielfalt in der Darstellung der bestehenden Meinungsrichtungen durch organisatorische und verfahrensrechtliche Vorkehrungen.*"[410] Maßgeblich für die Grundversorgung sind demnach drei Elemente, nämlich das technische Element, das inhaltliche Element und schließlich das organisations- und verfahrensbezogene Element. Doch trotz dieser Definition bleibt der Begriff der Grundversorgung unscharf und konturenlos.[411] An Schärfe gewinnt er erst durch die weitere Rechtsprechung des Bundesverfassungsgerichts:

So soll etwa, was das technische Element angeht, die terrestrische Verbreitung nicht die einzige Technik darstellen, die die erforderlichen Voraussetzungen für einen Empfang für alle sicherstellen kann. Vielmehr soll dieses Tatbestandsmerkmal in einem dynamischen Sinne gelten, so dass auch technische Weiter-

---

408 Vgl. unten C. V. 1. b) (2).

409 BVerfGE 73, S. 118 (157 f.).

410 BVerfGE 74, S. 297 (326).

411 *Gersdorf* spricht gar von einem „Chamäleon, das seine Farbe mit den sich wechselnden Umweltbedingungen stetig zu ändern vermag", Rundfunkrecht, S. 136; *Bethge* hingegen sieht die normative Prägnanz des Begriffes nicht gefährdet, da gerade im Bereich der Grundrechtsdogmatik derartige Generalklauseln üblich seien, S. 42.

entwicklungen, die zum Zeitpunkt der Verkündung der Entscheidung noch nicht absehbar waren, als Übertragungstechniken im Sinne der Definition die terrestrische Technik ablösen können.[412] Dies folgt nicht nur aus dem Wortlaut der Entscheidung vom 24. März 1987 („*bis auf weiteres*“), in welcher der Begriff der Grundversorgung erstmalig definiert wurde, sondern wurde auch in einer späteren Entscheidung unter dem Gesichtspunkt der Garantie der Grundversorgung nochmals ausdrücklich klargestellt.[413] Denn Sinn und Zweck dieser Regelung ist es allein, dass die Empfangbarkeit der Programme für jedermann sichergestellt ist. Weiterhin stellt das Bundesverfassungsgericht klar, dass die Grundversorgung nicht durch die Ausstrahlung eines einzelnen Programms sichergestellt werden kann, sondern hierzu vielmehr eine Mehrzahl von Programmen vorausgesetzt wird, wobei jedoch weder Sparten- noch Regional- bzw. Lokalprogramme zur Grundversorgung zu rechnen seien.[414] Zudem stellt die Grundversorgung keine Mindestversorgung sicher und eignet sich auch nicht für die Grenzziehung zwischen privatem und öffentlich-rechtlichem Rundfunk dergestalt, dass alles, was nicht in den Bereich der Grundversorgung falle, dem privaten Rundfunk vorbehalten sei.[415] Andernfalls bestünde der öffentlich-rechtliche Rundfunk allein aus Programmen, die im privaten Rundfunk mangels ausreichender Nachfrage nicht zur Ausstrahlung kämen.[416] Dies ist jedoch nicht Sinn und Zweck der Grundversorgung. Stattdessen soll die Figur der Grundversorgung die Aufgaben und Befugnisse des öffentlich-rechtlichen Rundfunks im dualen Rundfunksystem konkretisieren mit der rechtlichen Konsequenz, dass der private Rundfunk von strengen Programmauflagen befreit ist.[417] Dabei unterliegt der gesamte zur Grundversorgung zählende Tätigkeitsbereich der öffentlich-rechtlichen Rundfunkanstalten einer verfassungsrechtlich gewährleisteten Bestands- und Entwicklungsgarantie, welche ausdrücklich „[g]*egenständlich und zeitlich offen und dynamisch*“ ist.[418] Allein entscheidend ist insoweit die Bindung des Begriffs der Grundversorgung an die Funktion, welche dem Rundfunk im Rahmen des von Art. 5 Abs. 1 GG geschützten Kommunikationsprozesses obliegt.[419] Konsequenz dieser verfassungsrechtlich verankerten Garantie ist damit aber auch, dass der

412 Siehe BVerfGE 78, S. 297 (350 f.); ebenso *Hesse*, S. 121.

413 Siehe BVerfGE 83, S. 238 (299).

414 BVerfGE 74, S. 297 (325 ff.); kritisch im Hinblick auf die Ausklammerung von Spartenkanälen *Gersdorf*, der darauf hinweist, dass sich die erforderliche Vielfalt gerade erst aus der Addition von Voll- und Spartenprogrammen ergibt, Rundfunkrecht, S. 137 f.

415 BVerfGE 74, S. 297 (325 f.); siehe auch *Wolf*, S. 191 ff.

416 Vgl. *Hesse*, S. 124 f.

417 So auch *Bethge*, S. 42.

418 BVerfGE 83, S. 238 (299).

419 Ebd.; näher zum Funktionsauftrag des öffentlich-rechtlichen Rundfunks siehe C. V. 1. a) (2).

Gesetzgeber die erforderlichen technischen, organisatorischen, personellen wie finanziellen Voraussetzungen zu gewährleisten hat.[420]

### *(2) Funktionsauftrag*

Vom Begriff der Grundversorgung ist derjenige des Funktionsauftrags zu unterscheiden. In der Rechtsprechung des Bundesverfassungsgerichts zu Art. 5 Abs. 1 Satz 2 GG tauchen auffallend häufig die Begriffe „Funktion" sowie „klassischer Auftrag" auf, so dass der Eindruck entstehen könnte, dass der Funktionsauftrag an die Stelle des Begriffs der Grundversorgung treten soll.[421] Dies ist jedoch nicht der Fall. Stattdessen umschreibt der Begriff des Funktionsauftrages des öffentlich-rechtlichen Rundfunks einen eigenen Bereich, welcher deutlich weiter gefasst ist als derjenige der Grundversorgung und Letztere dabei mit einschließt. Der Funktionsauftrag setzt sich mithin zusammen aus der Grundversorgung sowie der Zusatz- bzw. Ergänzungsversorgung und erstreckt sich damit auch auf die sonstigen programmlichen Aktivitäten.[422] Die Grundversorgung stellt zwar den Kernbereich des Funktionsauftrages dar, jedoch umfasst der Funktionsauftrag als Oberbegriff unterschiedliche thematische Kategorien, deren Abgrenzung in der Praxis allerdings nicht immer möglich ist.[423] Neben dem programmlich-organisatorischen Aspekt des Funktionsauftrages, welcher sicherstellen soll, dass der öffentlich-rechtliche Rundfunk seine Programmfunktion erfüllt, enthält dieser aber noch zwei weitere Komponenten, die sich gleichfalls nicht nur auf den Bereich der Grundversorgung beziehen, sondern auf das gesamte vom Funktionsauftrag umfasste Programm. Hierzu gehört zum einen die Sicherung des Zugangs zu den Übertragungskapazitäten; soweit das Programm jedoch nicht vom Grundversorgungsauftrag umfasst ist, ist der öffentlich-rechtliche Rundfunk gegenüber privaten Anbietern nicht vorrangig zu behandeln, sondern es sind stattdessen lediglich chancengleiche Bedingungen zu gewährleisten.[424] Zum anderen beinhaltet der Funktionsauftrag auch einen finanziellen Aspekt, denn die öffentlich-rechtlichen Rundfunkanstalten müssen auch finanziell dazu in der Lage sein, die ihnen obliegenden Funktionen zu erfüllen. Hierzu sind ihnen die notwendigen finanziellen Mittel bereitzustellen; den Gesetzgeber trifft insoweit eine Gewährleistungsverpflichtung.[425] Eine weitere Konkretisierung des Funk-

---

420 BVerfGE 74, S. 297 (324 f.).

421 Vgl. hierzu BVerfGE 74, S. 297; BVerfGE 83, S. 238; BVerfGE 87, 181; BVerfGE 90, S. 60; so wohl *Holznagel*, Funktionsauftrag des ZDF, S. 20 f.; *Scheble*, S. 28 f.

422 *Gersdorf*, Rundfunkrecht S. 139; *Hesse*, S. 128.

423 Vgl. *Holznagel*, Funktionsauftrag des ZDF, S. 36; *Bethge*, S. 52.

424 *Gersdorf*, Rundfunkrecht, S. 140.

425 BVerfGE 87, S. 181 (203 f.).

tionsauftrages durch das Bundesverfassungsgericht erfolgte jedoch ausdrücklich nicht. Das Bundesverfassungsgericht hat insoweit klargestellt, dass sich der Funktionsauftrag des öffentlich-rechtlichen Rundfunks in seinen Grundzügen zwar aus dem Verfassungsrecht ergibt, jedoch obliegt es vielmehr den einzelnen Ländern, diese Vorgaben in ihren Rundfunkgesetzen zu konkretisieren.[426] Diese Rechtsprechung des Bundesverfassungsgerichts bedeutet aber andererseits auch nicht, dass der Gesetzgeber gar nicht mehr in der Lage ist, medienpolitische oder programmbegleitende Entscheidungen zu treffen; denn selbstverständlich verfügt auch er im Rahmen der Zielvorgaben aus Art. 5 Abs. 1 Satz 2 GG noch über ausreichend Gestaltungsspielraum, um den Funktionsauftrag näher zu konkretisieren.[427]

Von dieser Möglichkeit zur Konkretisierung des Funktionsauftrages in Form eines Programmauftrages haben die Länder in unterschiedlichem Maße Gebrauch gemacht; keine weitere Ausgestaltung etwa erfolgte für die in der ARD zusammengeschlossenen Rundfunkanstalten.[428] Wesentlich weitgehender hingegen wurde der Programmauftrag des ZDF in § 5 ZDF-Staatsvertrag ausformuliert, welcher für die Tätigkeit des ZDF eine Reihe von Leitzielen und Prinzipien formuliert, die sich auf Inhalt und Thematik der auszustrahlenden Programme beziehen.[429] Auch bei der Ausgestaltung des Funktionsauftrages durch den Rundfunkgesetzgeber handelt es sich jedoch lediglich um das Abstecken eines Rahmens, denn für die konkrete Ausfüllung des Funktionsauftrages und ebenso die Weiterentwicklung des Programms sind die jeweiligen Rundfunkanstalten als Selbstverwaltungsträger eigenverantwortlich zuständig. Dies ist vor allem auch vor dem Hintergrund gerechtfertigt, dass eine zu detaillierte Festlegung des Funktionsauftrages durch den Gesetzgeber der verfassungsrechtlich verankerten Entwicklungsgarantie des öffentlich-rechtlichen Rundfunks zuwiderliefe.[430]

#### *(3) Programmautonomie*

Den öffentlich-rechtlichen Rundfunkanstalten wird im Rahmen von Art. 5 Abs. 1 Satz 2 GG eine umfassende Programmautonomie eingeräumt, die es ihnen er-

---

426 BVerfGE 87, S. 181 (200 ff.).

427 Vgl. BVerfGE 87, S. 181 (200 f.); BVerfGE 90, S. 60 (93 ff.).

428 Vgl. ARD-StV; so auch *Holznagel*, Funktionsauftrag des ZDF, S. 22.

429 Danach soll den Zuschauern ein *„objektiver Überblick über das Weltgeschehen"* sowie ein *„umfassendes Bild der deutschen Wirklichkeit"* einschließlich ihrer kulturellen Vielfalt vermittelt werden und die *„freie individuelle und öffentliche Meinungsbildung"* gefördert werden. Ferner soll die *„Zusammengehörigkeit im vereinten Deutschland"* gestärkt werden und auf ein *„diskriminierungsfreies Miteinander"* hingewirkt werden, vgl. *Holznagel*, Funktionsauftrag des ZDF, S. 25; ausführlich zum Programmauftrag nach § 11 RStV vgl. unten C. V. 1. a) (3).

430 So auch *Hesse*, S. 129.

laubt, im Rahmen der verfassungsrechtlichen Zielsetzung sowie innerhalb des einfachgesetzlichen Rahmens über die Ausfüllung ihrer Funktion frei zu entscheiden.[431] Von dieser Programmautonomie umfasst sind in erster Linie der Inhalt sowie die Form der Rundfunksendungen, d.h., die Rundfunkanstalten können selbst darüber entscheiden, was der Rundfunkauftrag in publizistischer Form umfasst. Darüber hinaus sind Inhalt und Form der Sendungen auch untrennbar mit der Anzahl sowie dem zeitlichen Umfang der einzelnen Programme verbunden, so dass auch die Entscheidung hierüber grundsätzlich in den Zuständigkeitsbereich der Rundfunkanstalten fällt.[432]

Eine Begrenzung und zugleich Ausfluss der Programmautonomie der Rundfunkanstalten stellt die in § 11e RStV verortete Regelung dar, die nach längeren medienpolitischen Diskussionen mit dem 7. RÄndStV als § 11 Abs. 4 in den RStV a.F. aufgenommen worden war.[433] Diese Norm führt für den öffentlich-rechtlichen Rundfunk ein Modell zur Selbstverpflichtung ein.[434] Dabei wird den Rundfunkanstalten die qualitative und quantitative Konkretisierung des Funktionsauftrages im Rahmen eines Models der regulierten Selbstregulierung übertragen; Ziel dieses Modells ist die Abschichtung der Entscheidungsebenen und zudem die Steigerung der Transparenz.[435] Das Modell sieht einen dreistufigen Aufbau vor, wobei mit jeder Stufe der Grad an Eigenverantwortlichkeit seitens der Rundfunkanstalten zunimmt und zugleich der Grad der Regulierung durch den Gesetzgeber nachlässt.[436] Auf der ersten Regelungsstufe findet sich – gleichsam als ‚Allgemeiner Teil' des materiellen Programmrechts[437] – eine formelle Generalklausel, die einen final formulierten, aber dennoch offenen Rahmen vorgibt, der an die spezielleren Normen der Landesrundfunkgesetze und Staatsverträge anknüpft: der Programmauftrag gem. § 11 RStV. Auf mittlerer Abstraktionshöhe haben die Rundfunkanstalten Satzungen bzw. Richtlinien zu erlassen, die die nähere Durchführung des Auftrages regeln, § 11e Abs. 1 RStV. Zwar verfügten die Rundfunkanstalten auch schon vor Einführung dieser Regelung über interne Programmgrundsätze zur Konkretisierung des Programmauftrags, jedoch erhalten diese Grundsätze nunmehr rechtsverbindlichen Charakter und sind gemäß den Vorgaben zu publizieren.[438] Auf der dritten Stufe schließlich wird den

---

431 BVerfGE 87, S. 181 (200 f.).

432 Ebd.

433 Vorbild für die Regelung war hierbei die britische BBC und ihr Modell „Promises to the public", siehe *Holznagel/Stenner*, S. 49; *Stock*, S. 76 ff. mwN.

434 Ebd.

435 *Stock*, S. 78 f.; Hahn/Vesting/*Eifert/Eicher*, § 11, Rn. 72.

436 Hahn/Vesting/*Eifert/Eicher*, Rundfunkrecht, § 11, Rn. 74; *Hesse*, S. 129.

437 *Stock*, S. 80.

438 Siehe Begründung zum 7. RÄndStV, Nr. 4 Abs. 4.

Rundfunkanstalten auferlegt, den ihnen obliegenden Funktionsauftrag durch sog. freiwillige Selbstverpflichtungserklärungen inhaltlich zu konkretisieren und dynamisch fortzuschreiben. Zu diesem Zwecke haben die Rundfunkanstalten ARD, ZDF und Deutschlandradio alle zwei Jahre – in qualitativer wie quantitativer Hinsicht – einen Bericht über die Erfüllung ihres Auftrages, ihre bestehenden Angebote sowie ihre geplanten Schwerpunkte vorzulegen, § 11e Abs. 2 RStV. Dieser Bericht muss auch im Nachhinein noch nachvollziehbar sein und die Überprüfung ermöglichen, ob die Selbstverpflichtung in der Praxis auch umgesetzt wurde.[439] Ziel der Berichte ist es, die sendereigenen Qualitätsansprüche sowie deren praktische Umsetzung festzuhalten.[440] Zwar setzt schon der Begriff der „freiwilligen Selbstverpflichtung" voraus, dass die öffentlich-rechtlichen Rundfunkanstalten im Rahmen ihrer Autonomie handeln. Allerdings handelt es sich bei den Selbstverpflichtungserklärungen der Rundfunkanstalten nur dem äußeren Anschein nach um eine freiwillige Beteiligung; dies gilt jedenfalls dann, wenn eine landesgesetzliche Regelung besteht, die die Abgabe der Erklärungen regelt.[441] Mit dem Modell der regulierten Selbstregulierung hat der Gesetzgeber somit auf das Spannungsfeld reagiert, in welchem er sich aufgrund der engen verfassungsrechtlichen Vorgaben zum Funktionsauftrag und der Programmautonomie der Rundfunkanstalten bewegt.[442]

#### *(4) Programmauftrag*

Der Programmauftrag steht in engem Zusammenhang mit der verfassungsrechtlich garantierten Grundversorgung sowie dem Funktionsauftrag, ergibt sich aber direkt nur aus einfachem Gesetzesrecht, nämlich den Staatsverträgen der Länder sowie den Landesrundfunk- bzw. Landesmediengesetzen. Er sorgt damit für die Umsetzung der verfassungsrechtlichen Vorgaben in einfachgesetzliches Recht.[443] Im Folgenden liegt der Schwerpunkt der Betrachtung auf der Regelung zum Programmauftrag gem. § 11 Abs. 1 RStV, da diese länderübergreifend für sämtliche öffentlich-rechtliche Rundfunkfunkanstalten Wirkung entfaltet.

---

439 Ebd.

440 Ebd.

441 So auch *Goerlich/Meier*, ZUM 2007, S. 889 (890); ebenso *Holznagel/Stenner*, S. 48 f.; nicht für sämtliche Rundfunkanstalten wurden landesrechtliche Regelungen erlassen; keine Regelung besteht für MDR, SWR, BR, HR und RB mit der Folge, dass für sie keine Rechtspflicht zur Abgabe der Selbstverpflichtungserklärungen besteht, vgl. Hahn/Vesting/*Eifert/Eicher*, § 11, Rn. 117, 13.

442 Vgl. *Gounalakis*, S. 37; siehe auch *Hesse*, S. 129.

443 *Hesse*, S. 130 f.

(a) Veranstaltung und Verbreitung

Zu Beginn der Regelung zum Programmauftrag nach § 11 Abs. 1 Satz 1 RStV – dies gilt auch für die meisten landesrechtlichen Regelungen[444] – findet sich zunächst die allgemein gehaltene Formulierung, dass es Aufgabe der Anstalt sei, Rundfunk zu veranstalten und zu verbreiten. Die Veranstaltung umfasst dabei die Herstellung von Programmen, d. h. die Produktion von Sendeinhalten bzw. den Einkauf von Inhalten, die von Drittanbietern hergestellt wurden. Grundsätzlich sind die Rundfunkanstalten im Rahmen der Rundfunkfreiheit nach Art. 5 Abs. 1 Satz 2 GG frei darin zu bestimmen, was technisch und inhaltlich notwendig ist, um das entsprechende Programm anbieten zu können. Dennoch sind die Anstalten angehalten, den Gebührenzahler nicht unangemessen zu belasten.[445] Neben dieser allgemeinen und generalklauselartigen Formulierung werden in § 11b RStV die einzelnen zu veranstaltenden Rundfunkprogramme aufgezählt. Hierbei ist jedoch zu beachten, dass – wie das Bundesverfassungsgericht bereits klargestellt hat – die Erfüllung des Grundversorgungsauftrages grundsätzlich nicht durch ein einzelnes Programm bewerkstelligt werden kann, sondern hierzu vielmehr eine Mehrzahl von Programmen erforderlich ist.[446] Dementsprechend birgt eine Beschränkung der Anzahl zu veranstaltender Programme im Rahmen des einfachgesetzlichen Programmauftrages die Gefahr, dass hierdurch die verfassungsrechtlich verankerte Verpflichtung des öffentlich-rechtlichen Rundfunks zur Gewährleistung der Grundversorgung eingeschränkt wird.[447] Gleichwohl sind gesetzliche Programmbeschränkungen nach Ansicht des Bundesverfassungsgerichts aber nicht von vorneherein mit der Verfassung unvereinbar.[448] Gegen eine bloß beschreibende und nicht begrenzende Aufzählung von Programmen, welche lediglich den Status quo des Programmangebots deklaratorisch wiedergibt, ist hingegen verfassungsrechtlich nichts einzuwenden.[449]

444 Vgl. etwa § 11 Abs. 1 Satz 1 RStV; Art. 2 Abs. 1 BR-G; § 1 Abs. 1 NDR-StV; § 3 Abs. 1 WDR-G.

445 *Schüller*, S. 143.

446 BVerfGE 74, S. 297 (325 ff.).

447 BVerfGE 12, S. 45 (53).

448 BVerfGE 90, S. 60 (92).

449 Das BVerwG hat die Grundsatzfrage von legislativen Programmzahlbeschränkungen offengelassen in BVerwGE 107, S. 205 m. Anm. *Goerlich*, ZUM 1999, S. 472 (474); *Schnaitter*, S. 182.

(b) Rundfunk als Medium und Faktor

Der entscheidende inhaltliche Bezugspunkt für die Rundfunkprogramme ist die vom Bundesverfassungsgericht geprägte Formel vom Rundfunk als „Medium und Faktor der individuellen und öffentlichen Meinungsbildung“.[450] Sie wurde später nahezu unverändert in den Rundfunkstaatsvertrag, § 11 Abs. 1 Satz 1 RStV, übernommen, sowie entweder wortgleich durch Verweisung auf den RStV oder zumindest sinngemäß und an die verfassungsgerichtliche Formulierung angelehnt in sämtliche Staatsverträge und Landesrundfunkgesetze integriert.[451] Die Kernaussage der Formel ist, dass es nicht nur die Aufgabe des Rundfunks ist, Informationen und Meinungen massenmedial zu verbreiten und widerzuspiegeln („Medium“), sondern darüber hinaus auch selbst und konkret zur öffentlichen und politischen Meinungsbildung beizutragen, beispielsweise durch politische Kommentare, die Ausleuchtung von Hintergründen oder die Aufdeckung von Unstimmigkeiten („Faktor“).[452] Die Meinungsbildung ist insoweit das übergeordnete Ziel des Rundfunks und als solches insbesondere bei einer detaillierteren Untersuchung der einzelnen Programmelemente im Blick zu behalten.[453]

(c) Programmelemente und -grundsätze

In den Staatsverträgen und Landesrundfunkgesetzen erfolgt regelmäßig eine Konkretisierung des Programmauftrages im Hinblick auf drei Kernbereiche: Information, Bildung und Unterhaltung. Teilweise wird diese Trias um weitere Elemente ergänzt oder sprachlich variiert.[454] Dabei ist der Trias eine nicht unerhebliche Stabilität zuzurechnen, da es sich bei den drei genannten Bereichen – Information, Bildung und Unterhaltung – um typische gesellschaftliche Themenfelder handelt, die in der Vergangenheit wie in der Gegenwart von kontinuierlichem Interesse für die Gesellschaft waren und sind.[455] Dies gilt für die Information im Hinblick auf das politische Geschehen in einer Demokratie ebenso wie für die Unterhaltung im klassischen und populären Sinne sowie die Bildung. Eine Abgrenzung zwischen den einzelnen Programmelementen ist dabei oftmals

450 Vgl. etwa BVerfGE 57, S. 295 (319 f.); 73, S. 118 (152).

451 Vgl. § 1 Abs. 1 ARD-StV, i.V.m. § 11 Abs. 1 Satz 1 RStV; § 5 Abs. 1 Satz 2 ZDF-StV; § 4 Abs. 1 WDR-G; § 4 NDR-StV; § 6 Abs. 1 Satz 3 MDR-StV; § 3 Abs. 5 Satz 3 SWR-StV; § 15 Abs. 1 Satz 1 SMG; Art. 2 Abs. 1 Satz 2 BR-G i.V.m. § 11 Abs. 1 Satz 1 RStV; § 2 Abs. 1 Satz 1 HR-G; § 4 Abs. 1 Satz 1 RBB-StV; § 2 Abs. 1 Satz 1 RBG.

452 Siehe Begründung zum 7. RÄndStV, Nr. 4 Abs. 1; *Schüller*, S. 144.

453 *Eifert*, S. 20.

454 Bspw. um „Beratung“, § 11 Abs. 1 Satz 4 RStV.

455 So auch *Eifert*, S. 21.

weder möglich noch notwendig, da es für die Erfüllung des Auftrags nicht darauf ankommt, dass einzelne Sendungen einzelne Programmelemente widerspiegeln. Vielmehr ist bei der Beurteilung, ob sämtliche Elemente abgedeckt sind, auf das Gesamtangebot abzustellen.[456]

(c.a) Information

Im Hinblick auf ihre Informationsfunktion, die an erster Stelle der Aufzählung steht, sollen die Rundfunkanstalten die Geschehnisse in allen wesentlichen Lebensbereichen erfassen und aufarbeiten, vgl. § 11 Abs. 1 Satz 2 RStV. Ein solcher umfassender Zugang zu sämtlichen Informationen ist für die freie Meinungsbildung in einer Demokratie unerlässlich, denn Wissen, Urteilskraft sowie eine gewisse Entscheidungsfreude der Bürger sind für eine funktionierende Demokratie die Grundvoraussetzung.[457] Neben der möglichst vielfältigen Wiedergabe von Informationsfeldern ist es aber ebenso die Aufgabe des Rundfunks, die Komplexität von Informationen durch eine gezielte Auswahl zu bewältigen.[458] Dies gilt für das gesamte gesellschaftliche Leben, von regionalen Geschehnissen über nationale bis hin zu internationalen Ereignissen. Die räumlichen Bezugsebenen sind dabei als vollkommen gleichwertig zu betrachten; die Integrationsfunktion des Rundfunks verbietet ausdrücklich, eine der Ebenen im Hinblick auf die Berichterstattung zu übergehen.[459] Die Darbietung der entsprechenden Informationen wird regelmäßig in Form von Nachrichtensendungen oder Reportagen erfolgen, jedoch sind die Rundfunkanstalten hierbei grundsätzlich frei. Durch die Verbreitung der Informationen über den Rundfunk als Massenmedium sollen die zahlreichen und verschiedenartigen Kommunikationswege und -kreisläufe angeregt werden und schließlich durch die Abbildung der unterschiedlichen Meinungen und Aspekte der Gesellschaft eine individuelle Identitätsbildung ermöglicht werden.[460]

(c.b) Bildung

Die Bildung der einzelnen Individuen schließt sich in der Regel an die Informationsvermittlung und Meinungsbildung an. Sie kann unterschiedlichste Ausprä-

---

456 Vgl. hierzu Begründung zum 7. RÄndStV, Nr. 4 Abs. 2 Satz 3.

457 Begründung zum 7. RÄndStV, Nr. 4 Abs. 2 Satz 1; *Wolf*, S. 244.

458 Ebd.

459 Vgl. Begründung zum 7. RÄndStV, Nr. 4 Abs. 2; a.A. tendenziell *Eifert*, der es wohl als vertretbar ansieht, den Schwerpunkt auf größere Zusammenhänge zu legen und allzu kleinräumiges Geschehen in der Berichterstattung auszublenden, S. 19.

460 *Eifert*, S. 17 f.

gungen haben; programmlich können geschichtliche Reportagen ebenso wie Reisesendungen oder politische Kommentare im Hinblick auf die Bildung fortwirken.

(c.c) Unterhaltung

Unterhaltendes Programm hat angesichts der wichtigen Bedeutung der Informationsvermittlung für den politischen Meinungsbildungsprozess in einer Demokratie einen weniger bedeutenden Stellenwert innerhalb des öffentlich-rechtlichen Programmauftrags. Im Vordergrund steht demgegenüber die politische Information und Bildung. Andererseits ist insbesondere vor dem Hintergrund der Integrationsfunktion des Rundfunks auch unterhaltendes Programm unerlässlich, da hierdurch die Attraktivität des Gesamtprogramms erhöht wird, was zu einer langfristig gefestigten Zuschauerbindung führt.[461] Zudem soll verhindert werden, dass der öffentlich-rechtliche Rundfunk lediglich eine kulturelle Nischenfunktion übernimmt; vielmehr soll ein qualitativ hochwertiges Programm hergestellt werden, ohne dass dabei auf Massenattraktivität verzichtet werden muss.[462] Dies wird auch nochmals ausdrücklich durch die Formulierung in § 11 Abs. 1 Satz 6 RStV betont, wonach Unterhaltung im Bereich des öffentlich-rechtlichen Rundfunks jedenfalls einen Teil des Gesamtangebots darstellen soll.

(c.d) Kultur

Ein weiterer wichtiger Aspekt des Programmangebots liegt im Bereich der Kultur. Dies wird ausdrücklich in § 11 Abs. 2 Satz 5 RStV herausgestellt. Der Begriff der Kultur ist dabei weit auszulegen und umfasst populäre ebenso wie anspruchsvolle und allgemeinbildende Themen, ebenso wie auch Beiträge zur Religion nach dem Willen des Gesetzgebers ein fester Bestandteil des Kulturauftrages sein sollen.[463] Die Rundfunkanstalten sind im Rahmen ihrer Programmautonomie auch bei der konkreten Auswahl der Themen frei, jedoch soll dem Zuschauer – entsprechend dem weiten Kulturbegriff – ein möglichst breit gefächertes Programmangebot geboten werden, welches unterschiedliche Stilrichtungen und Kunstformen aus sämtlichen Bereichen, wie etwa der Musik, Literatur, Malerei oder dem Theater mit umfasst.[464] Wie im Bereich der politischen Bildung soll auch im Bereich der Kultur ein Forum zur Bildung im kulturellen Be-

---

461 *Schüller*, S. 151.

462 *Vesting*, S. 287.

463 Begründung zum 7. RÄndStV, Nr. 4 Abs. 2 Satz 4.

464 *Schüller*, S. 152.

reich angeboten werden, welches sich nicht nur mit bekannten Kunstrichtungen beschäftigt, sondern auch wenig etablierte oder gar unbekannte Formen berücksichtigt.[465] Ein solch weites und offenes Kulturverständnis ist die Voraussetzung dafür, dass der öffentlich-rechtliche Rundfunk seiner kulturellen Verantwortung gerecht wird und die ihm verfassungsrechtlich zugeordnete Grundfunktion, auf eine möglichst freie und chancenreiche Meinungsbildung hinzuwirken, erfüllen kann.[466]

(c.e) Objektivität, Unparteilichkeit, Ausgewogenheit und Vielfalt

Schließlich hat der öffentlich-rechtliche Rundfunk bei der Erfüllung des Programmauftrages auch die Grundsätze der Objektivität und Unparteilichkeit der Berichterstattung einzuhalten, § 11 Abs. 3 RStV. Daneben setzt das binnenpluralistische Modell, für das sich der Gesetzgeber im Bereich des öffentlich-rechtlichen Rundfunks entschieden hat, voraus, dass jeder Veranstalter nicht nur ein möglichst umfassendes und vielfältiges Informationsangebot bereitstellt, sondern auf der anderen Seite als ausgleichendes Moment für die Vielfalt der Meinungen auch für eine entsprechende Ausgewogenheit der Angebote und Programme sorgt, § 11 Abs. 3 RStV. Denn die größte Gefährdung, die vom Rundfunk angesichts seiner Aufgabenstellung ausgeht, ist eine parteiische, selektive oder gar manipulative Berichterstattung. Das Gefahrenpotenzial ist gerade vor dem Hintergrund so erheblich, dass der Rundfunk aus der den Zuschauer im Regelfall überfordernden Fülle an Informationen, Meinungen und Berichten die wichtigsten und für eine umfassende Meinungsbildung erforderlichen Nachrichten auswählt und aufarbeitet. Damit also der Rundfunk Informationen und Meinungen umfassend und vielfältig abbilden kann, um auf diesem Wege die optimalen Voraussetzungen für eine freie und individuelle Meinungsbildung zu schaffen, sind die Grundsätze der Objektivität und Unparteilichkeit einzuhalten. Insbesondere eine unabhängige Quellenauswahl ist dabei unerlässlich. Dabei schließen eine objektive und unparteiische Berichterstattung aber keine kritische Auseinandersetzung mit dem täglichen Geschehen aus, sondern diese ist vielmehr Teil einer sachlichen Recherche.[467] Das Erfordernis der Ausgewogenheit der Angebote bezieht sich nicht von vorneherein auf einzelne, bestimmte Sendungen, mittels derer die Ausgewogenheit des Programms hergestellt werden kann, sondern ist vielmehr als Maßstab für das Gesamtprogramm heranzuziehen.[468] Aus-

465 Ebd.
466 *Wolf*, S. 267.
467 Vgl. *Schüller*, S. 153.
468 Ebd.; ausführlich zu den verschiedenen Bezugspunkten der Ausgewogenheit und den damit verbundenen Schwierigkeiten *Eifert*, S. 25 ff.

gewogenheit bedeutet in diesem Zusammenhang, dass sich im Programm alle maßgeblichen Meinungsströme wiederfinden; dies gilt schwerpunktmäßig für Nachrichten und politische Sendungen, ist aber auch im übrigen Programm zu berücksichtigen.[469]

*(5) Organisation der Rundfunkanstalten*

(a) Staatsfreiheit und anstaltliche Selbstverwaltung

Die Durchführung des öffentlich-rechtlichen Rundfunks ist eine Aufgabe der öffentlichen Verwaltung, die von den öffentlich-rechtlichen Rundfunkanstalten wahrgenommen wird.[470] Es handelt sich aber ausdrücklich nicht um eine staatliche Aufgabe, denn im Bereich des Rundfunks herrscht der Grundsatz der Staatsfreiheit. Dies ist auch die Voraussetzung dafür, dass die Rundfunkanstalten Träger des Grundrechts auf Rundfunkfreiheit sein und sich damit auf Art. 5 Abs. 1 Satz 2 GG berufen können.[471] Wegen dieses Grundsatzes sind die Anstalten selbst auch kein Teil der Staatsorganisation oder der Staatsverwaltung, weder der mittelbaren noch der unmittelbaren.[472] Sie sind stattdessen autonome, sich selbst verwaltende Einheiten; dies gilt trotz der Tatsache, dass die öffentlich-rechtlichen Rundfunkanstalten als rechtsfähige Anstalten des öffentlichen Rechts organisiert sind, denn dies wiederum lässt keinen zwingenden Rückschluss auf einen staatlichen Aufgabencharakter zu.[473] Hinsichtlich ihrer Haupttätigkeit „*Berichterstattung durch Rundfunk*" folgt die Staatsautonomie bereits direkt aus dem Grundgesetz.[474] Die jeweilige einfachgesetzliche Regelung in den Rundfunkgesetzen und -staatsverträgen, dass die Rundfunkanstalten sich selbst verwaltende Anstalten sind, ist hiervon unabhängig und insoweit lediglich deklaratorisch.[475] Aber auch hinsichtlich der sonstigen Tätigkeiten der Rundfunkanstalten, die über die reine Berichterstattung hinausgehen, sind die öffentlich-rechtlichen Rundfunkanstalten frei und unabhängig von jeglichem staatlichen Einfluss, sofern diese sog. Hilfstätigkeiten von dem Funktionsauftrag und Art. 5 Abs. 1 Satz 2 GG umfasst sind.

---

469 Begründung zum 7. RÄndStV, Nr. 4 Abs. 3.

470 BVerfGE 12, S. 205 (246).

471 BVerfGE 74, S. 297 (317 f.).

472 BVerwGE 70, S. 310 (316); *Hesse*, S. 146; *Holznagel/Stenner*, S. 52; *Schnaitter*, S. 124.

473 Vgl. *Bethge*, S. 52 ff.; *Hesse*, S. 144.

474 So auch *Gounalakis*, S. 40 f.

475 Vgl. etwa § 1 Abs. 3 ZDF-StV; Art. 1 Abs. 1 Satz 2 BR-G; § 1 Abs. 2 Satz 1 SWR-StV; § 1 Abs. 1 Satz 2 HR-G.

Allerdings stellt Art. 5 Abs. 1 Satz 2 GG als Korrelativ zu den Prinzipien der Staatsfreiheit sowie der anstaltlichen Selbstverwaltung auch Anforderungen an die Binnenorganisation der Rundfunkanstalten: Durch organisatorische und verfahrensrechtliche Regelungen ist sicherzustellen, dass die Vielfalt der Meinungen in möglichster Breite und Vollständigkeit dargestellt wird und das Entstehen einer vorherrschender Meinungsmacht verhindert wird.[476] Für den öffentlich-rechtlichen Rundfunk, der durchweg einem binnenpluralen Modell folgt, in welchem die Meinungsvielfalt bereits innerhalb der jeweiligen Rundfunkanstalt darzustellen ist, wurde dies in den Landesrundfunkgesetzen zumeist durch eine Regelung sichergestellt, die die entsprechend plurale Zusammensetzung aller Organe bzw. Gremien vorschreibt.[477] Neben dem Prinzip des Binnenpluralismus ist im Hinblick auf die interne Organisation der öffentlich-rechtlichen Rundfunkanstalten das Intendantenprinzip die zweite maßgebliche Leitlinie.[478] Vor diesem Hintergrund haben sich für sämtliche Landesgesetze einheitliche Organstrukturen herausgebildet: Alle Anstalten verfügen über ein monokratisches Leitungsorgan – den Intendanten – sowie zwei interne Kollegialorgane – den Rundfunkrat[479] sowie den Verwaltungsrat.

(b) Intendant

Der Intendant ist ein – insbesondere von den beiden Kontrollgremien Rundfunkrat und Verwaltungsrat – unabhängiges Organ, welches allein mittels privatrechtlichem Dienstvertrag mit der Rundfunkanstalt verbunden ist.[480] Er wird vom Rundfunkrat gewählt und hat insbesondere zwei Funktionen inne:[481] Dies ist zum einen die Repräsentationsfunktion, also die Vertretung in gerichtlichen und außergerichtlichen Angelegenheiten nach außen hin sowie zum anderen die Geschäftsführungsfunktion. Letztere umfasst die Anstaltsleitung, d. h. die organisatorische ebenso wie die personelle und betriebswirtschaftliche Entscheidungsbefugnis. Im Hinblick auf die Programmgestaltung gehört hierzu insbesondere

476 BVerfGE 73, S. 118 (152 f.); 74, S. 297 (324).

477 Vgl. etwa Art. 6 Abs. 3 BayRG, der in seinen Nr. 1. – 19. die genaue Zusammensetzung des Rundfunkrates regelt; jede einzelne Nummer steht dabei für eine eigene Berufs- bzw. Gesellschaftsgruppe; BVerfGE 73, S. 118 (152 f.).

478 *Hesse*, S. 152.

479 Der Rundfunkrat nennt sich beim ZDF „Fernsehrat", § 19 Nr. 1 ZDF-StV, beim Deutschlandradio „Hörfunkrat", § 19 Nr. 1 DLR-StV.

480 *Holznagel/Stenner*, S. 53.

481 *Ebd.*, S. 153 ff.; *Gersdorf*, Rundfunkrecht, S. 150 f.; *Holznagel/Stenner*, S. 52 f.; *Huber* erwähnt den insoweit auch verwendeten Begriff des Intendantenprinzips, ZUM 2010, S. 201 (207); *Hesse* spricht von der Intendantenverfassung, S. 155.

auch die Programmverantwortung.[482] In einzelnen, besonders bedeutenden personellen und wirtschaftlichen Belangen bedarf der Intendant jedoch zusätzlich der Zustimmung des Rundfunkrates bzw. des Verwaltungsrates; dies gilt jedoch nicht im Hinblick auf sämtliche programmliche Angelegenheiten. Hierbei ist er allein entscheidungsbefugt, trägt aber insoweit auch die Verantwortung, dass das Programm den gesetzlichen Anforderungen entspricht.[483]

(c) Rundfunkrat

Die Funktion des Rundfunkrates besteht darin, die Interessen der Allgemeinheit auf dem Gebiet des Rundfunks zu vertreten.[484] Zu diesem Zwecke setzt sich der Rundfunkrat aus einer bestimmten, jeweils landesrechtlich geregelten Zahl von Mitgliedern zusammen, die unterschiedliche politische, weltanschauliche und gesellschaftliche Gruppierungen repräsentieren. Ebenso wie die Festlegung der konkreten Anzahl an Rundfunkräten fällt auch die konkrete Zusammensetzung des Rates in den Beurteilungsspielraum des Landesrundfunkgesetzgebers. Dem Grundsatz der Staatsfreiheit der Rundfunkanstalten steht dabei nicht entgegen, dass auch Staatsvertreter in den Rundfunkrat entsandt werden können.[485] Um jedoch die Kontrollmöglichkeiten des Staates zu beschränken, wird den Staatsvertretern zwar ein angemessener Anteil bei der Besetzung des Rundfunkrates zugesprochen, die mittelbare oder unmittelbare Beherrschung der Anstalt ist jedoch ausdrücklich zu verhindern.[486] Den Gesetzgebern steht damit ein weiter Beurteilungsspielraum zu, solange dafür gesorgt ist, dass alle relevanten gesellschaftlichen Gruppen vertreten sind und es zu keiner Verzerrung des Interessenspektrums kommt.[487] Die Aufgaben des Rundfunkrates ergeben sich angesichts der starken Stellung des Intendanten aus einer wechselseitigen Abhängigkeit zu diesem; es handelt sich dabei um Programmangelegenheiten, Personalangelegenheiten sowie weitere Haushaltsfragen. Die wichtigste Personalangelegenheit ist die Wahl des Intendanten; daneben entscheidet der Rundfunkrat aber auch über die Wahl des Verwaltungsrates und verfügt teilweise über ein Zustimmungsrecht hinsichtlich der Besetzung von Führungspositionen auf der Ebene unterhalb des Intendanten.[488] In Programmangelegenheiten obliegen dem Rundfunkrat die Be-

---

482 Vgl. *Hesse*, S. 153.

483 Vgl. ebd., S. 150 f.

484 Vgl. ebd., S. 158.

485 Man spricht insoweit auch von „Staats-“, „Verbände-“, „Kultur-“ und „Bürgerbank“, vgl. *Hesse*, S. 146.

486 BVerfGE 205, S. 205 (263).

487 BVerfGE 83, S. 238 (334); *Holznagel/Stenner*, S. 53.

488 Vgl. *Hesse*, S. 162 f.

ratung des Intendanten sowie die Überwachung, ob die gesetzlichen Programmgrundsätze eingehalten werden.[489] Das vom Rundfunkrat getroffene Beratungsergebnis ist jedoch für den Intendanten nicht verbindlich, sondern erschöpft sich in seiner Funktion als bloße Empfehlung. Auch der Erlass von Programmrichtlinien, welcher ebenfalls in den Zuständigkeitsbereich des Rundfunkrates fällt, hat für den Intendanten keine bindende Wirkung. Dies zeigt, dass das Verhältnis zwischen Rundfunkrat und Intendant nicht von gesetzlich festgelegten Kompetenzen geprägt ist, sondern vielmehr von einer vertrauensvollen Zusammenarbeit.[490] Anders als im Bereich der Programmgestaltung verfügt der Rundfunkrat auf dem Gebiet des Finanzwesens über eine rechtlich bindende Einflussmöglichkeit, da der gesamte Haushaltsplan der Anstalt einer jährlichen Feststellung durch den Rundfunkrat unterliegt.[491] Durch gezielte Entscheidungen oder etwa die vollständige Verweigerung der Zustimmung hat der Rundfunkrat damit schließlich auch einen erheblichen Einfluss auf die Programmgestaltung. Auch wenn die Rolle des Rundfunkrates aufgrund weniger direkter Einflussmöglichkeiten offenbar nur schwach ist, darf doch die faktische Wirkung seiner Kontrollfunktion nicht unterschätzt werden.[492] Zudem ist auch aus verfassungsrechtlicher Sicht die binnenplurale Kontrolle als ausreichende Einflussmöglichkeit erachtet worden.[493]

(d) Verwaltungsrat

Der Verwaltungsrat setzt sich zumeist aus staatlich entsandten Vertretern und vom Rundfunkrat gewählten Mitgliedern zusammen.[494] Seine Aufgabe besteht dabei vorrangig in der Überwachung des Intendanten in technischer und wirtschaftlicher Hinsicht.[495] Auch der Verwaltungsrat allerdings verfügt nicht über eine direkte Einflussmöglichkeit auf die Programmgestaltung, allerdings gilt auch hierbei wiederum der Grundsatz, dass über seinen Einfluss auf wirtschaftli-

---

489 Näher zum Begriff der Überwachung *Cromme*, NJW 1985, S. 351 (355 f.).

490 *Hesse* – seines Zeichens selbst Justiziar und Stellvertreter des Intendanten des Bayerischen Rundfunks – stellt insoweit auf die Begründungstiefe ab: Der Intendant könne sich ohne überzeugende Gegenargumente nicht über eine gut begründete Empfehlung des Rundfunkrates hinwegsetzen, S. 162.

491 Vgl. ebd. S. 163.

492 Vgl. ebd.

493 BVerfGE 73, S. 118 (170).

494 Manche Verwaltungsräte bestehen jedoch ausschließlich aus vom Rundfunkrat gewählten Mitgliedern, vgl. § 25 Abs. 1 MDR-StV; § 24 Abs. 1 NDR-StV; § 19 RBB-StV.

495 Vgl. *Hesse*, S. 167.

che Entscheidungen mittelbar auch das Programm beeinflusst werden kann.[496] Denn in den Aufgabenbereich des Verwaltungsrates fällt weiterhin auch die Überprüfung des Haushaltsplans, bevor dieser zur Feststellung an den Rundfunkrat weiterzuleiten ist, sowie des Jahresabschlusses.[497]

*(6) Staatliche Aufsicht*

Die Frage, ob eine Kontrolle der öffentlich-rechtlichen Rundfunkanstalten durch den Staat zulässig ist, ist nicht ganz unstrittig. Denn für die Rundfunkanstalten als sich selbst verwaltende Anstalten gilt ebenso wie für den Rundfunk allgemein die Freiheit von staatlicher Einflussnahme, so dass die Unterwerfung unter eine staatliche Aufsicht insoweit eine Durchbrechung dieses Grundsatzes bedeuten würde. Das Bundesverfassungsgericht spricht gleichwohl im Fernsehurteil von einer *„höchstens [...] beschränkten staatlichen Rechtsaufsicht“* und setzt insoweit die Zulässigkeit einer solchen Aufsicht voraus.[498] Die Zulässigkeit einer staatlichen Aufsicht lässt sich jedoch nicht aus allgemeinen verwaltungsrechtlichen Prinzipien herleiten, denn die Rechtsform einer juristischen Person des öffentlichen Rechts ist lediglich ein Indiz für die Zuordnung zum Staat.[499] Die öffentlich-rechtlichen Rundfunkanstalten nehmen dabei zudem aufgrund des Grundsatzes der Staatsfreiheit eine Sonderstellung ein. Die Zulässigkeit einer staatlichen Aufsicht folgt allerdings aus der Gewährleistungspflicht des Grundrechts der Rundfunkfreiheit und ist damit eine Ausgestaltung von Art. 5 Abs. 1 Satz 2 GG. Denn nur wenn – im Sinne einer staatlichen Rechtsaufsicht – sichergestellt ist, dass der für die Veranstaltung von Rundfunk geltende gesetzliche Rahmen eingehalten wird, kann dieser jenseits des freien Spiels der Kräfte des Marktes auch bestehen.[500] Allerdings ist die staatliche Aufsicht gegenüber der anstaltsinternen Aufsicht regelmäßig subsidiär; dies folgt nicht zuletzt aus dem verfassungsrechtlichen Gebot der Verhältnismäßigkeit, wonach anstaltsinterne Maßnahmen in der Regel als weniger einschneidend zu bewerten sind als Maßnahmen einer externen staatlichen Aufsicht.[501]

---

496 Vgl. *Hesse*, der darauf hinweist, dass angesichts dieses mittelbaren Einflusses bei der Zusammensetzung auch auf die Einhaltung des Gebots der Staatsfreiheit zu achten ist, ebd.

497 Vgl. ebd.

498 BVerfGE 12, S. 205 (261); BVerfGE 57, S. 295 (326).

499 *Frye*, S. 95.

500 *Gersdorf*, Rundfunkrecht, S. 157 f.; *Hesse*, S. 173.

501 So auch *Hesse*, S. 176.

### b) Privater Rundfunk

*(1) Abgestufte Programmanforderungen*

Wirft man einen Blick in Abs. 2 der Präambel zum RStV, so erscheint der Unterschied zwischen öffentlich-rechtlichem und privatem Rundfunk zunächst denkbar gering: Danach sind beide Rundfunkarten der „*freien individuellen und öffentlichen Meinungsbildung sowie der Meinungsvielfalt verpflichtet*". Eine weitere Differenzierung erfolgt an dieser Stelle nicht. Auch § 3 Abs. 1 RStV, der für beide Rundfunkarten gilt, unterscheidet in seinen allgemeinen Programmgrundsätzen nicht zwischen öffentlich-rechtlichem und privatem Rundfunk, sondern bezieht sich ausdrücklich auf sämtliche bundesweit ausgestrahlten Programme. Für diese Programme gilt demnach, dass die wesentlichen Prinzipien des Grundgesetzes – Achtung der Menschenwürde sowie der sittlichen und religiösen Überzeugungen, Achtung vor dem Leben, der Freiheit und der körperlichen Unversehrtheit – zu berücksichtigen sind. Ein weiterer Blick in die speziell für den privaten Rundfunk geltenden Programmgrundsätze gem. § 41 RStV zeigt jedoch, dass die an die Meinungsvielfalt gestellten Anforderungen gegenüber dem öffentlich-rechtlichen Rundfunk ganz erheblich abgesenkt sind. So fehlen dort etwa mit den für den öffentlich-rechtlichen Rundfunk in Art. 11 Abs. 3 RStV festgeschriebenen Grundsätzen zur Objektivität und Unparteilichkeit vergleichbare strenge Bestimmungen vollkommen. In § 41 Abs. 1 Satz 1 RStV ist stattdessen vergleichsweise kursorisch geregelt, dass für die privaten Programme die verfassungsmäßige Ordnung gelte, sowie die Würde des Menschen und die sittlichen, religiösen und weltanschaulichen Überzeugungen anderer zu achten seien. Anstelle einer umfassenden Informationspflicht, wie sie für den öffentlich-rechtlichen Rundfunk in § 11 Abs. 2 Satz 1 RStV normiert ist, spricht Art. 41 Abs. 2 Hs. 1 RStV lediglich von einem „*angemessenen Anteil an Information*", den der private Rundfunk beitragen soll. Auch im Hinblick auf die Bereiche Kultur und Bildung wird eine entsprechende, deutlich abgeschwächte Formulierung verwendet. Dass sich die programmlichen Anforderungen im Hinblick auf den privaten Rundfunk einerseits und den öffentlich-rechtlichen Rundfunk andererseits deutlich voneinander unterscheiden, wird mithin bald erkennbar.

*(2) Ergänzungs- und Wettbewerbsfunktion*

Die abgestuften Anforderungen an das Programmangebot des privaten Rundfunks gegenüber dem öffentlich-rechtlichen Rundfunk sind vor dem Hintergrund der Funktion des privaten Rundfunks im dualen Rundfunksystem, wie sie ihm durch das Bundesverfassungsgericht zugedacht ist, zu verstehen.

Mit seiner „FRAG-Entscheidung“ hat das Bundesverfassungsgericht den dualen Rundfunk und damit die Existenz eines privaten Rundfunks neben dem öffentlich-rechtlichen Rundfunk zunächst grundsätzlich für zulässig erachtet.[502] In seiner Entscheidung vom 4. November 1986 hat es dann erstmals zum Verhältnis von öffentlich-rechtlichem und privatem Rundfunk Stellung genommen und dabei den Begriff der Grundversorgung geprägt.[503] Die Erfüllung des Grundversorgungsauftrags obliegt danach allein dem öffentlich-rechtlichen Rundfunk, da nur dieser aufgrund der Rahmenbedingungen hierzu in der Lage ist.[504] Es steht den privaten Rundfunkanbietern zwar frei, dennoch ein Programm auszustrahlen, das – aus ihrer Perspektive – gleichfalls in den Bereich der Grundversorgung fällt; dieses Recht steht ihnen als Träger der Rundfunkfreiheit gem. Art. 5 Abs. 1 Satz 2 GG im Rahmen der ihnen zustehenden Programmautonomie unzweifelhaft zu.[505] Grundsätzlich aber erwartet das Bundesverfassungsgericht von den Veranstaltern privaten Rundfunks lediglich, dass diese in ihrem Programmangebot einen „*Grundstandard gleichgewichtiger Vielfalt*“ einhalten; an den privaten Rundfunk werden somit weniger strenge Maßstäbe hinsichtlich der programmlichen Breite und Vielfalt gestellt.[506] Bei näherer Betrachtung zeigt sich, dass, solange die Grundversorgung der Bevölkerung durch den öffentlich-rechtlichen Rundfunk sichergestellt ist, es konsequenterweise gerade jener an die öffentlich-rechtlichen Rundfunkveranstalter gerichtete Grundversorgungsauftrag ist, welcher privaten Rundfunk erst ermöglicht.[507] Der private Rundfunk hat aus Sicht des Bundesverfassungsgerichts im dualen Rundfunksystem hingegen zwei andere Funktionen: Zunächst stellt er eine Ergänzung des öffentlich-rechtlichen Programmangebots dar und verbessert auf diesem Wege die inhaltliche Vielfalt des Rundfunks und damit die Rundfunkversorgung allgemein.[508] Neben dieser Ergänzungsfunktion fördert das Hinzutreten des privaten Rundfunks aber auch den publizistischen Wettbewerb und wirkt sich „*anregend und belebend*“ auf das Gesamtangebot aus.[509] Dies wiederum kommt der Meinungsvielfalt zugute, die auf diese Weise gestärkt und erweitert wird. Würden – anders herum betrachtet – die Anforderungen an die inhaltliche Vielfalt nicht bereits durch den öffentlich-rechtlichen Rundfunk erfüllt werden, wären andererseits die Defizite des privaten Rundfunks an gegenständlicher Breite sowie the-

---

502 BVerfGE 57, 295.
503 BVerfGE 73, S. 118 (157 f.).
504 Vgl. oben C. V. 1. a) (1).
505 BVerfGE 73, S. 118 (157); *Bethge*, S. 46 f.
506 BVerfGE 73, S. 118 (159).
507 So auch *Neun*, S. 196 f.
508 BVerfGE 74, S. 297 (331 ff.).
509 Ebd.

matischer Vielfalt nicht hinnehmbar.[510] Voraussetzung für die Erreichung des Ziels der Anregung des Wettbewerbs im Bereich des Rundfunks zur Vergrößerung der Angebotsvielfalt ist jedoch, dass das Handeln der privaten Rundfunkunternehmen sich an privatautonomen und privatwirtschaftlichen Maßstäben orientiert, denn gerade dies schafft die notwendige Distanz zum unmittelbar gemeinwohlorientierten öffentlich-rechtlichen Rundfunk.[511] Hierzu gehört auch, dass private Rundfunkanbieter nicht als öffentlich-rechtliche Anstalten organisiert sind und auch keine Aufgabe der staatlichen Verwaltung erfüllen. Stattdessen unterliegen private Rundfunkanbieter als Wirtschaftsunternehmen allein den Gesetzen des Wettbewerbs und des freien Marktes und sind zwingend schon aus diesen Gründen um Wirtschaftlichkeit ihres Handelns bemüht. Da sie sich allein über Einnahmen aus Werbung finanzieren, ist es für sie überlebensnotwendig, ein möglichst massentaugliches Programm auszustrahlen, um auf diese Weise die Einnahmen – bei gleichzeitig möglichst geringen Kosten – durch Werbung zu maximieren. Anspruchsvolle Kultursendungen mit einem hohen Kostenaufwand werden im privaten Rundfunk daher eher die Ausnahme bilden.[512] Im Übrigen aber werden private Rundfunkveranstalter gleichrangig mit den öffentlich-rechtlichen Rundfunkveranstaltern behandelt, wenn es um die Zuteilung von Frequenzen oder Kanälen geht.[513]

*(3) Gleichgewichtige Vielfalt und Programmgrundsätze*

Wie bereits oben[514] dargelegt, gilt im privaten Rundfunk der weniger strenge Maßstab des Grundstandards gleichgewichtiger Vielfalt. Dieser Grundstandard kann lediglich dann erreicht werden, wenn das Entstehen einzelner vorherrschender Meinungsmächte – sei es durch einzelne Programme oder einzelne Veranstalter – verhindert wird und ein ausgewogenes Verhältnis zwischen den relevanten Meinungsrichtungen gewährleistet werden kann.[515] Zur Vermeidung ungleichgewichtigen Einflusses auf die Meinungsbildung bestehen grundsätzlich zwei verschiedene Modelle: das binnenplurale sowie das außenplurale Modell. Während für den öffentlich-rechtlichen Rundfunk in den Landesregelungen durchwegs das binnenplurale Modell umgesetzt wurde, gilt dies im privaten Rundfunk nur für einige Länder.[516] Dabei wird durch die interne Organisation –

510 BVerfGE 90, S. 60 (90 f.).
511 *Hesse*, S. 212.
512 Vgl. BVerfGE 73, S. 118 (156).
513 BVerfGE 74, S. 297 (332 ff.).
514 Vgl. V. 1. b) (2).
515 BVerfGE 73, S. 118 (160); vgl. § 25 Abs. 2 RStV.
516 § 13 BremLMG; § 24 MedienStV HSH; §§ 31 Abs. 1 LMG NRW.

im öffentlichen Rundfunk durch die Einrichtung und konkrete Zusammensetzung des Rundfunkrates – sichergestellt, dass die notwendige Meinungsvielfalt unter Berücksichtigung des Grundsatzes der Ausgewogenheit bereits innerhalb jeder einzelnen Rundfunkanstalt gegeben ist. Der Großteil der Landesregelungen sieht für den privaten Rundfunk jedoch das außenpluralistische Modell vor, d. h., die Abbildung des relevanten gesellschaftlichen Meinungsspektrums folgt erst aus dem Gesamtangebot sämtlicher privater Rundfunkanbieter.[517] Dieses sog. außenplurale Modell ist auch in § 25 Abs. 1 RStV vorgesehen, welcher nicht zwischen den einzelnen privaten Programmen differenziert.[518]

In Ergänzung zu dem Prinzip des Grundstandards gleichgewichtiger Vielfalt gelten weitere Programmgrundsätze, die sich aus der Zusammenschau des Rundfunkstaatsvertrags sowie den jeweiligen Landesmediengesetzen ergeben und die für das Programm der privaten Rundfunkveranstalter Wirkung entfalten. Diese Programmgrundsätze, die trotz teils unterschiedlicher Formulierungen im Kern in sämtlichen Bundesländern identisch sind, regeln etwa die Verpflichtung der Veranstalter zur Achtung der Menschenwürde, zu Toleranz im Glauben und Weltanschauung sowie die Bindung an die verfassungsmäßige Ordnung.[519] Von besonderer Bedeutung sind dabei vor allem die Vorschriften im Hinblick auf Werbung, da diese die Haupteinnahmequelle der privaten Rundfunkveranstalter darstellt.

*(4) Kontrolle durch die Landesmedienanstalten*

Zur Überwachung der Einhaltung der Anforderungen, die nach den Landesmediengesetzen und Staatsverträgen an die Veranstalter von privatem Rundfunk insbesondere zur Sicherung der Meinungsvielfalt sowie zur Verhinderung der Konzentration von Meinungsmacht gestellt werden, wurden externe Kontrollgremien installiert: die Landesmedienanstalten.[520]

(a) Binnenorganisation

Es handelt sich hierbei um rechtsfähige Anstalten des öffentlichen Rechts, die ihre Aufgaben in eigener Verantwortung ausführen und demnach auch kein Teil der mittelbaren Staatsverwaltung sind, so dass eine übermäßige Beeinflussung durch den Staat ausgeschlossen werden kann. Da sie dem von Art. 5 Abs. 1 Satz

517 Vgl. etwa Art. 4 BayMG; § 23 Abs. 2 Satz 1 LMedienG BW.

518 Der RStV von 1991 enthielt jedoch eine Mischform zwischen außen- und innenpluralem Modell, vgl. § 20 Abs. 2 RStV a.F.; so auch *Holznagel/Stenner*, S. 93.

519 Vgl. Art. 5 Abs. 1 BayMG.

520 Vgl. zu den verfassungsrechtlichen Vorgaben BVerfGE 73, S. 118.

2 GG geschützten Lebensbereich unmittelbar zugeordnet sind, sind sie zudem auch Träger der Rundfunkfreiheit.[521] Die Landesmedienanstalten verfügen in der Regel über zwei Organe, ein monokratisches Exekutivorgan sowie ein Kollegialorgan.[522] Letzteres ist – ähnlich dem Rundfunkrat – aus Repräsentanten unterschiedlicher Gruppierungen, wie etwa Regierung, Parlament, Verbänden sowie gesellschaftlichen Gruppen, zusammengesetzt, so dass hier – zumindest auf der Kontrollebene – auch im Bereich des privaten Rundfunks ein plurales Element fixiert ist. Daneben wurden mit dem 10. RÄndStV[523] weitere Organe eingeführt, die für die Überprüfung der Einhaltung bestimmter einzelner Anforderungen zuständig sind: Dies sind im Hinblick auf die Bestimmungen zur Sicherung der Meinungsvielfalt die „Kommission für Zulassung und Aufsicht" (ZAK) sowie die „Kommission zur Ermittlung der Konzentration im Medienbereich" (KEK). Daneben wurde die „Gremienvorsitzendenkonferenz" (GVK) eingeführt, die für besondere Entscheidungen bei der Zuteilung von Übertragungskapazitäten sowie der Belegung von Plattformen zuständig ist, sowie für Jugendschutzfragen die „Kommission für Jugendmedienschutz" (KJM).

(b) Zulassungsverfahren

Eine wichtige Kompetenz der Landesmedienanstalten liegt in der Hoheit über das Zulassungsverfahren für private Rundfunkanbieter. Die präventive Kontrolle bei der Veranstaltung von privatem Rundfunk in Form des Erlaubnisvorbehalts ist gemäß der Rechtsprechung des Bundesverfassungsgerichts ein unverzichtbares Element für dessen Existenz in der dualen Rundfunkordnung.[524] Die für die Erteilung der Zulassung zuständigen Landesmedienanstalten beurteilen, ob die Anforderungen, die der Gesetzgeber zur Wahrung der Rundfunkfreiheit an die

---

521 So BVerwG ZUM 2000, S. 79 (82); offengelassen in BVerfGE 97, S. 298 (314); *Balda*, S. 54 f. mwN.

522 In Bayern und Nordrheinwestfalen sind es jedoch drei Organe, was jedoch hinsichtlich der Zuständigkeitsverteilung ohne grundlegende Konsequenzen ist, vgl. § 10 Abs. 2 BayMG.

523 Vgl. Zustimmungsgesetze der Länder: Baden-Württemberg: G v. 23. 7. 2008 (GBl. S. 237), Bayern: Bek. v. 6. 5. 2008 (GVBl S. 161), Berlin: G v. 5. 5. 2008 (GVBl. S. 102), Brandenburg: G v. 11. 6. 2008 (GVBl. I S. 144), Bremen: G v. 8. 7. 2008 (Brem.GBl. S. 209), Hamburg: G v. 22. 7. 2008 (HmbGVBl. S. 258), Hessen: G v. 10. 6. 2008 (GVBl. I S. 740), Mecklenburg-Vorpommern: G v. 17. 6. 2008 (GVOBl. M-V S. 186), Niedersachsen: G v. 6. 6. 2008 (Nds. GVBl. S. 198), Nordrhein-Westfalen: Bek. v. 24. 6. 2008 (GV. NRW. S. 517), Rheinland-Pfalz: G v. 17. 6. 2008 (GVBl. S. 83), Saarland: G v. 20. 8. 2008 (Amtsbl. S. 1362), Sachsen: G v. 16. 7. 2008 (SächsGVBl. S. 466), Sachsen-Anhalt: G v. 24. 6. 2008 (GVBl. LSA S. 248), Schleswig-Holstein: G v. 8. 7. 2008 (GVOBl. Schl.-H. S. 311), Thüringen: G v. 16. 7. 2008 (GVBl. S. 219).

524 Auch „Lizenzmodell" genannt; vgl. zudem BVerfGE 57, S. 295 (326 f.).

Veranstaltung von privatem Rundfunk stellt, erfüllt sind. Das Zulassungsverfahren bundesweit ausgestrahlter Rundfunkprogramme richtet sich dabei vorrangig nach den in § 20 a RStV normierten Grundsätzen; Landesrecht kommt jedoch ergänzend zum Tragen. Was die Veranstaltung von landesweit ausgestrahlten Rundfunkprogrammen angeht, so gelten hierfür die jeweiligen Landesregelungen, § 20 Abs. 1 RStV. Die Zulassungsvoraussetzungen sind in persönliche und sachliche Voraussetzungen unterteilt: Zu den persönlichen Zulassungsvoraussetzungen gehören etwa – neben dem Vorliegen der unbeschränkten Geschäftsfähigkeit des Veranstalters, sofern es sich um eine natürlich Person handelt, bzw. des gesetzlichen oder satzungsmäßigen Vertreters, § 20 a Abs. 2 Satz 1 RStV – eine Wirtschaftlichkeitsprüfung, um die im Falle einer Insolvenz drohende Verzerrung des Gesamtspektrums an Meinungen zu verhindern, sowie eine Unvereinbarkeitsprüfung, wonach etwa politische Parteien oder Wählergruppen ebenso wie staatliche Stellen von der Veranstaltung von privatem Rundfunk ausgeschlossen sind.[525] Die sachlichen Voraussetzungen beziehen sich auf das beabsichtigte Programm; es handelt sich insofern also um eine Einschätzung und Beurteilung desselben anhand eines seitens des Veranstalters vorzulegenden Programmschemas sowie einer Programmbeschreibung. Hieran wird gemessen, ob die rechtlichen Vorgaben an das Programm, insbesondere die Anforderungen an Ausgewogenheit und Vielfalt, voraussichtlich eingehalten werden.[526]

(c) Rundfunkaufsicht und repressive Befugnisse

Daneben obliegt den Landesmedienanstalten jedoch auch die Aufsicht über die laufende Programmveranstaltung der privaten Rundfunkanbieter. Der Maßstab bei der Erfüllung der den Landesmedienanstalten zugewiesenen Aufgaben ist insoweit die Einhaltung der gesetzlichen Regelungen, einschließlich der Programmgrundsätze, die in den Staatsverträgen und Landesmediengesetzen enthalten sind.[527] Damit unterliegt der private Rundfunk – ebenso wie der öffentlich-rechtliche Rundfunk – allein der Rechtsaufsicht, was nicht in sämtlichen landesrechtlichen Regelungen ausdrücklich normiert ist;[528] weitergehende Maßnahmen, insbesondere unter dem Gesichtspunkt der Zweckmäßigkeit, sind dagegen nicht zulässig. Stellt die Landesmedienanstalt im Rahmen ihrer Aufsichtstätigkeit hinsichtlich des Programms einen Verstoß gegen die geltenden gesetzlichen Regelungen fest, so stehen ihr gesetzlich geregelte Befugnisse wie die Be-

525 *Gersdorf*, S. 178.
526 Vgl. etwa Art. 25 Abs. 1, 26 Abs. 1 Satz 1 Nr. 4 BayMG.
527 *Gersdorf*, S. 183.
528 *Hesse*, S. 233.

anstandung oder die Untersagung, § 38 Abs. 2 Satz 2 RStV, zu. Das wirkungsvollste und einschneidendste Instrument, das den Landesmedienanstalten bei einem Verstoß zusteht, ist der Widerruf bzw. die Rücknahme der Erlaubnis, § 38 Abs. 2 Satz 2 RStV, wenn der Rundfunkveranstalter wiederholt schwerwiegend gegen Verpflichtungen aus dem Rundfunkstaatsvertrag verstoßen hat und Anweisungen der Landesmedienanstalt nicht befolgt hat. Sowohl Widerruf als auch Rücknahme sind jedoch wegen der damit verbundenen Konsequenzen lediglich als Ultima ratio zulässig; sind sie bei einem Verstoß nicht zwingend vorgeschrieben, so kommt als milderes Mittel etwa die Entziehung bzw. der Widerruf der Erlaubnis für einen begrenzten Zeitraum in Betracht.[529]

(d) Konzentrationskontrolle

Schließlich sehen §§ 26 ff. RStV bestimmte formelle und materielle Regelungen zur Verhinderung der Entstehung einer vorherrschenden Meinungsmacht von einzelnen privaten Rundfunkveranstaltern oder Unternehmen, die mehrere private Rundfunkprogramme veranstalten, vor. Dies gilt für diejenigen Veranstalter, die ihr Fernsehprogramm bundesweit verbreiten. Insbesondere kann anhand einer vorgegebenen Vermutungsregel zunächst die vorherrschende Stellung eines Veranstalters bzw. eines Unternehmens, welches mehrere Programme veranstaltet, festgestellt werden. Gem. § 26 Abs. 2 Satz 1 RStV ist von einer vorherrschenden Meinungsmacht auszugehen, wenn ein Veranstalter mit seinen Programmen einen Zuschaueranteil von durchschnittlich 30 % erreicht, wobei hierbei auch ein geringfügig niedrigerer Zuschaueranteil ausreichen kann, wenn das betreffende Unternehmen auf einem medienrelevanten verwandten Markt über eine marktbeherrschende Stellung verfügt und eine entsprechende Gesamtbeurteilung für eine vorherrschende Meinungsmacht (auch) im Fernsehen spricht, § 26 Abs. 2 Satz 2 RStV. Tritt einer dieser beiden Fälle ein, so sehen § 26 Abs. 3 und 4 RStV für diesen Fall verschiedene Maßnahmen vor, die eine Beschränkung der Meinungsmacht bewirken sollen. Insbesondere darf dem Veranstalter gem. § 26 Abs. 3 RStV keine Zulassung für ein weiteres Programm erteilt werden. Abgesehen hiervon kann das Unternehmen gem. § 26 Abs. 4 RStV entweder für die Beurteilung maßgebliche Beteiligungen an Rundfunkveranstaltern veräußern, um auf diese Weise unter die Schwelle von 30 % zu sinken, bzw. seine Marktstellung in den verwandten Märkten verringern oder aber es kann sogenannte vielfaltssichernde Maßnahmen gem. §§ 30 ff. RStV ergreifen. Danach kann das Unternehmen bzw. der Veranstalter entweder entsprechend Sendezeit

529 *Hesse*, S. 231.

für Dritte gem. § 31 RStV einräumen oder aber einen pluralistisch zusammengesetzten Programmrat einrichten, § 32 RStV.

(e) Staatsaufsicht über Landesmedienanstalten

Die Landesmedienanstalten unterliegen ihrerseits einer staatlichen Rechtsaufsicht. Dies ist insoweit unbedenklich, als die Landesmedienanstalten zum einen im nicht-programmbezogenen Bereich eine Aufgabe wahrnehmen, die als externe Rundfunkaufsicht auch von staatlicher Seite wahrgenommen werden könnte.[530] Aber auch, insofern es um Programmkontrolle geht, ist die Rechtsprechung des Bundesverfassungsgerichts auf die Landesmedienanstalten anwendbar: Demnach ist eine beschränkte staatliche Rechtsaufsicht verfassungsrechtlich zulässig.[531] Eine darüber hinausgehende Fachaufsicht, die auch Zweckmäßigkeitserwägungen mit umfassen würde, ist wegen des im Rundfunk herrschenden Grundsatzes der Staatsfreiheit jedoch ausgeschlossen. Damit sind insbesondere auch Ermessensentscheidungen und Beurteilungsspielräume, wie sie etwa bei Bewertung der Einhaltung der Programmgrundsätze oder der Wahrung der Meinungsvielfalt bestehen, keiner fachlichen Aufsicht unterstellt.[532]

## 2. Finanzierung

Die Veranstaltung von Rundfunk ist untrennbar mit der Sicherstellung seiner Finanzierung verbunden. Das in Deutschland geltende duale Rundfunksystem zieht erhebliche Unterschiede im Hinblick auf die Finanzierung von öffentlich-rechtlichem und privatem Rundfunk nach sich.

### a) Öffentlich-rechtlicher Rundfunk

*(1) Gebührenfinanzierung*

Die Grundversorgung der Bevölkerung, deren Erfüllung das Bundesverfassungsgericht dem öffentlich-rechtlichen Rundfunk aufgetragen hat,[533] setzt zugleich voraus, dass der öffentlich-rechtliche Rundfunk auch über ausreichende Finanzierungsquellen verfügt. Denn nur wenn diese Voraussetzung erfüllt ist, kann er

530 *Gersdorf*, Rundfunkrecht, S. 173; *Martin*, ZUM 1993, S. 515 (516).
531 Ebd.
532 *Martin*, ZUM 1993, S. 515 (517); ebd. näher zu den Aufsichtsmaßnahmen, S. 517 ff.
533 Vgl. hierzu oben V. 1. a) (1).

seine essenzielle Funktion für die demokratische Ordnung sowie das kulturelle Leben in Deutschland in unabhängiger Weise und ohne jegliche äußere Einflussnahme erfüllen. Mit anderen Worten: Die Verantwortung, die der öffentlich-rechtliche Rundfunk auf dem Gebiet der Meinungs- und politischen Willensbildung sowie im kulturellen Bereich trägt, erfordert finanzielle Unabhängigkeit.[534] Hierzu hat das Bundesverfassungsgericht entsprechend klargestellt, dass der Gesetzgeber die Pflicht hat, den öffentlich-rechtlichen Rundfunkanstalten die zur Erfüllung der Aufgabe erforderlichen finanziellen Mittel zur Verfügung zu stellen.[535] Wie der Gesetzgeber dieser Pflicht im Konkreten nachkommt, obliegt zwar seiner Entscheidung, jedoch muss die Finanzierung der Funktion des öffentlich-rechtlichen Rundfunks nach Art und Umfang entsprechen; es muss sich mithin um eine funktionsgerechte Finanzierung handeln.[536] Die einzige Form der Finanzierung, die den Anforderungen, die an den öffentlich-rechtlichen Rundfunk gestellt werden, dabei entspricht, ist die Gebührenfinanzierung.[537]Eine Finanzierung vornehmlich durch Werbung hingegen birgt für das öffentlich-rechtliche Programm die Gefahr in sich, dass Erwägungen in Zusammenhang mit der Massentauglichkeit des Programms den Grundversorgungsauftrag und damit die Anforderungen nach Vielfalt konterkarieren. Solange jedoch die Gebührenfinanzierung die maßgebliche Finanzierungsquelle für den öffentlich-rechtlichen Rundfunk ist, sind auch andere Finanzierungsquellen, wie beispielsweise Werbung, nicht grundsätzlich verboten.[538]

(a) Rechtsgrundlagen

Die Rechtsgrundlage für die Rundfunkgebühr, die erstmalig eine entsprechende Kompetenz der Länder voraussetzte, war der zum 1.1.1970 in Kraft getretene Staatsvertrag über die Regelung des Rundfunkgebührenwesens, welcher auf eine Entscheidung des Bundesverwaltungsgerichts vom 15.3.1968 zurückging, die wiederum die bis zu diesem Zeitpunkt geltende Rechtslage im Hinblick auf die Rundfunkgebühr nachhaltig veränderte.[539] Denn bis dato war man davon ausgegangen, dass es sich bei der Rundfunkgebühr um ein fernmelderechtliches Entgelt für die Erteilung der Genehmigung handelt, welches der Deutschen Bundespost als Inhaberin des Fernmeldemonopols gegenüber jedem Rundfunkteilneh-

534 *Dörr*, Programmvielfalt, S. 26.
535 BVerfGE 73, S.118 (158); BVerfGE 87, S. 181 (199 f.).
536 BVerfGE 87, S. 181 (200).
537 BVerfGE 87, S. 181 (199).
538 BVerfGE 87, S. 181 (200).
539 Der Staatsvertrag ist abgedruckt im ARD-Jahrbuch 70, S. 299 ff.; BVerwGE 29, S. 214 (215).

mer zustand und mithin in die Gesetzgebungskompetenz des Bundes fiel.[540] Das Bundesverwaltungsgericht hingegen entschied in Anknüpfung an die Rechtsprechung des Bundesverfassungsgerichts, dass die Finanzierung des Rundfunks keine Angelegenheit des Post- und Fernmeldewesens darstellt, sondern stattdessen eine Frage der Rundfunkorganisation sei und deshalb in den Kompetenzbereich der Länder falle.[541] Die konkrete Höhe der Rundfunkgebühr wurde einem separaten Staatsvertrag, dem Staatsvertrag über die Höhe der Rundfunkgebühr vorbehalten, welcher gleichfalls zum 1.1.1970 in Kraft trat und in den Ländern ratifiziert wurde.[542]

Obwohl damit die Post nicht mehr aufgrund eigener Kompetenz zur Einziehung der Rundfunkgebühr ermächtigt war, war sie noch bis zum Jahre 1975 für die vierteljährliche Einziehung der Rundfunkgebühren zuständig. § 6 Abs. 3 RGebStV sah hierbei eine Regelung vor, wonach die Länder eine für die Einziehung der Gebühren verantwortliche Stelle benennen durften, und beauftragten hiermit vorübergehend die Post. Erst ab dem Jahre 1976 wurde zur Reduzierung der Kosten das Einzugsverfahren zentralisiert und mittels Verwaltungsvereinbarung die Gebühreneinzugszentrale (GEZ) gegründet, die im Namen und auf Rechnung der jeweiligen Landesrundfunkanstalten die Einziehung der Rundfunkgebühren übernahm.[543]

Die gegenwärtig maßgeblichen Rechtsgrundlagen für die Erhebung der Rundfunkgebühr sind der Rundfunkgebührenstaatsvertrag und der Rundfunkfinanzierungsstaatsvertrag, welche beide durch den Staatsvertrag über den Rundfunk im vereinten Deutschland, in Kraft getreten am 1.1.1992, eingeführt wurden.[544] Dies ändert sich jedoch zum 1.1.2013 mit dem Inkrafttreten des 15. RÄndStV, der den Rundfunkgebührenstaatsvertrag aufhebt. An dessen Stelle tritt der Rundfunkbei-

540 *Bausch*, Teil II, S. 662; *Hesse*, S. 179; Hahn/Vesting/*Libertus*, § 13, Rn. 17; Kops/*Conrad*, S. 50.

541 BVerwGE 29, S. 214 (215).

542 Vgl. *Hesse*, S. 179; Hahn/Vesting/*Libertus*, Vorbemerkung, Rn. 12.

543 *Bausch*, Teil II, S. 675; Hahn/Vesting/*Libertus*, Vorbemerkung, Rn. 13 f.

544 Vgl. Art. 4 und 5 DRFStV; vgl. Zustimmungsgesetze der Länder: Baden-Württemberg: G. v. 19. 11. 1991 (GBl. S. 745, ber. 1992 S. 188), Bayern: Bek. v. 18. 12. 1991 (GVBl S. 451), Berlin: G. v. 19. 12. 1991 (GVBl. S. 309), Brandenburg: G. v. 6. 12. 1991 (GVBl. S. 580), Bremen: G. v. 17. 9. 1991 (Brem.GBl. S. 273), Hamburg: G. v. 16. 12. 1991 (HmbGVBl. S. 425), Hessen: G. v. 31. 8. 1991 (GVBl. I S. 367), Mecklenburg-Vorpommern: G. v. 5. 12. 1991 (GVOBl. M-V S. 494), Niedersachsen: G. v. 26. 11. 1991 (Nds. GVBl. S. 311), Nordrhein-Westfalen: Bek. v. 20. 11. 1991 (GV. NRW. S. 408), Rheinland-Pfalz: G. v. 10. 12. 1991 (GVBl. S. 369), Saarland: G. v. 29. 10. 1991 (Amtsbl. S. 1290), Sachsen: G. v. 19. 12. 1991 (SächsGVBl. S. 425), Sachsen-Anhalt: G. v. 12. 12. 1991 (GVBl. LSA S. 478), Schleswig-Holstein: G. v. 12. 12. 1991 (GVOBl. Schl.-H. S. 596), Thüringen: G. v. 18. 12. 1991 (GVBl. S. 635).

tragsstaatsvertrag; der Rundfunkfinanzierungsstaatsvertrag bleibt jedoch – abgesehen von einigen Änderungen – bestehen.

(b) Rechtsnatur der Rundfunkgebühr

Der gegenwärtig maßgebliche Anknüpfungspunkt für die Erfüllung des gebührenrechtlichen Grundtatbestandes nach § 3 Abs. 1 Satz 1 RGebStV ist das Bereithalten eines Rundfunkempfangsgerätes zum Empfang. Rundfunkgeräte in diesem Sinne sind technische Einrichtungen, „*die zur drahtlosen oder drahtgebundenen, nicht zeitversetzten Hör- oder Sichtbarmachung oder Aufzeichnung von Rundfunk (Hörfunk und Fernsehen) geeignet sind*".[545] Diese Regelung versucht die mangelnde Kontrollmöglichkeit über die konkrete Nutzung des Zuschauers bzw. Zuhörers zu berücksichtigen und setzt voraus, dass derjenige, der über ein Empfangsgerät verfügt, mit einer gewissen Wahrscheinlichkeit auch von diesem Gebrauch macht.[546] Die rechtsdogmatische Einordnung sowie die Rechtsnatur der Rundfunkgebühr waren allerdings bereits vor dem Inkrafttreten dieser Regelung umstritten und blieben auch nach Inkrafttreten unklar.[547] Denn Definitionsmerkmal einer Gebühr ist zunächst, dass sie ein Entgelt für eine konkrete, individuell zurechenbare Leistung darstellt.[548] Ausreichend für die Erfüllung des Rundfunkgebührentatbestandes ist jedoch bereits die Möglichkeit der Nutzung, ohne dass es darauf ankommen würde, ob von der Möglichkeit auch tatsächlich Gebrauch gemacht wird. Vielmehr zielt der mit der Rundfunkgebühr geleistete Beitrag auf die individuelle Mitfinanzierung einer öffentlichen Einrichtung ab, aus welcher der Beitragsschuldner einen gewissen Nutzen zieht.[549] Damit ist die Bezeichnung als ‚Gebühr' hier allerdings widersprüchlich; es läge näher, von einem ‚Beitrag' sprechen, denn dieser zeichnet sich gerade dadurch aus, dass für seine Erhebung bereits die Möglichkeit eines Vorteils ausreichend ist.[550] Auch das Bundesverfassungsgericht ließ in seiner sog. Mehrwertsteuer-Entscheidung die Frage der rechtsdogmatischen Einordnung der Rundfunkgebühr offen, denn es setzt den Begriff der ‚Gebühr' in Anführungszeichen und stellt klar, dass diese nicht als Gegenleistung für eine Leistung aufzubringen sei, sondern vielmehr das Mittel für die Finanzierung der Gesamtveranstaltung des

545 § 1 Abs. 1 Satz 1 RGebStV.
546 Vgl. *Kirchhof*, S. 10.
547 Näher zu den unterschiedlichen Einordungsversuchen in das öffentlich-rechtliche Abgabenrecht siehe Hahn/Vesting/*Libertus*, Vorbemerkung, Rn. 13.
548 Vgl. BVerfGE 50, S. 217 (226).
549 *Kirchhof*, S. 38.
550 Vgl. BVerfGE 38, S. 281 (311); 49, S. 343 (352 f.); so auch *Scharf*, ARD-Jahrbuch 70, S. 297.

Rundfunks darstelle.[551] Die Literatur geht überwiegend davon aus, dass sich bei der Rundfunkgebühr Beitrags- und Gebührenelemente verbinden; demnach handelt es sich um eine Anstaltsnutzungsgebühr mit Beitragselementen, um diejenigen Fälle abzudecken, die trotz der Möglichkeit des Rundfunkempfangs hiervon keinen Gebrauch machen.[552]

Letztlich können die Fragen um die dogmatische Einordnung der Rundfunkgebühr zunächst jedoch dahinstehen, da vielmehr entscheidend ist, dass die funktionsgerechte Finanzierung des öffentlich-rechtlichen Rundfunks sichergestellt ist und der Rundfunk das Programm entsprechend seinem Auftrag und unabhängig von der konkreten Nachfrage und Einschaltquoten anbieten kann, sowie dass zudem der rechtsstaatliche Grundsatz der Gleichheit aller Bürger vor den öffentlichen Lasten gewahrt ist.[553] Abgesehen hiervon wird durch den neuen Rundfunkbeitragsstaatsvertrag und die Anpassung des Rundfunkfinanzierungsvertrags, welche die Rundfunkfinanzierung in erheblichem Maße neu regeln, die Problematik der rechtsdogmatischen Einordnung obsolet.

(c) Festsetzung der Rundfunkgebühr

Die gegenwärtigen Grundlagen für die Festsetzung der Rundfunkgebühr, welche sich gem. § 2 Abs. 1 Satz 1 RGebStV aus einer Grundgebühr und einer Fernsehgebühr zusammensetzt, ergeben sich mithin aus zwei unterschiedlichen Staatsverträgen, namentlich dem Rundfunkgebührenstaatsvertrag sowie Rundfunkfinanzierungsstaatsvertrag. Theoretisch könnte zwar jedes Bundesland für sich eine eigene Rundfunkgebühr festsetzen, jedoch haben sich die Länder im Interesse der Einheitlichkeit der Lebensverhältnisse auf eine bundeseinheitliche Regelung geeinigt.[554] Die Aufteilung der Rechtsgrundlagen auf zwei unterschiedliche Staatsverträge ist dem Umstand geschuldet, dass Diskussionen über eine Erhöhung der Gebühren, wie sie aufgrund der Entscheidung für eine bundeseinheitliche Regelung und der damit verbundenen hohen Zahl an Beteiligten an sich unvermeidbar waren, nicht die Grundkonzeption der Rundfunkgebühr infrage stellen sollten.

Die Höhe wird im Rundfunkfinanzierungsstaatsvertrag festgelegt.[555] Da sich die Höhe der Gebühr jedoch nach dem Bedarf des öffentlich-rechtlichen Rundfunks für eine funktionsgerechte Aufgabenerfüllung zu richten hat, ist zunächst

551 BVerfGE 31, S. 314 (329 f.).

552 Vgl. etwa *Oppermann/Kilian*, S. 43; *Badura*, S. 18; *Hesse*, S. 181; *Hartstein/Ring/Kreile*, S. 351; *Holznagel/Stenner*, S. 59.

553 BVerfGE 90, S. 60 (87 f.); 90, S. 60 (105 f.); *Kirchhof*, S. 44.

554 *Kops*, S. 50 f.

555 Vgl. § 2 Abs. 1. Satz 2 RGebStV iVm § 8 RFinStV.

der konkrete Bedarf der Rundfunkanstalten zu ermitteln. Dabei ist auch zu berücksichtigen, dass auch neue Entwicklungen auf dem Gebiet des öffentlich-rechtlichen Rundfunks, sei es im Bereich der Technik oder im Bereich von neuen Formen und Inhalten, aufgrund der verfassungsrechtlich gewährleisteten Entwicklungsgarantie finanziell abgedeckt sein müssen.[556] Zur Ermittlung des konkreten Bedarfs wurde in den §§ 1 bis 7 RFinStV ein dreistufiges Verfahren eingeführt; vor dessen Einführung wurde die Höhe der Rundfunkgebühr selbstständig durch die unabhängige Kommission zur Überprüfung und Ermittlung des Finanzbedarfs der Rundfunkanstalten (KEF) festgesetzt. Diese war durch Beschluss der Ministerpräsidenten vom 20. Februar 1975 zum Zwecke der Objektivierung des Verfahrens zur Festsetzung der Rundfunkgebühr errichtet worden.[557] Hierzu hatte die KEF die Aufgabe, im Zweijahres-Rhythmus einen Tätigkeitsbericht vorzulegen, welcher den Landesregierungen und Landesparlamenten als Entscheidungshilfe darüber dienen sollte, ob eine Erhöhung der Rundfunkgebühr im Rundfunkfinanzierungsstaatsvertrag als notwendig zu erachten ist oder nicht.[558] Anlässlich eines Vorlagebeschlusses des Bayerischen Verwaltungsgerichtshofs[559] wurde das Konzept der Festsetzung der Rundfunkgebühr mittels Staatsvertrages jedoch einer Überprüfung durch das Bundesverfassungsgericht unterzogen; im Kern ging es dabei um die Frage, *„ob die Festsetzung der Rundfunkgebühr durch die Landtage den Grundsatz der Staatsfreiheit des Rundfunks verletzt“*.[560] Entgegen der Auffassung des VGH erachtete das Bundesverfassungsgericht die Festsetzung der Rundfunkgebühr durch staatliches Gesetz allerdings grundsätzlich für zulässig; die Festsetzung der Gebühren durch die Rundfunkanstalten selbst sei demnach nicht erforderlich.[561] Jedoch sah es das Bundesverfassungsgericht als notwendig an, das Verfahren zur Festsetzung der Rundfunkgebühr derart zu gestalten, dass politische Einflussnahmen auf das Programm wirksam ausgeschlossen sind (sog. „Programmneutralität“) und gleichzeitig die funktionsgerechte Finanzierung des öffentlich-rechtlichen Rundfunks gewährleistet ist.[562]

Aus diesem Grunde wurde eine neue Regelung zur Festsetzung der Rundfunkgebühr geschaffen. Nach diesem heute noch geltenden Verfahren melden die

556 *Dörr*, Programmvielfalt, S. 29.

557 Zu einzelnen Parametern der Objektivierung vgl. etwa Kops/*Conrad*, S. 56.

558 Näher zu den ersten Berichten der KEF und den Erhöhungen der Rundfunkgebühr, die auf die Berichte folgten, siehe *Badura*, S. 30.

559 Vgl. Aussetzungs- und Vorlagebeschluß des Bayerischen Verwaltungsgerichtshofs vom 6. Juli 1988 (Nr. 25 B 87.00860).

560 BVerfGE 90, S. 60 (61).

561 Ebd.

562 Ebd.

Rundfunkanstalten in einer ersten Stufe denjenigen Finanzbedarf an, den sie für die Erfüllung ihres öffentlich-rechtlichen Auftrages bei der KEF als notwendig erachten.[563] Unter Beachtung der den Rundfunkanstalten zustehenden Programmautonomie überprüft die KEF im Anschluss hieran den angemeldeten Finanzbedarf im Hinblick auf die Grundsätze der Wirtschaftlichkeit und Sparsamkeit, um die Rundfunkteilnehmer nicht unangemessen zu belasten.[564] Der Maßstab der Überprüfung ist dabei jedoch allein, ob der angemeldete Bedarf im Rahmen des rechtlich umgrenzten Rundfunkauftrags liegt.[565]

Im Abstand von zwei Jahren erstattet die KEF den Landesregierungen einen Bericht über die Finanzlage der Rundfunkanstalten und nimmt dabei in Form eines Gebührenvorschlages zu der Frage Stellung, ob und inwiefern eine Erhöhung der Rundfunkgebühr ggf. als notwendig erachtet wird.[566] Dieser Bericht wiederum dient den Landesregierungen und Landesparlamenten als Entscheidungsgrundlage für die Festsetzung bzw. ggf. Erhöhung der Rundfunkgebühr und ist für diese insoweit bindend, als Abweichungen von dem Gebührenvorschlag nicht ohne Weiteres von den Regierungen und Parlamenten beschlossen werden können, sondern in Abstimmung zwischen der Rundfunkkommission der Länder sowie den Rundfunkanstalten und der KEF zu erfolgen haben.[567]

(d) Rundfunkbeitrag

Wie bereits oben erwähnt, wird die Rundfunkgebühr mit Wirkung vom 1.1.2013 durch einen sog. Rundfunkbeitrag abgelöst. Anders als die Rundfunkgebühr, die grundsätzlich für jedes bereitgehaltene Rundfunkempfangsgerät sowie jedes Fernsehgerät zu erbringen ist,[568] soll der zukünftig zu erbringende Rundfunkbeitrag der fortschreitenden Konvergenz der Medien Rechnung tragen und unabhängig von der Zahl von Rundfunkempfangs- bzw. Fernsehgeräten pro Haushalt anfallen.[569] Damit erfolgt zugleich im Hinblick auf den Streit um die dogmatische Einordnung sowie die korrekte Bezeichnung der Entgeltabgabe die Klarstellung, dass der Beitrag für die Möglichkeit der Nutzung des Rundfunkpro-

563 § 1 Abs. 1 RFinStV.

564 Vgl. BVerfGE 90, S. 60 (102 f.); § 3 Abs. 3 Satz 1 RFinStV; näher zur Prüfungskompetenz der KEF siehe *Libertus*, ZUM 2000, S. 1064 ff.

565 BVerfGE 90, S. 60 (103).

566 § 3 Abs. 8 RFinStV.

567 § 7 Abs. 2 RFinStV; vgl. *Kops*, S. 40.

568 § 2 Abs. 2 RGebStV.

569 § 2 Abs. 1 RBeitragsStV.

gramms, mithin für das Angebot eines individualisierbaren Vorteils, und zugleich für die Finanzierung des Rundfunks als öffentliche Einrichtung anfällt.[570]

(e) Finanzausgleich

Das Institut des Finanzausgleichs im Rundfunk hat seinen Ursprung – ebenso wie der Rundfunk selbst – bereits in den frühen 1920er Jahren.[571] Damals wie heute sollten finanzschwächere Rundfunkanstalten solidarisch finanziell abgesichert werden, denn Rundfunk stellt eine finanzrelevante, föderale Gemeinschaftsaufgabe dar.[572] Während früher die sozialen und finanziellen Unterschiede zwischen den Sendebezirken sowie den finanziell unterschiedlich stark aufgestellten, privat organisierten Rundfunkanstalten ausgeglichen werden sollten, steht in der dualen Rundfunkordnung im Vordergrund, die finanzschwächeren Rundfunkanstalten dabei zu unterstützen, ihre Aufgabenerfüllung funktionsgerecht vornehmen zu können. Dies gilt in zweierlei Hinsicht: Zum einen ist zu gewährleisten, dass jede Rundfunkanstalt in der Lage ist, ein ihrem Auftrag genügendes Programm herzustellen und zu verbreiten.[573] Zum anderen ist aber auch die Erfüllung der übergeordneten Aufgaben des Rundfunks bzw. solcher Aufgaben, die aufgrund ihrer Bedeutung für den gesamten Rundfunk als gemeinschaftliche Aufgaben wahrgenommen werden, sicherzustellen.[574] Die heutige Struktur des Finanzausgleichs wurde in den 1950er entwickelt und sah die Unterstützung von zunächst drei Rundfunkanstalten vor, nämlich des Saarländischen Rundfunks, des Senders Freies Berlin sowie von Radio Bremen.[575] Diese verfügten aufgrund ihres im Verhältnis zu anderen Anstalten bevölkerungsschwachen Einzugsgebiets über ein entsprechend geringeres Gebührenaufkommen. Mit Ablauf des Jahres 2006 wurde die Verteilung der Finanzausgleichsmasse von drei Rundfunkanstalten auf zwei reduziert, da aufgrund des Zusammenschlusses des Senders Freies Berlin mit dem Ostdeutschen Rundfunk Brandenburg (ORB) zum Rundfunk Berlin-Brandenburg (RBB) Ersterer nicht mehr auf eine Unterstützung im Rahmen des Finanzausgleichs angewiesen war.[576] Al-

570 *Kirchhof*, S. 43, 74.

571 *Lerg*, S. 125; näher zu seiner verfassungsrechtlichen Grundlage *Dörr*, Rundfunkwesen, S. 37 f.

572 Vgl. *Oppermann/Kilian*, S. 62.

573 § 12 Nr. 2 RFinStV.

574 § 12 Nr. 1 RFinStV.

575 Vgl. *Dörr*, Programmvielfalt, S. 36; Hahn/Vesting/*Radeck*, RFinStV § 12, § 13, § 14, § 15 und § 16, Rn. 6.

576 Vgl. Begründung zu Art. 12 Abs. 2 Satz 1 8. RÄndStV; zum 8. RÄndStV vgl. Zustimmungsgesetze der Länder: Baden-Württemberg: G v. 17. 3. 2005 (GBl. S. 189), Bayern: Bek. v. 9. 2. 2005 (GVBl S. 27), Berlin: G v. 27. 1. 2005 (GVBl. S. 82), Brandenburg: G v. 17. 3. 2005 (GVBl. I S. 114), Bremen: G v. 1. 3. 2005 (Brem.GBl. S. 35, ber. S. 148), Hamburg: G v. 1. 3.

leinige Nehmer des Finanzausgleichs ab 2007 waren danach Radio Bremen sowie der Saarländische Rundfunk.[577]

Die Höhe der Finanzausgleichsmasse beträgt nach gegenwärtiger Rechtslage eins von Hundert des ARD-Nettogebührenaufkommens. Bei einem Nettogebührenaufkommen in 2009 von gerundet 5,4 Mrd. EUR[578] bedeutet dies eine Ausgleichsmasse von gerundet 540 Mio. EUR, die zu 53,76 % bzw. 46,24 % zwischen dem Saarländischen Rundfunk bzw. Radio Bremen aufgeteilt wird.[579] Auch wenn es sich, anders als der Begriff des Finanzausgleichs erahnen lässt, weniger um eine Nivellierung des Gebührenaufkommens handelt, sondern vielmehr um eine Umverteilung von einem bloß geringen Anteil des Gesamtaufkommens, so stellt der Finanzausgleich auch heute noch die weitestgehend gleichmäßige Rundfunkversorgung in ganz Deutschland sicher und erlaubt es auch den finanzschwächeren Rundfunkanstalten, ihren Beitrag zur föderalen Rundfunkstruktur zu leisten.[580]

*(2) Werbefinanzierung und sonstige Einnahmen*

Die vornehmliche Einnahmequelle für den öffentlich-rechtlichen Rundfunk ist aufgrund seiner verfassungsrechtlich verankerten Funktion die Gebührenfinanzierung. Für die Landesrundfunkanstalten der ARD sicherte sie mit Einnahmen von etwa 5,4 Mrd. EUR im Jahre 2011 einen Anteil von ca. 85 % an den Gesamteinnahmen.[581] Allerdings ist verfassungsrechtlich auch die Werbefinanzierung des öffentlich-rechtlichen Rundfunks nicht von vorneherein ausgeschlossen. Das Bundesverfassungsgericht hat hierzu klar entschieden, dass auch Wirtschaftswerbung im öffentlich-rechtlichen Rundfunk von der Rundfunkfreiheit nach Art. 5 Abs. 1 Satz 2 GG geschützt sein kann, denn grundsätzlich fällt nicht eine bestimmte Finanzierungsart in den Schutzbereich der Rundfunkfreiheit, sondern vielmehr muss die Tätigkeit der Rundfunkanstalten insgesamt finanziell hinreichend gesichert sein.[582] Auf welche Art dies gewährleistet wird, ist dabei

---

2005 (GVBl. S. 40), Hessen: G v. 28. 2. 2005 (GVBl. I S. 118), Mecklenburg-Vorpommern: G v. 1. 2. 2005 (GVOBl. M-V S. 47), Niedersachsen: G v. 25. 2. 2005 (Nds. GVBl. S. 61), Nordrhein-Westfalen: Bek. v. 8. 3. 2005 (GV. NRW. S. 192), Rheinland-Pfalz: G v. 14. 3. 2005 (GVBl. S. 63), Saarland: G v. 23. 2. 2005 (Amtsbl. S. 446), Sachsen: G v. 10. 3. 2005 (SächsGVBl. S. 30), Sachsen-Anhalt: G v. 9. 3. 2005 (GVBl. LSA S. 122), Schleswig-Holstein: G v. 3. 1. 2005 (GVOBl. Schl.-H. S. 14), Thüringen: G v. 15. 2. 2005 (GVBl. S. 17).

577 Vgl. zum Verfahren des Finanzausgleichs siehe §§ 12 ff. RFinStV.

578 Vgl. ARD-Jahrbuch 10, S. 334.

579 § 14 RFinStV.

580 Ebenso *Dörr*, Rundfunkwesen, S. 36, 40.

581 Vgl. http://www.ard.de/intern/finanzen/-/id=8214/1g6i2ys/index.html, Stand 5.10.2012.

582 BVerfGE 74, S. 297 (342).

von sekundärem Interesse; ein verfassungsrechtliches Gebot zur Mischfinanzierung besteht hingegen nicht. Die Entscheidung für oder gegen eine Mischfinanzierung im öffentlich-rechtlichen Rundfunk steht der Legislative zu.[583] Entsprechend regelt § 13 Abs. 1 RStV einfachgesetzlich die Zulässigkeit einer Mischfinanzierung, wobei die Vorrangigkeit der Rundfunkgebühr als Einnahmequelle ausdrücklich hervorgehoben wird. Für den öffentlich-rechtlichen Rundfunk bedeuten Einnahmen aus Werbung eine gewisse Unabhängigkeit von der stark politisch beeinflussten Gebührenfinanzierung und somit zugleich die Stärkung des Grundsatzes der Staatsfreiheit des öffentlich-rechtlichen Rundfunks.[584] Andererseits darf die Abhängigkeit von der Privatwirtschaft und damit von der Werbefinanzierung nicht zu groß werden, da hierdurch ein mittelbarer Einfluss auf die Gestaltung des Programms ausgeht. Um dies sicherzustellen, enthält der Rundfunkstaatsvertrag für den öffentlich-rechtlichen Rundfunk andererseits ebenso strenge Werbevorschriften. Tatsächlich sind die durch Rundfunkwerbung sowie Sponsoring erzielten Einnahmen, die im Jahr 2011 bei der ARD etwa einen Anteil von 6 % an den Gesamteinnahmen ausmachten, angesichts der durch die Rundfunkgebühr erzielten Einnahmen für die ARD von untergeordneter Bedeutung.[585]

Die dritte Einnahmequelle im öffentlich-rechtlichen Rundfunk sind sogenannte sonstige Einnahmen. Hierunter zählt man etwa Einnahmen aus Kofinanzierungen, Koproduktionen oder Programmverwertungen; am Gesamtaufkommen tragen diese sonstigen Einnahmen etwa einen Anteil von etwa 10 % und sind damit noch vor Einnahmen aus Sponsoring und Werbung zweitwichtigste Einnahmequelle.[586]

### b) Privater Rundfunk

Anders als der öffentlich-rechtliche Rundfunk, der zu seiner Finanzierung die Einnahmen aus der Rundfunkgebühr erhält, ist der private Rundfunk nahezu ausschließlich auf die Erzielung von Werbeeinnahmen angewiesen; gem. § 43 Satz 2 RStV ist eine Gebührenfinanzierung im privaten Rundfunk sogar unzulässig. Diese Privilegierung des öffentlich-rechtlichen Rundfunks rechtfertigt sich allerdings aus der dem öffentlich-rechtlichen Rundfunk zugewiesenen Aufgabe der Grundversorgung der Bevölkerung sowie den damit zusammenhängenden inhaltlichen Anforderungen an das Programm, da hierzu die Unabhängigkeit des

583 Ebd.; VPRT/*Kresse*, S. 77 f.

584 Vgl. *Hesse*, S. 193.

585 Vgl. http://www.ard.de/intern/finanzen/-/id=8214/1g6i2ys/index.html, Stand 5.10.2012.

586 Ebd.; vgl. ARD-Jahrbuch 10, S. 348 f.; zur Zulässigkeit des Pay-TV im öffentlich-rechtlichen Rundfunk siehe *Hofmann-Riem*, S. 128 f.

öffentlich-rechtlichen Rundfunks von äußerem Einfluss sicherzustellen ist.[587] Die inhaltlich niedrigeren Programmanforderungen an den privaten Rundfunk, der gegenüber dem Programm des öffentlich-rechtlichen Rundfunks eine Ergänzung darstellt,[588] haben damit zur Folge, dass dieser auf Einnahmen aus Werbeerlösen angewiesen ist. Damit befindet sich der private Rundfunk in einem gänzlich anderen Spannungsfeld der Interessen, als dies für den öffentlich-rechtlichen Rundfunk der Fall ist. Denn um möglichst hohe Erlöse aus der Schaltung von Werbung zu erzielen, muss das gesendete Programm einen größtmöglichen Zuschauerkreis ansprechen, da die Attraktivität von Werbung für die potenziellen Werbekunden, also in der Regel privatwirtschaftliche Unternehmen, wiederum je höher ist, je größer die Anzahl der erreichten Zuschauer ist. Damit wirkt sich das Finanzierungsmodell des privaten Rundfunks direkt auch auf den konkreten Inhalt des Programms aus, da dieser wieder vorrangig – wenn nicht sogar allein – nach seiner Massenattraktivität zu bewerten ist.

Neben den Einnahmen aus Werbung, die regelmäßig die Haupteinnahmequelle darstellen, stehen nach § 43 RStV folgende weiteren zulässigen Finanzierungsquellen zur Verfügung: Teleshopping, Einnahmen durch Abonnements und Entgelte sowie eigene Mittel. Was eine Finanzierung durch Pay-TV angeht, so handelt es sich hierbei im deutschen Fernsehen jedoch jeweils um eigene Angebote (bspw. Sky) mit einer eigenen Ausrichtung als Pay-TV-Sender. Ein Sender, der sich teilweise aus Einnahmen aus Werbeerlösen und Einnahmen aus kostenpflichtigen Inhalten finanziert, existiert in Deutschland nicht. Anders ist dies bei Teleshopping: Hier gibt es zum einen Sender wie QVC oder HSE24, die sich als reine Teleshopping-Sender aufgestellt haben und sich ausschließlich über Einnahmen aus dem Teleshopping finanzieren. Allerdings verfügen auch einzelne private Anbieter von Pay-TV über sog. Teleshoppingfenster und generieren über diese zusätzlich zu den Einnahmen aus Werbeerlösen auch Einnahmen aus Teleshopping.[589]

### 3. Werbung

Sowohl im öffentlich-rechtlichen als auch im privaten Rundfunk ist die Schaltung von Wirtschaftswerbung im Grundsatz zulässig, jedoch ist zum einen zum Wohle der Fernsehzuschauer zu verhindern, dass Werbung im Programm einen zu gewichtigen Anteil am Gesamtprogramm einnimmt. Zum anderen wären die

587 Vgl. hierzu oben C. V. 1. a) (1).
588 Vgl. hierzu oben C. V. 1. b) (2).
589 Vgl. ALM Jahrbuch 2010/2011, S. 59 f.

Anforderungen, die das Verfassungsrecht an die Qualität des Programms des öffentlich-rechtlichen sowie privaten Rundfunks stellt, in einem solchen Fall gegebenenfalls nicht oder nur teilweise zu erfüllen. Um dies zu verhindern, sieht der Rundfunkstaatsvertrag einschränkende Werbebestimmungen vor; neben allgemeinen Werbegrundsätzen, die für beide Rundfunkarten Anwendung finden, bestehen für öffentlich-rechtlichen und privaten Rundfunk je unterschiedlich streng gefasste Regelungen. Jenseits quantitativer Beschränkungen sind die einzelnen Regelungen im allgemeinen Ausfluss aus dem übergeordneten Grundsatz der Trennung von Werbung und Programm.

### a) Definition

Bevor im Einzelnen auf die einschränkenden Werbebestimmungen einzugehen ist, ist zunächst zu klären, was unter dem Begriff der Werbung im Rundfunk zu verstehen ist. § 2 Abs. 2 Nr. 7 RStV, der mit Art. 1 Abs. 1 lit. i) RL 2010/13/EU wortgleich übereinstimmt, enthält eine Begriffsdefinition, nach welcher Werbung *„jede Äußerung bei der Ausübung eines Handels, Gewerbes, Handwerks oder freien Berufs* [darstellt], *die im Rundfunk von einem öffentlich-rechtlichen oder einem privaten Veranstalter oder einer natürlichen Person entweder gegen Entgelt oder eine ähnliche Gegenleistung oder als Eigenwerbung gesendet wird mit dem Ziel, den Absatz von Waren oder die Erbringung von Dienstleistungen, einschließlich unbeweglicher Sachen, Rechte und Verpflichtungen, gegen Entgelt zu fördern*“. Maßgebliches Kriterium ist danach die Absatzförderung, womit klargestellt ist, dass allein Wirtschaftswerbung erfasst ist.[590] Die Tatsache, dass hierfür ein Entgelt bzw. eine ähnliche Gegenleistung erbracht wird, soll darüber hinaus lediglich deutlich machen, was die dahinterliegende Motivation auf Seiten des jeweiligen Rundfunkveranstalters ausmacht. Zugleich ist sie ein äußeres Indiz dafür, dass die publizistische Unabhängigkeit nicht mehr gewährleistet ist.[591]

### b) Trennungsgrundsatz

#### *(1) Inhalt*

Der Grundsatz der Trennung von Werbung und Programm (auch Trennungsgrundsatz bzw. -gebot genannt) stellt eines der tragenden Prinzipien des Medienrechts dar und kann als eine Form der gesetzlichen Ausgestaltung der Rundfunk-

590 *Engels/Giebel*, ZUM 2000, S. 265 (268); Hahn/Vesting/*Schulz*, § 2 Rn. 76.
591 Vgl. *Engels/Giebel*, ZUM 2000, S. 265 (268).

freiheit angesehen werden.[592] Es stammt ursprünglich aus dem Bereich der Printmedien und wurde bereits im Jahre 1951 vom Zentralverband der deutschen Werbewirtschaft (ZAW) in der Richtlinie für redaktionelle Hinweise in Zeitungen und Zeitschriften erstmals festgeschrieben.[593] Für den Bereich von Hörfunk und Fernsehen hat das entsprechende Gebot in § 7 Abs. 3 RStV seinen Niederschlag gefunden, wonach erforderlich ist, dass Werbung von dem redaktionellen Teil eines Programms durch optische Mittel unterscheidbar sein muss.[594] Parallel zu der Regelung in Art. 19 Abs. 1 RL 2010/13/EU wurde der Trennungsgrundsatz, der erstmalig mit Inkrafttreten der Fernsehrichtlinie auf europäischer Ebene in Art. 10 Abs. 1 FsRl eine eigene Regelung erfahren hatte, gegenüber Definition des § 7 Abs. 3 RStV a. F. modifiziert. Er setzt nun nicht mehr voraus, dass Werbung im Rundfunk *„eindeutig von anderen Programmteilen getrennt“* ist. Ausreichend ist stattdessen, dass die Werbung vom redaktionellen Inhalt unterscheidbar ist und *„eindeutig von anderen Sendungsteilen abgesetzt“* ist. Unter Programm bzw. Sendung versteht man insoweit die Vermittlung eines kommunikativen Inhalts, den der jeweilige Rundfunkveranstalter aufgrund einer unabhängigen und eigenverantwortlichen Entscheidung festgelegt hat. Die Grenze zur Werbung wird regelmäßig dann überschritten sein, wenn der Inhalt oder seine Vermittlung nicht mehr im Eigeninteresse des Veranstalters, sondern in fremdem Interesse, insbesondere den ökonomischen Interessen eines Werbekunden erfolgt.[595]

*(2) Intention*

Die beabsichtigte Trennung bezweckt einen dreifachen Schutz; demnach ist hier entsprechend zu differenzieren: Zunächst dient die Trennung im Allgemeininteresse dem Schutz der Rundfunkfreiheit, indem Fernsehredaktionen vor sachfremden Eingriffen der werbetreibenden Wirtschaft und damit Dritter in das Programm geschützt werden.[596] Es soll der Gefahr entgegengewirkt werden, dass nicht journalistische Interessen bzw. künstlerische Überlegungen im Vorder-

---

592 Vgl. *Hesse*, S. 106; *Gersdorf*, Rundfunkrecht, S. 116; *Ladeur*, ZUM 1999, S. 672 (675).

593 Vgl. *Volpers*, Trennung von Werbung und Programm, S. 116; auch heute noch heißt es im Vorwort dieser Richtlinie: *„Dieses Vertrauen* [der Leser] *kann insbesondere dann nicht entstehen oder erhalten bleiben, wenn die Leser in den Textteilen der Zeitungen und Zeitschriften redaktionelle Hinweise finden, die, ohne äußerlich als bezahlte Wirtschaftswerbung in Erscheinung zu treten, privatwirtschaftlichen Belangen dienen.“*; vgl. die Richtlinie, abzurufen unter http://www.vdz.de/uploads/media/37_Richtlinie_fuer_redaktionelle_Hinweise.pdf.

594 Eine entsprechende Regelung war bereits in Art. 3 Abs. 2 des Rundfunkstaatsvertrags von 1987 enthalten.

595 *Engels/Giebel*, ZUM 2000, S. 265 (268).

596 BGH NJW 1990, S. 3199 (3202).

grund stehen, sondern der Gedanke der Maximierung von Werbehinweisen und damit korrespondierend Werbeeinnahmen.[597] Neben der Verhinderung einer Beeinflussung von außen liegt es auch im Allgemeininteresse, dass der Fernsehzuschauer durch den Trennungsgrundsatz vor einer Täuschung über den werblichen Charakter eines Programmteils geschützt wird.[598] Die Gefahr von Werbung in der Aufmachung eines redaktionell erstellten Programminhalts besteht darin, dass der Zuschauer solchen Inhalten weniger kritisch gegenübersteht und ihnen gegebenenfalls eine größere Bedeutung zumisst als offensichtlich werblichen Inhalten.[599] Dadurch wird der Rezipient letztlich in seiner Willensfreiheit beeinträchtigt.[600] Schließlich dient das Trennungsgebot aber auch dem Interesse einzelner Marktteilnehmer, denn es sichert die Objektivität und Neutralität des Rundfunks gegenüber dem Wettbewerb.[601]

*(3) Abgrenzung zum Kennzeichnungs- oder Erkennbarkeitsgebot*

Vom Trennungsgebot zu unterscheiden ist das Kennzeichnungs- oder Erkennbarkeitsgebot, welches gleichfalls in § 7 Abs. 3 RStV geregelt ist. Dieses dient dem Schutz der Entscheidungsfreiheit des Zuschauers, da dieser durch die explizite Kennzeichnung werblicher Inhalte zu besonderer Achtsamkeit aufgerufen werden soll und werblichen Angeboten kritisch gegenübertreten soll.[602] Auch wenn das Kennzeichnungs- oder Erkennbarkeitsgebot gegenüber dem Trennungsgebot einen eigenen Regelungsbereich abdeckt, so gehen beide Gebote Hand in Hand und sind insofern in der Zusammenschau zu betrachten.

### c) Beeinflussungsverbot

Ein weiterer wichtiger Grundsatz im Hinblick auf Werbung im Rundfunk ist das in Art. 7 Abs. 2 RStV geregelte Beeinflussungsverbot, wonach Werbung selbst oder die verantwortlichen Werbetreibenden das übrige Programm nicht inhaltlich und redaktionell beeinflussen dürfen. Ziel der Regelung dieses Verbots ist damit, ähnlich dem Trennungsgebot, die Wahrung der redaktionellen Unabhängigkeit sowie der Neutralität der Programmgestaltung, ohne dabei jedoch insbesondere die strukturell bedingte Abhängigkeit der privaten Rundfunkanbieter im Kern zu

597 *Schaar*, S. 95.
598 Ebd.
599 BGH NJW 1990, S. 3199 (3202 f.).
600 *Mallick*, S. 43.
601 BGH NJW 1990, S. 3199 (3202).
602 Vgl. *Castendyk*, ZUM 2010, S. 29 (32 f.).

beeinträchtigen.[603] Es soll jedoch verhindert werden, dass von außen auf den Programmplatz, -ablauf oder den konkreten Programminhalt Einfluss genommen wird.[604] Dies bedeutet demnach, dass sich das Beeinflussungsverbot nicht nur auf direkte Einflussnahmen der Programmgestaltung in Form etwa der Verknüpfung einer Werbezusage mit der Bedingung einer besonderen Herausstellung eines Produkts, einer Firmenbezeichnung oder etwas Vergleichbarem im Programm bezieht, sondern auch mittelbare Beeinflussungen umfasst sind, die sich auf das Programmumfeld der Werbung erstrecken. Beispiele für eine verbotene Beeinflussung sind etwa: die Forderung nach der Entlassung bzw. Versetzung eines politischen Redakteurs, da andernfalls Werbeaufträge zurückgezogen werden; die Buchung von Werbung nur unter der Voraussetzung, dass bestimmte Produkte auch in Testsendungen getestet werden.[605] Rechtsfolge für die Eingehung derartiger Vereinbarungen wäre die Nichtigkeit des Vertrages gem. § 134 BGB, da § 7 Abs. 2 RStV ein gesetzliches Verbot enthält.[606] Aber auch trotz der Tatsache, dass nach dem Wortlaut der Regelung jegliche Einflussnahme unter das Beeinflussungsverbot nach § 7 Abs. 2 RStV fällt, wird in der Praxis aufgrund des unbestreitbaren Abhängigkeitsverhältnisses faktisch eine gewisse Wechselwirkung zwischen Werbungtreibenden und Rundfunkveranstaltern nicht vermeidbar sein.

### d) Werbegrundsätze nach §§ 7 ff. RStV

Die einfachgesetzlichen, allgemeinen Grundsätze für Werbung, die sowohl für den öffentlich-rechtlichen als auch für den privaten Rundfunk Geltung beanspruchen, sind in den §§ 7 ff. RStV enthalten.[607] Durch diese ausdrückliche Vereinheitlichung besteht jedenfalls insoweit für beide Arten des dualen Rundfunksystems eine einheitliche, vergleichbare Interessen- und Gefährdungslage.[608] § 7 Abs. 1 RStV enthält eine Aufzählung von Rechtsgütern, die durch Werbung nicht beeinträchtigt oder verletzt werden dürfen, namentlich die Menschenwürde, die Sicherheit, die Umwelt, die Interessen der Verbraucher einschließlich des Verbotes jeglicher Irreführung sowie die Freiheit von jedweder Art von Diskri-

---

603 *Müller-Rüster*, S. 273.

604 *Leitgeb*, S. 88.

605 *Hartstein/Ring/Kreile*, S. 546; *Leitgeb*, S. 88 f.

606 Hahn/Vesting/*Ladeur*, § 7, Rn. 27.

607 Richtet sich die ausgestrahlte Werbung *„eigens und häufig"* an Zuschauer in Nicht-EU-Staaten, die das Europäische Übereinkommen über das grenzüberschreitende Fernsehen ratifiziert haben, so sollen diese Regelungen nicht umgangen werden, soweit die Werbegrundsätze des RStV weniger streng sind; im Übrigen gelten die Werbebestimmungen des RStV, vgl. § 7a Abs. 4 RStV.

608 So auch Hahn/Vesting/*Ladeur*, § 7 Rn. 2.

minierungen. Zu den Grundsätzen gehört ferner neben dem Beeinflussungsgebot und dem Trennungsgrundsatz auch das in § 7 Abs. 3 Satz 2 RStV enthaltene Verbot von unterschwelliger Werbung. Grundsätzlich für zulässig erklärt werden Dauerwerbesendungen,[609] also Sendungen, die mindestens 90 Sekunden lang sind und redaktionell aufbereitete Werbung enthalten, wenn diese erkennbar wesentlicher Bestandteil der Sendung ist und der Werbecharakter im Vordergrund steht, [610] sog. Split-Screens, d. h. die Teilbelegung des ausgestrahlten Bildes mit Werbung, [611] sowie virtuelle Werbung.[612] Unter Letztgenannter versteht man die Erzeugung von Werbebotschaften mittels digitaler Bildbearbeitung, wobei diese Werbetechnik beispielsweise als Ersatz von Bandenwerbung bei Sportübertragungen verwendet wird.[613] Voraussetzung für die Zulässigkeit ist neben einem ausdrücklichen Hinweis zu Beginn und am Ende der betreffenden Sendungen jedoch, dass diejenige Stelle, die mit virtueller Werbung versehen ist, zugleich auch in der Realität als Werbefläche benutzt wird.[614] Mittels dieser Technik bietet sich die Möglichkeit, die Werbung etwa in jedem Land, in welches die Veranstaltung übertragen wird, individuell zu gestalten. Unzulässig sind hingegen Themenplatzierungen und Schleichwerbung sowie grundsätzlich auch Produktplatzierungen, wobei sich der Gesetzgeber hier für ein präventives Verbot mit Erlaubnisvorbehalt entschieden hat.[615] Schließlich enthält der Rundfunkstaatsvertrag einschränkende Bestimmungen für Werbung mit Alkoholika, religiöse oder politische Werbung sowie Werbung mit Personen, die aus dem Bereich des politischen Journalismus stammen.[616] Ist die Einfügung von Spot-Werbung in eine Sendung beabsichtigt, welche faktisch für den Großteil der Werbeeinnahmen sorgt, so regelt § 7a Abs. 2 Satz 1 RStV, dass dies regelmäßig nur in Form von Werbeblöcken zulässig ist und einzeln gesendete Werbespots die Ausnahme bleiben müssen. Ganz ausgeschlossen ist die Werbeunterbrechung bei Gottesdienstübertragungen oder bei Sendungen für Kinder.[617] Auch die Anzahl und die Abstände zwischen den Werbeunterbrechungen sind für den öffentlich-rechtlichen und privaten Rundfunk einheitlich geregelt: So ist dafür Sorge zu tragen, dass der Zusammenhang der Sendungen nicht beeinträchtigt wird, und dass die

---

609 § 7 Abs. 5 RStV.

610 Hahn/Vesting/*Ladeur*, § 7, Rn. 38.

611 § 7 Abs. 4 RStV.

612 § 7 Abs. 6 RStV.

613 Gloy/Loschelder/Erdmann/*Ahrens*, § 70, Rn. 98; *Ladeur*, ZUM 1999, S. 674 f.

614 § 7 Abs. 6 RStV.

615 § 7 Abs. 7 Satz 1 RStV; siehe zu Themenplatzierung oben B. III. 2 d). sowie ausführlich zu den Ausnahmetatbeständen bei Produktplatzierungen unten D. II. 2.

616 § 7 Abs. 8 bis 10 RStV.

617 § 7a Abs. 1 RStV.

Rechte der Rechteinhaber nicht verletzt werden; im Speziellen dürfen Filme nur einmal je 30 Minuten unterbrochen werden.[618] Auf die Regelungen zum Sponsoring, die gleichfalls für öffentlich-rechtlichen und privaten Rundfunk einheitlich gelten, gem. § 8 RStV soll an dieser Stelle hingewiesen werden, jedoch bleiben diese vorliegend aufgrund des gegenüber Werbung einschließlich Produktplatzierungen anders gelagerten Interesses bei der vorliegenden Arbeit außer Betracht.[619]

## e) Vorschriften im öffentlich-rechtlichen Rundfunk

Neben den dargestellten allgemeinen Werbegrundsätzen, die für den öffentlich-rechtlichen wie den privaten Rundfunk gleichermaßen gelten, enthält der RStV Regelungen, die sich allein auf den öffentlich-rechtlichen Rundfunk beziehen und auf die im Folgenden kurz einzugehen ist. Eine ganz erhebliche Einschränkung des Grundsatzes der Zulässigkeit von Werbung im öffentlich-rechtlichen Rundfunk enthält § 16 RStV, der auf die Vereinbarung der Ministerpräsidenten gem. § 22 Abs. 3 ZDF-Staatsvertrag vom 8.11.1962 zurückgeht und damit aus der Zeit vor der dualen Rundfunkordnung stammt.[620] Dieser gibt für die Ausstrahlung von Werbung enge zeitliche Grenzen vor und ist dementsprechend im Zeitalter des privaten, rein werbefinanzierten Werberundfunks von noch gesteigerter Relevanz.[621] Demnach ist die Gesamtdauer des Werbeprogramms werktäglich in ARD und ZDF auf 20 Minuten beschränkt, wobei innerhalb einer Stunde nicht mehr als 12 Minuten Spotwerbung gezeigt werden dürfen.[622] Produktplatzierungen und Sponsorhinweise, Hinweise auf eigene Programme und Begleitmaterialien sowie Spendenaufrufe zu Wohlfahrtszwecken bleiben hierbei allerdings unberücksichtigt.[623] In der Zeit nach 20.00 Uhr ebenso wie an Sonn- und bundeseinheitlichen Feiertagen ist Werbung im Programm vollständig verboten.[624] Das Werbeverbot erstreckt sich ferner auch auf die dritten Programme

618 § 7a Abs. 3 RStV.

619 Vgl. insoweit zur Abgrenzung oben B. III. 2. b).

620 *Hartstein/Ring/Kreile*, S. 398.

621 Allerdings bleiben den Ländern Änderungen der konkreten zeitlichen Vorgaben vorbehalten, § 17 RStV.

622 § 16 Abs. 1 Satz 1, Abs. 3 RStV.

623 § 16 Abs. 1 Satz 2, Abs. 4 RStV.

624 § 16 Abs. 1 Satz 4.

sowie die sonstigen, bundesweit ausgestrahlten öffentlich-rechtlichen Rundfunkangebote.[625]

### f) Vorschriften im privaten Rundfunk

Auch für den privaten Rundfunk enthält der RStV spezielle Regelungen, die sich auf die Ausstrahlung von Werbung im privaten Rundfunk beziehen. Diese sind jedoch weniger streng als diejenigen für den öffentlich-rechtlichen Rundfunk. So sieht etwa § 45 RStV keine absolute zeitliche Begrenzung für Werbung vor. Stattdessen gilt gem. § 45 Abs. 1 RStV lediglich die relative zu bemessende Grenze, wonach Werbung innerhalb einer gesendeten Programmstunde nicht mehr als 20%, also 12 Minuten ausmachen darf, wobei Produktplatzierungen und Sponsoring ebenso wie Hinweise auf das eigene Programm oder Begleitmaterialien sowie Spendenaufrufe bei der Berechnung des Anteils gleichfalls nicht mit berücksichtigt werden. Zudem fällt das Werbeverbot an Sonn- und Feiertagen sowie nach 20.00 Uhr weg.

## 4. Zusammenfassung der Gemeinsamkeiten und Unterschiede

Wie sich bei einer gegenüberstellenden Darstellung von öffentlich-rechtlichem Rundfunk einerseits und privatem Rundfunk andererseits zeigt, unterscheiden sich diese ganz wesentlich in ihrer Organisation, ihrer Finanzierung und den für sie geltenden Werbebestimmungen; der Ursprung für diese Diskrepanz liegt in der Funktion, die der öffentlich-rechtliche Rundfunk zu erfüllen hat und den sich daraus ergebenden Programmanforderungen.

### a) Programmanforderungen

Gemäß den verfassungsrechtlichen Vorgaben obliegt dem öffentlich-rechtlichen Rundfunk die Aufgabe der Grundversorgung der Bevölkerung; diese hat er funktionsgerecht zu erfüllen. Die Grundversorgung ihrerseits ist dabei durch drei Merkmale gekennzeichnet: Zunächst eine Empfangbarkeit für alle, welche auf technischer Ebene zu bewerkstelligen ist; des Weiteren die Einhaltung des erforderlichen inhaltlichen Standards sowie schließlich die Sicherung einer gleichgewichtigen Meinungsvielfalt, um eine möglichst umfassende Information der Be-

625 § 16 Abs. 2 i. V. m. § 11b Abs. 1 Nr. 2, Abs. 3 Nr. 2 RStV; dies sind im Einzelnen EinsExtra, EinsPlus, EinsFestival, ZDFinfokanal, ZDFkulturkanal, ZDF-Familienkanal, 3sat, arte, PHOENIX und Ki.KA.

völkerung gewährleisten zu können. Aus dieser Aufgabenstellung heraus ergibt sich, dass der Maßstab für das Programm im öffentlich-rechtlichen Rundfunk nicht die Zuschauerquote sein kann und auch nicht sein darf, sondern das Programm vielmehr allein an der Erfüllung der verfassungsrechtlichen Vorgaben zu messen ist. Die Wahrnehmung dieses Auftrages durch den öffentlich-rechtlichen Rundfunk stellt sicher, dass die durch die Rundfunkfreiheit nach Art. 5 Abs. 1 Satz 2 GG geschützte öffentliche und freie Meinungsbildung der Bevölkerung gewährleistet wird. Der private Rundfunk spielt im Hinblick auf die Aufgabe und Funktion des öffentlich-rechtlichen Rundfunks hingegen lediglich eine untergeordnete, ergänzende Rolle. Sein Dasein wird jedoch durch den öffentlich-rechtlichen Rundfunk und die ihm zugedachte Funktion gerade erst ermöglicht. Dadurch ist es auch gerechtfertigt, dass an den Inhalt des Programms weniger strenge Anforderungen gestellt werden, wenngleich auch für den privaten Rundfunk gilt, dass insbesondere der Grundstandard gleichgewichtiger Vielfalt einzuhalten ist.

### b) Organisation

Die Art und Weise, auf die im öffentlich-rechtlichen Rundfunk einerseits und im privaten Rundfunk andererseits die Entstehung einer vorherrschenden Meinungsmacht strukturell zu verhindern gesucht wird, ist gleichfalls unterschiedlich und spiegelt sich in den Organisationsstrukturen wider.

#### *(1) Pluralistisches Element*

Im öffentlich-rechtlichen Rundfunk sowie im privaten Rundfunk haben sich jeweils unterschiedliche Modelle des Pluralismus entwickelt und etabliert. Im privaten Rundfunk wird in den meisten Bundesländern der Grundstandard gleichgewichtiger Vielfalt durch das außenpluralistische Modell sichergestellt, d. h., die Abbildung des gesamten relevanten Meinungsspektrums ergibt sich aus einer Gesamtschau des Programms aller privaten Rundfunksender. Demgegenüber wird die gleichgewichtige Vielfalt der bestehenden Meinungsrichtungen im öffentlich-rechtlichen Rundfunk durch die interne Organisation innerhalb der jeweiligen Rundfunkanstalt gewährleistet. Während damit also im Bereich des öffentlich-rechtlichen Rundfunks das pluralistische Moment in Form des Rundfunkrates bereits maßgeblicher Teil der jeweiligen Anstalt ist, folgt im privaten Rundfunk zwar ein (untergeordnetes) pluralistisches Element indirekt aus der Zusammensetzung der Organe der Landesmedienanstalten.[626] Der für die Viel-

---

626 Vgl. *Vesting*, S. 314.

faltsicherung notwendige Pluralismus ergibt sich jedoch erst aus dem Gesamtprogramm der privaten Rundfunkanbieter. Daraus folgt, dass der öffentlich-rechtliche Rundfunk in Bezug auf seine interne Organisation wesentlich strenger reglementiert ist, denn der Rundfunkgesetzgeber muss insbesondere bereits durch die Zusammensetzung des Rundfunkrates sicherstellen, dass alle relevanten Meinungsrichtungen ausreichend berücksichtigt werden. Der private Rundfunk hingegen unterliegt im Hinblick auf seine interne Organisationsstruktur keinen weiteren Restriktionen und ist insoweit wesentlich flexibler.

*(2) Kontrolle*

Auch was die Kontrolle des Rundfunks im Hinblick auf die Einhaltung der rundfunkrechtlichen Bestimmungen angeht, bestehen maßgebliche Unterschiede. Während die öffentlich-rechtlichen Rundfunkanstalten als sich selbst verwaltende, autonom handelnde Anstalten des öffentlichen Rechts direkt einer – wenngleich beschränkten – staatlichen Rechtsaufsicht unterliegen,[627] gibt es für die privaten Rundfunkveranstalter in Form der Landesmedienanstalten eine zwischengeschaltete Kontrollebene.[628] Der Aufsichts- bzw. Kontrollmaßstab ist bei beiden Rundfunkarten jedoch identisch, denn auch die Landesmedienanstalten überprüfen lediglich die Einhaltung der rechtlichen Bestimmungen, eine darüber hinausgehende Überprüfung etwa von Zweckmäßigkeitserwägungen ist nicht zulässig. Damit unterliegen öffentlich-rechtliche Rundfunkanstalten wie private Rundfunkanbieter lediglich einer Rechtsaufsicht.

### c) Finanzierung

Die unterschiedlichen Funktionen von öffentlich-rechtlichem und privatem Rundfunk sowie die – damit verbunden – divergierenden programmlichen Anforderungen wirken sich in erheblicher Weise auch auf der Ebene der Finanzierung aus. Für den öffentlich-rechtlichen Rundfunk obliegt es dem Gesetzgeber, eine funktionsgerechte Finanzierung sicherzustellen, um auf diese Weise die Unabhängigkeit der öffentlich-rechtlichen Rundfunkanstalten von äußeren Einflüssen sicherstellen. Durch die Erhebung von Rundfunkgebühren ist der öffentlich-rechtliche Rundfunk daher nicht auf die Erzielung von Werbeerlösen aus Wirtschaftswerbung angewiesen und begibt sich daher auch nicht in ein andernfalls drohendes Abhängigkeitsverhältnis gegenüber Werbungtreibenden einerseits und Quotenerwartungen andererseits. Dies ist gerade Sinn und Zweck der unabhän-

627 BVerfGE 12, S. 205 (261).
628 Vgl. oben C. V. 1. b) (4).

gigen Finanzierung, da anderenfalls die inhaltlichen Anforderungen gegebenenfalls nicht erfüllt werden könnten. Der private Rundfunk hat seine Finanzierung aus eigener Kraft sicherzustellen und unterliegt insoweit auch dem freien Spiel der Märkte. Die Hauptfinanzierungsquelle ist die Wirtschaftswerbung.

### d) Werbegrundsätze

Was die werberechtlichen Regelungen im Rundfunk angeht, so ist hierbei zwischen allgemeinen Grundsätzen zu unterscheiden, die für Werbung sowohl im öffentlich-rechtlichen als auch im privaten Rundfunk gelten, und solchen Regelungen, die nur für eine der beiden Rundfunkarten gelten. Zu den allgemeinen Grundsätzen gehört insbesondere – neben einer Reihe von einzeln im Rundfunkstaatsvertrag aufgezählten Rechtsgütern, die von der Werbung im Allgemeinen nicht verletzt werden dürfen – der übergeordnete Trennungsgrundsatz, welcher besagt, dass redaktionelles Programm und Werbung ausdrücklich und deutlich voneinander abzutrennen sind. Dieser allgemeine Grundsatz spiegelt sich in zahlreichen einfachgesetzlichen Bestimmungen des RStV wider. Was Werbung im öffentlich-rechtlichen Rundfunk angeht, so gilt hier eine strenge, absolute Werbezeitbegrenzung auf lediglich 20 Minuten pro Werktag. Zudem wird Werbung an Sonn- und Feiertagen sowie nach 20.00 Uhr vollständig verboten. Demgegenüber liegt die einzige Werbebeschränkung im privaten Rundfunk in einer relativen Begrenzung des Werbeanteils an einer Sendestunde auf 20 %.

# D. Zulässigkeit der Produktplatzierung

Nachdem nunmehr die Grundlagen des Begriffs der Produktplatzierung sowie die allgemeinen Rahmenbedingungen des öffentlich-rechtlichen und privaten Rundfunks nebst deren Besonderheiten dargestellt wurden, schließt sich im folgenden Teil dieser Arbeit die Darstellung der die Zulässigkeit der Produktplatzierung regelnden Bestimmungen an. Hierzu wird unter Einbeziehung des gemeinschaftsrechtlichen Rahmens zunächst die bislang geltende und im Anschluss hieran die aktuell geltende Rechtslage dargestellt, bevor unter Berücksichtigung der erarbeiteten Erkenntnisse zum dualen Rundfunksystem die Regelungen zur Zulässigkeit der Produktplatzierung jeweils im öffentlich-rechtlichen sowie privaten Rundfunk einander gegenübergestellt werden.

## I. Bislang geltende Rechtslage

Das bislang geltende Rundfunkrecht[629] sah lediglich Bestimmungen im Hinblick auf Schleichwerbung vor; die Produktplatzierung bzw. Product Placement als von der Schleichwerbung zu trennende Form der Werbung war hingegen in den bisher geltenden rundfunkrechtlichen Bestimmungen nicht existent.

### 1. Verbot von Schleichwerbung

Für Schleichwerbung normierte § 7 Abs. 6 Satz 1 RStV a. F. ein ausnahmsloses Verbot, das sich auch auf *„entsprechende Praktiken"* bezog. Aufgrund der Tatsache, dass der Tatbestand der Norm keine Ausnahmen zuließ, verlagerte sich die Frage der Zulässigkeit einer Platzierung in der Praxis daher bereits auf die Definitionsebene.

Maßgeblich ist die in § 2 Abs. 2 Nr. 8 RStV verortete Definition, wonach für das Vorliegen von Schleichwerbung – neben der Integration eines entsprechenden Objekts in das Programm – folgende Tatbestandsmerkmale entscheidend

629 Im Sinne des Rundfunkstaatsvertrags i. d. F. des 12. RÄndStV; auf europäischer Ebene existierte bis zum Inkrafttreten der Richtlinie 2007/65/EG keine Regelung zur Schleichwerbung; zu den in der Literatur Meinungen vgl. oben B. I. 2.

sind: eine absichtliche Erwähnung zu Werbezwecken, die Irreführung des Zuschauers sowie schließlich das Negativmerkmal, dass die werbliche Erwähnung nicht durch den verfassungsrechtlich verankerten Programmauftrag gerechtfertigt ist.[630]

## a) Werbeobjekte und Integration

Objekte, die nach der Definition gem. § 2 Abs. 2 Nr. 8 Satz 1 RStV als Schleichwerbung gelten können, sind „*Waren, Dienstleistungen, Namen, Marken oder Tätigkeiten eines Herstellers von Waren oder eines Erbringers von Dienstleistungen*". Damit besteht insoweit kein Unterschied zur Produktplatzierung, da die identischen Objekte auch für eine Produktplatzierung in Betracht kommen. Was die Art und Weise der Integration in das Programm angeht, so fallen sowohl die visuell wahrnehmbare Darstellung als auch die vornehmlich akustische Erwähnung unter die Definition der Schleichwerbung, § 2 Abs. 2 Nr. 8 RStV. Auch hinsichtlich der Art und Weise der Integration besteht somit kein Unterschied zu den bei der Produktplatzierung vorgesehenen Möglichkeiten, § 2 Abs. 2 Nr. 11 RStV.

## b) Werbeabsicht

Maßgebliches Tatbestandsmerkmal für das Vorliegen von Schleichwerbung ist die „*absichtlich zu Werbezwecken*" erfolgende Erwähnung gem. § 2 Abs. 2 Nr. 8 Satz 1 RStV, also die Werbeabsicht des Veranstalters.

Es ist daher ein zielgerichtetes Handeln des Veranstalters erforderlich; ein lediglich unbeabsichtigtes Verhalten des Veranstalters reicht für die Erfüllung des Tatbestandsmerkmals der Werbeabsicht nicht aus.[631] Da es sich bei der Werbeabsicht jedoch um einen inneren Vorgang handelt, der regelmäßig nicht nach außen hin kundgetan wird, ist man in der Praxis zum Nachweis des Vorliegens der Werbeabsicht auf den Rückgriff auf objektive Indizien angewiesen.[632] Da auch der Gesetzgeber diese Schwierigkeit erkannt hat, enthält § 2 Abs. 2 Nr. 8 Satz 2 RStV eine Vermutungsregel.

### *(1) Unwiderlegbare Vermutung*

Wegen der mit ihr verbundenen Rechtsfolgen ist zunächst auf die Vermutungsregelung einzugehen. Wie sich aus Satz 2 der Definition in § 2 Abs. 2 Nr. 8

630 Vgl. *Kreile*, ZUM 2009, S. 709 (712).
631 So auch *Müller-Rüster*, S. 231.
632 Ebd., S. 232 f.; *Gounalakis*, WRP 2005, S. 1476 (1480); *Platho*, MMR 2008, 582 (585).

RStV ergibt, hat die Zahlung eines Entgelts bzw. die Erbringung einer ähnlichen Gegenleistung zur Folge, dass davon ausgegangen wird, dass die Platzierung mit Werbeabsicht erfolgte. In der Literatur ist umstritten, ob es sich bei dieser Folge dogmatisch um eine gesetzliche Fiktion der Werbeabsicht[633] handelt oder aber lediglich um eine widerlegbare Vermutung.[634] Gegen eine gesetzliche Fiktion der Werbeabsicht spricht, dass wegen der Erbringung einer Gegenleistung bzw. der Zahlung eines Entgelts an den Veranstalter gerade nicht ausgeschlossen ist, dass dieser ohnehin mit Werbeabsicht gehandelt hat und die Fiktion in diesem Fall redundant wäre.[635] Gegen die Ansicht, die Regelung riefe eine widerlegbare Indizwirkung hervor, wird angeführt, dass dann trotz Zahlung eines Entgelts bzw. Erbringung einer ähnlichen Gegenleistung konsequenterweise nicht vom Vorliegen einer Werbeabsicht des Veranstalters auszugehen wäre, wenn nicht etwa ein anderes objektives Indiz wie eine besonders auffällige Darstellung einschlägig wäre.[636] Denn in diesem Fall wäre die Vermutung widerlegt. Dies ist jedoch keine überzeugende Argumentation, da diese Ansicht dabei verkennt, dass eine Werbeabsicht des Veranstalters auch dann vorliegen kann, wenn keine besonders auffällige Darstellung, sondern eine bloße Erwähnung Teil des gesendeten Programms ist.[637] Damit würde zudem auch die Definition der Schleichwerbung untergraben, wonach Schleichwerbung bei jeglicher Form von Erwähnung oder Darstellung gem. § 2 Abs. 2 Nr. 8 Satz 1 RStV, unabhängig von ihrer Auffälligkeit, gegeben sein kann. Nach zutreffender Ansicht ist bei der Regelung in § 2 Abs. 2 Nr. 8 Satz 2 RStV daher von einer unwiderlegbaren Vermutungsregel auszugehen, wonach eine Erwähnung gegen Entgelt oder eine ähnliche Gegenleistung für das Vorliegen der Werbeabsicht des Veranstalters spricht, unabhängig davon, ob noch weitere Indizien gleichfalls deren Vorliegen stützen.[638]

Nach dem Wortlaut wäre die Vermutungsregel auch dann einschlägig, wenn etwa Produktionsbeihilfen, z.B. Requisiten, kostenlos für die Produktion überlassen werden. Denn die leih- oder schenkweise Zurverfügungstellung von Produktionsgütern stellt eine ähnliche Gegenleistung im Sinne von § 2 Abs. 2 Nr. 8 Satz 2 RStV dar, da durch die unentgeltliche Zurverfügungstellung, für die anderenfalls ein Mietzins oder ein Kaufpreis angefallen wären, produktionstechnisch mitunter erhebliche Einsparungen erzielt werden. Dabei ist es unerheblich, ob die entsprechenden Produkte leih- oder schenkweise überlassen werden, da die

633 So *Mallick*, S. 131; auch *Platho*, ZUM 2000, S. 46 (48).

634 Für ein bloßes Indiz Hahn/Vesting/*Ladeur*, § 7, Rn. 47; die Widerlegbarkeit gleichfalls bejahend *Gounalakis*, WRP 2005, S. 1476 (1483).

635 Zutreffend *Müller-Rüster*, S. 236.

636 So aber *Gounalakis*, WRP 2005, S. 1476 (1483).

637 Vgl. *Mallick*, S. 131.

638 Ebd.; VG Berlin ZUM-RD 2009, S. 292 (296); *Müller-Rüster*, S. 235.

Überlassung in jedem Fall für Einsparungen auf Seiten der Produktion sorgt und auch bei der Zahlung von Entgelt keine bestimmte Entgelthöhe überschritten sein muss, bevor das Entgelt als erheblich anzusehen wäre.[639] In diesem Zusammenhang jedoch ist die Unwiderlegbarkeit der Vermutungsregel eingeschränkt: Zwar kann auch die kostenlose Bereitstellung grundsätzlich eine Werbeabsicht indizieren, jedoch gilt dies nicht unwiderlegbar vermutet wie im Falle einer Entgeltzahlung.[640] Keine Werbeabsicht liegt nämlich regelmäßig dann vor, wenn die Einbettung der Requisiten dramaturgisch oder journalistisch gerechtfertigt ist und in einen natürlichen, nicht offensichtlich werblichen Handlungsablauf integriert ist.[641]

*(2) Sonstige Indizien*

Liegen die Voraussetzungen für das Eintreten der Vermutungsregel nach § 2 Abs. 2 Nr. 8 Satz 2 RStV nicht vor, so ist gleichwohl im Hinblick auf sonstige objektive Indizien zu überprüfen, ob anhand dieser von einem Handeln des Veranstalters in Werbeabsicht auszugehen ist oder nicht. Hierbei kann sich insbesondere aus der Art und Weise der Darstellung und der daraus resultierenden Intensität der Werbewirkung ein deutliches Indiz für das Vorliegen der Werbeabsicht ergeben. Ein derartiges Indiz liegt etwa vor, wenn die Darstellung eines Markenartikels ohne dramaturgische Notwendigkeit in demonstrativer Weise, in auffälligen Wiederholungen oder auffallend zeitlicher Ausdehnung erfolgt.[642] Ein anderes starkes Indiz für das Handeln in Wettbewerbsabsicht liegt dann vor, wenn nachweislich vertragliche Absprachen zwischen Herstellern und dem Rundfunkveranstalter über die Einbindung getroffen wurden, wobei ausdrücklich etwa die Art und Weise der Inszenierung konkret festgelegt wurde.[643] Denn in diesem Fall besteht eine hohe Wahrscheinlichkeit, dass die Darstellung in der fertigen Produktion tatsächlich nicht aus dramaturgischen Gründen erfolgte, sondern aus werblichen Gründen.

*(3) Zurechnung bei Fremd-, Auftrags- und Co-Produktionen*

Grundsätzlich hat die Absicht bei dem jeweils ausstrahlenden Rundfunkveranstalter selbst vorzuliegen. Es schließt sich an dieser Stelle jedoch die Frage an,

639 A. A. *Mallick*, S. 133 f.

640 Ebenso Hahn/Vesting/*Ladeur*, § 7, Rn. 48.

641 Vgl. *Müller-Rüster*, S. 237; *Gounalakis*, WRP 2005, S. 1476 (1483); vgl. näher unten D. I. 1. d).

642 ZUM-RD, 1998, S. 412 (413); ebenso *Leitgeb*, S. 29.

643 *Gounalakis*, WRP 2005, S. 1476 (1482); *Völkel*, ZUM 1992, S. 55 (64 f.).

ob auch die Zurechnung einer in der Person des Produzenten vorliegenden Absicht zum Rundfunkveranstalter ausreichend ist. Zur Klärung dieser Frage ist zunächst zwischen den einzelnen Produktionsarten zu unterscheiden, denn je danach, ob es sich bei einer Produktion um eine Eigen-, eine Fremd- bzw. Drittproduktion, eine Auftragsproduktion oder eine Co-Produktion handelt, sind die Mitspracherechte sowie die Verantwortlichkeiten der Beteiligten unterschiedlich gewichtet. Insbesondere im öffentlich-rechtlichen Rundfunk gibt es zwar heute noch eine Vielzahl von Eigenproduktionen der Sender, jedoch wird aufgrund des bei Eigenproduktionen erheblichen finanziellen wie organisatorischen Aufwandes in der Praxis der Rundfunkveranstalter vielfach mit externen Produktionsfirmen zusammengearbeitet oder das finanzielle Risiko bei aufwendigen Produktionen durch die Zusammenarbeit in Form von Co-Produktionen mit anderen Sendern verringert.[644] Abgesehen hiervon wird aufgrund des beträchtlichen Bedarfs an sendbaren Inhalten in erheblichem Maße auch auf Fremdproduktionen aus dem In- und Ausland zurückgegriffen.[645]

Bei Eigenproduktionen stellt sich die Frage der Zurechenbarkeit der Werbeabsicht zum Rundfunkveranstalter grundsätzlich nicht, da der Veranstalter bei dieser Produktionsart die Herstellung der Produktion eigenverantwortlich übernimmt. Er ist daher auch unmittelbar für das jeweils handelnde Produktionspersonal – unabhängig davon, ob es sich um festangestellte oder freie Mitarbeiter handelt – unmittelbar verantwortlich. Als Subjekt für das Vorliegen der Werbeabsicht kommt daher nur der Rundfunkveranstalter selbst in Betracht. Anders ist dies jedoch bei Auftrags- und Co-Produktionen, denn hier wird regelmäßig vertraglich geregelt, dass dem Rundfunkveranstalter jedenfalls eine abstrakte Möglichkeit zur Einflussnahme auf die konkrete Produktionsgestaltung eingeräumt ist, auch wenn die unmittelbare Produktionsherstellung in der Regel in der Hand eines Produzenten und nicht in der Verantwortlichkeit des Rundfunkveranstalters liegt.[646] Aufgrund dieser Einflussmöglichkeiten, wenn auch nur abstrakt, ist es gerechtfertigt, bei Auftrags- und Co-Produktionen zur Durchsetzung des Schleichwerbeverbots die Werbeabsicht Dritter den Rundfunkveranstaltern zuzurechnen.[647] Dies ist auch vor dem Hintergrund gerechtfertigt, dass es in der Hand

644 Vgl. näher zu den jeweiligen vertraglichen Ausgestaltungen Loewenheim/*Castendyk*, § 75, Rn. 113 ff. bzw. 164 ff.

645 Bei einem 24-Stunden-Programm ohne Nacht- und Vormittagswiederholungen fällt ein Programmbedarf von ca. 4000–5000 Stunden pro Jahr an, vgl. Loewenheim/*Castendyk*, § 75, Rn. 3.

646 Vgl. *Sack*, ZUM 1987, S. 103 (116).

647 VG Berlin ZUM-RD 2009, 292 (298); so auch *Müller-Rüster*, S. 242; siehe auch Ziff. 8.6 der ARD-/ZDF-Werberichtlinien, wonach die Vorschriften zum Verbot der Schleichwerbung auch bei fremdproduzierten Beiträgen anzuwenden seien und deren Einhaltung besonders zu überprüfen ist.

des Rundfunkveranstalters liegt, durch entsprechende vertragliche Regelungen die Einhaltung der rundfunkrechtlichen Vorschriften durch den jeweiligen Produzenten sicherzustellen. Daher ist es auch keine unbillige Belastung des Rundfunkveranstalters, ihn im Gegenzug bei einem Verstoß gegen die entsprechenden Regelungen durch den Produzenten in die Verantwortung zu nehmen und ihn mit der Zurechnung einer auf Seiten des Produzenten vorliegenden Werbeabsicht zu belasten.

Etwas anderes gilt jedoch für die Ausstrahlung von Fremdproduktionen, da hier eine entsprechende Einflussmöglichkeit der Rundfunkveranstalter regelmäßig nicht gegeben sein wird und abgesehen hiervon auch die redaktionelle Unabhängigkeit faktisch kaum beeinträchtigt werden kann.[648] Zudem wäre die Durchführung des Programmauftrages sowie die Programmfreiheit in erheblichem Maße beeinträchtigt, wenn wegen der Zurechenbarkeit einer Werbeabsicht massenattraktive Programme durch die Rundfunkveranstalter nicht mehr ausgestrahlt würden.[649] Daher ist nach zutreffender Ansicht die Werbeabsicht Dritter bei Fremdproduktionen nicht den Rundfunkveranstaltern zurechenbar.[650]

### c) Irreführung

Das Tatbestandsmerkmal der Irreführung, wonach die Allgemeinheit durch die Darstellung über den eigentlichen Zweck einer Platzierung, namentlich die Werbeabsicht, irregeführt werden kann, § 2 Abs. 2 Nr. 8 Satz 1 RStV, spiegelt in besonderem Maße das Regelungsziel des Rezipientenschutzes wider. Eine abstrakte Eignung ist hierbei ausreichend und wird bei einer Platzierung regelmäßig aufgrund der Verwischung der Grenze zwischen Werbung und Programm erfüllt sein, die für eine Schleichwerbung gerade typisch ist.[651] Hierdurch wird unvermeidbar der Grundsatz der Trennung von redaktionellem Programm und Werbung unterlaufen. Auf eine objektive Erkennbarkeit des Werbezwecks mit der Folge, dass in diesem Falle die Irreführungsabsicht ausgeschlossen wäre, kommt es jedoch nicht an.[652]

---

648 Ebenso *Engels/Giebels*, ZUM 2000, S. 265 (278).

649 *Gounalakis*, WRP 2005, S. 2005, S. 1476 (1479); *Sack*, ZUM 1987, S. 103 (116); *Bosman*, ZUM 1990, S. 545 (552); *Müller-Rüster*, S. 243.

650 H. M., vgl. ebd.

651 Hahn/Vesting/*Ladeur*, § 7, Rn. 47; näher zur objektiven Erkennbarkeit *Müller-Rüster*, S. 257 f.

652 H. M., vgl. etwa OVG Rheinland-Pfalz, ZUM 2009, S. 507 (512); OVG Lüneburg, NVwZ-RR 2000, S. 96; *Gounalakis*, WRP 2005, S. 1476 (1484); *Holznagel/Stenner*, ZUM 2004, S. 617 (619).

### d) Rechtfertigung

Eine Platzierung, die nach den zuvor aufgeführten Tatbestandsmerkmalen als Schleichwerbung zu klassifizieren gewesen wäre und auch heute noch als solche zu klassifizieren ist, konnte und kann gleichwohl durch den verfassungsrechtlichen Programmauftrag unter bestimmten Voraussetzungen gerechtfertigt und damit zulässig sein. Voraussetzung hierfür ist jedoch, dass für die Platzierung kein Entgelt erbracht wurde, da andernfalls die Wirkung der unwiderleglichen Vermutung nach § 2 Abs. 2 Nr. 8 Satz 2 RStV eingetreten wäre, sondern dass es sich um eine unentgeltlich zur Verfügung gestellte Produktionshilfe handelt.[653]

Der Maßstab für eine Rechtfertigung ist, dass – parallel zu den oben[654] für den Trennungsgrundsatz dargelegten Grundsätzen – die mit der Integration eines Produktes in ein Programm verbundene Werbewirkung insofern unvermeidbar war, als der Programmauftrag andernfalls nicht hätte erfüllt werden können.[655] Hierfür können etwa journalistische, dramaturgische oder redaktionelle Gründe ausschlaggebend sein.[656] Keine Schleichwerbung i. S. v. § 6 Abs. 5 Satz 2 RStV a. F. lag und liegt daher vor, wenn sich die Abbildung von real existierenden Markenprodukten in der bloßen Darstellung der realen Wirklichkeit erschöpft, denn insbesondere im fiktionalen Bereich, namentlich bei Serien oder Filmen, besteht das Ziel in einer möglichst wirklichkeitsgetreuen Darstellung. In diesem Fall ist eine unentgeltliche Platzierung daher trotz ihrer Werbewirkung – und ohne Kennzeichnung – zulässig, allerdings vorausgesetzt, es wurde hierbei nicht die Grenze zur auffälligen und attraktiven Präsentation überschritten und die werbliche Aussage damit jenseits der objektiven Realität inszeniert.[657] Dies ist insbesondere dann anzunehmen, wenn die Darstellung augenscheinlich über die bloße Abbildung der Lebenswirklichkeit hinausgeht, etwa durch die Dauer der Einblendung oder auch durch die dramaturgische Darstellung, wobei dies jeweils im Einzelfall zu beurteilen ist.[658] Aber auch im nicht-fiktionalen Bereich, namentlich in Informationsformaten sowie Unterhaltungssendungen jeglicher Art kann bei Vorliegen von entsprechenden redaktionellen oder journalistischen Gründen die Rechtfertigung einer Platzierung gegeben sein.[659] Bei Nachrichtensendungen resultiert eine entsprechende Rechtfertigung etwa aus einer überge-

---

653 Vgl. hierzu oben D. I. b) (1).
654 Vgl. oben C. V. 3. b).
655 *Gounalakis*, WRP 2005, S. 1476 (1481).
656 Ebd.; auch *Sack*, ZUM 1987, S. 103 (115).
657 Vgl. *Hesse*, S. 107.
658 Vgl. *Puff*, S. 83; *Kreile*, ZUM 2009, S. 709 (712 f.); vgl. zum Trennungsgrundsatz oben, C. V. III. b).
659 Vgl. *Platho*, ZUM 2000, S. 46 (53).

ordneten Informationspflicht, wenn die Information an sich untrennbar mit einem Produkt oder einer Marke verbunden ist, so dass damit zusammenhängende Werbeeffekte in Kauf zu nehmen sind. Bei Gewinnspielen unter Auslobung eines Preises ist gleichfalls die sachlich gebotene Präsentation des Gewinns zulässig, da andernfalls das Gewinnspiel nicht möglich wäre.[660]

### 2. Verhältnis von Schleichwerbung und Trennungsgrundsatz

Die Regelung zur Schleichwerbung nach § 2 Abs. 2 Nr. 8 Satz 1 RStV stellt eine spezielle Ausgestaltung des Grundsatzes der Trennung von Werbung und redaktionellem Programm dar.[661] Zwar umfasst Werbung i. S. v. § 2 Abs. 2 Nr. 7 RStV grundsätzlich jede Äußerung mit dem Ziel der Absatzförderung, ohne dass es darauf ankommt, ob die Äußerung innerhalb einer Sendung oder etwa außerhalb des Programms im Rahmen eines Werbeblocks erfolgt. Danach gilt der Trennungsgrundsatz uneingeschränkt auch für eine programmintegrierte Werbeaussage. Allerdings ist die Einhaltung des Trennungsgrundsatzes bei programmintegrierten Werbeaussagen wie etwa der Schleichwerbung besonders schwierig, denn gerade aufgrund ihrer Natur kann bei dieser regelmäßig kaum mehr eine zeitliche noch eine räumliche Trennung von dem restlichen Programm sichergestellt werden. Daher ist eine eigene Regelung, die den besonderen Umständen der Schleichwerbung Rechnung trägt, auch gerechtfertigt.

Die spezielle Regelung zum Verbot von Schleichwerbung geht zudem auch im Hinblick auf den Ausnahmetatbestand einer zulässigen, weil gerechtfertigten Schleichwerbung mit dem allgemeinen Trennungsgrundsatz konform, da bei einer gerechtfertigten Schleichwerbung, die als Bestandteil der realen Umwelt und Lebenswirklichkeit nicht ausgespart werden kann und daher unvermeidlich ist, der Trennungsgrundsatz gerade nicht beeinträchtigt wird.[662]

## II. Neue Rechtslage

### 1. Richtlinie 2010/13/EU

Mit Inkrafttreten der AVMD RL wurden auf europäischer Ebene die Weichen für die Zulässigkeit der Produktplatzierung gestellt, indem zunächst der Begriff

660 Vgl. *Gounalakis*, WRP 2005, S. 1476 (1481); *Platho*, ZUM 2000, S. 46 (48).

661 H.M.; so auch *Hesse*, S. 105; *Müller-Rüster*, S. 269; *Engels/Giebel*, ZUM 2000, S. 265 (269); wohl auch *Mallick*, S. 151; vgl. zum Trennungsgrundsatz oben C. V. 3. b).

662 Vgl. oben D. I. 1. d); BGH NJW 1990, S. 3199 (3201).

eingeführt und kodifiziert wurde und zudem die rechtlichen Zulässigkeitsvoraussetzungen geregelt wurden.

### a) Schleichwerbung

Zunächst ist jedoch darauf hinzuweisen, dass der europäische Gesetzgeber auch nach neuer Rechtslage und damit nach Einführung von (in Ausnahmefällen zulässigen) Produktplatzierungen daran festhält, dass Schleichwerbung in der audiovisuellen kommerziellen Kommunikation ausnahmslos verboten ist, Art. 9 Abs. 1 lit. a) AVMD RL.[663] Schleichwerbung in der audiovisuellen kommerziellen Kommunikation im Sinne der kodifizierten AVMD-Richtlinie ist nach Art. 1 lit. j) AVMD RL „*die Erwähnung oder Darstellung von Waren, Dienstleistungen, dem Namen, der Marke oder den Tätigkeiten eines Herstellers von Waren oder eines Erbringers von Dienstleistungen in Sendungen, wenn sie vom Mediendiensteanbieter absichtlich zu Werbezwecken vorgesehen ist und die Allgemeinheit über ihren eigentlichen Zweck irreführen kann. Eine Erwähnung oder Darstellung gilt insbesondere dann als beabsichtigt, wenn sie gegen Entgelt oder eine ähnliche Gegenleistung erfolgt*“. Die Definition der Schleichwerbung hat sich damit – abgesehen davon, dass sich der Begriff nicht mehr nur auf Fernsehveranstalter, sondern auf alle Mediendiensteanbieter bezieht, also zusätzlich Anbieter von sog. nicht-linearen Mediendiensten auf Abruf (z.B. Videoabruf) gem. Art. 1 Abs. 1. lit. a) i) i.V.m. Art. 1 Abs. 1. lit. g) AVMD RL umfasst – nicht verändert.[664] Das maßgebliche Abgrenzungskriterium der Schleichwerbung von der Produktplatzierung ist dabei die mangelnde Kennzeichnung.[665] Hinsichtlich des rechtssystematischen Nebeneinanders von Schleichwerbung und Produktplatzierung bestehen keinerlei Bedenken, da durch die Hinweis- bzw. Kennzeichnungspflichten ein hinreichendes Unterscheidungsmerkmal und damit eine nachvollziehbare Grenze etabliert wurde. Insbesondere besteht somit bei einer rechtmäßigen Produktplatzierung im Sinne der AVMD RL gerade nicht die Gefahr der werblichen Irreführung.[666]

### b) Produktplatzierung

Die rechtlichen Vorgaben für eine Produktplatzierung sind im neu geschaffenen Art. 11 AVMD RL zusammengefasst.

---

663 Vgl. Art. 10 Abs. 4 FsRL.

664 Vgl. oben B. II. 2. a) (3) (b).

665 Vgl. *Emrich*, S. 251, der den engen Bezug zwischen Schleichwerbung und Produktplatzierung besonders betont.

666 Vgl. auch Erwägungsgrund 90 der Richtlinie 2010/13/EU.

*(1) Grundsätzliches Verbot*

In Art. 11 Abs. 2 AVMD RL ist unmissverständlich das grundsätzliche Verbot der Produktplatzierung geregelt: „*Produktplatzierung ist untersagt.*" Damit hat man sich am Ende nach langen Diskussionen am Ende für ein Präventivverbot mit Erlaubnisvorbehalten, d. h. also ein grundsätzliches Verbot der Produktplatzierung unter Zulassung bestimmter Ausnahmen entschieden. Dennoch hat die Diskussion darüber, ob nicht vielmehr die grundsätzliche Zulassung der Produktplatzierung (mit einzeln konkretisierten Verboten) sinnvoller ist, offensichtlich ihre Spuren in den Erwägungsgründen zur Richtlinie hinterlassen. Denn während in Erwägungsgrund Nr. 55 davon die Rede ist, dass „*die Produktplatzierung [...] unter bestimmten Voraussetzungen erlaubt werden*" sollte, heißt es in Erwägungsgrund Nr. 62: „*Die Produktplatzierung sollte grundsätzlich verboten sein.*" Dies kann insofern als verwirrend aufgefasst werden, als es gerade im Hinblick auf Art. 11 Abs. 3 Satz 1 AVMD RL, der den Mitgliedstaaten die Möglichkeit einräumt, abweichende Regelungen zu erlassen, einen Unterschied ausmacht, ob die Produktplatzierung im Grundsatz erlaubt oder verboten sein soll.[667] Denn den Mitgliedstaaten, denen auf der einen Seite Abweichungen hinsichtlich der einzelnen Ausnahmen eingeräumt werden, fehlt auf der anderen Seite die Vorgabe einer groben Marschrichtung.[668]

*(2) Ausnahmen*

Der europäische Gesetzgeber hat in Art. 11 Abs. 3 Unterabs. 1 AVMD RL bestimmte Ausnahmen von dem grundsätzlichen Verbot von Produktplatzierungen für einzelne Sendeformate sowie für unentgeltliche Produktbeistellungen ausdrücklich geregelt:

„*Sofern die Mitgliedstaaten nichts anderes beschließen, ist Produktplatzierung abweichend von Absatz 1 zulässig*

*a) in Kinofilmen, Filmen und Serien für audiovisuelle Mediendienste, Sportsendungen und Sendungen der leichten Unterhaltung oder*

*b) wenn kein Entgelt geleistet wird, sondern lediglich bestimmte Waren oder Dienstleistungen wie Produktionshilfen und Preise im Hinblick auf ihre Einbeziehung in eine Sendung kostenlos bereitgestellt werden.*

*Die Abweichung nach Buchstabe a gilt nicht für Kindersendungen.*"

667 So im Ergebnis auch *Puff*, S. 66.

668 Ähnlich *Mallick*, S. 66.

(a) Bestimmte Formate

An erster Stelle sieht der Gesetzgeber mithin eine Ausnahme vom grundsätzlichen Verbot für bestimmte, näher bezeichnete Formate vor. Denn bereits bei den der Verabschiedung der Richtlinie vorangegangenen Diskussionen waren sich die Befürworter einer Liberalisierung weitestgehend einig darin, dass bei fiktionalen Inhalten, d. h. bei Kinofilmen sowie Filmen und Serien für audiovisuelle Mediendienste, kommerzielle Produktplatzierungen zulässig sein sollten.[669] Hintergrund hierfür war vor allem, dass die Wettbewerbsfähigkeit von deutschen Produktionen gegenüber außereuropäischen Produktionen gestärkt werden sollte. Denn insbesondere aufgrund der Tatsache, dass in US-amerikanischen Produktionen Produktplatzierungen schon seit Langem gängig und zulässig waren, waren Produktionen aus den europäischen Staaten, in denen Produktplatzierungen verboten waren, erheblich benachteiligt. Dieses Argument für die Liberalisierung von Produktplatzierungen darf jedoch in der Regel nicht für nicht-fiktionale Sendeformate, wie etwa Gameshows oder Talkshows, herangezogen werden, da diese normalerweise nicht mit ausländischen Produktionen im Wettbewerb stehen, sondern lediglich für den nationalen Markt produziert werden.[670] Daher besteht in diesem Bereich grundsätzlich auch kein Wettbewerbsnachteil für inländische Produzenten. Gleichwohl hat sich der europäische Gesetzgeber letztendlich dafür entschieden, auch in „*Sendungen der leichten Unterhaltung*" Ausnahmen vom Verbot der Produktplatzierung zuzulassen. Während hingegen die anderen in Art. 11 Abs. 3 lit. a) der AVMD RL genannten Genres, also Kinofilm, Film und Serie für audiovisuelle Mediendienste, sowie Sportsendungen relativ klar umrissene Formate sind, ist der Begriff der Sendung der leichten Unterhaltung nicht so einfach zu fassen: Zur Abgrenzung sind unterhaltende Sendungen zunächst als Gegenstück zu informierenden Sendungen zu sehen. Hierzu zählen insbesondere Nachrichtenprogramme, Programme zum aktuellen Zeitgeschehen, Ratgeberprogramme oder Dokumentarfilme. Vor allem bei dieser Art von Inhalten ist im Hinblick auf die journalistisch-redaktionelle Unabhängigkeit jegliche Werbung kritisch zu sehen.[671] Bei Sendungen der leichten Unterhaltung hingegen steht grundsätzlich das unterhaltende Element klar im Vordergrund; ein fiktionaler Handlungsstrang existiert in der Regel nicht. Beispiele hierfür sind dem-

669 Siehe *Mallick*, S. 237 mwN.

670 Siehe *Mallick*, S. 237.

671 Vgl. hierzu insbesondere den Vorschlag der Kommission zu Beginn des Rechtsetzungsverfahrens, der in Art. 3h Nr. 4 noch folgende Regelung enthielt: „*Nachrichtensendungen und Sendungen zum aktuellen Zeitgeschehen dürfen weder gesponsert werden noch Produktplatzierung enthalten. Audiovisuelle Mediendienste für Kinder und Dokumentarfilme dürfen keine Produktplatzierung enthalten*", KOM(2005) 646, S. 28.

nach etwa Quiz- oder Spiel-Shows, Musiksendungen, Comedysendungen oder Realityshows.[672] Besonders schwierig ist die Einordnung von sog. Infotainment-Formaten, die sich in der heutigen deutschen Fernsehlandschaft sehr großer Beliebtheit erfreuen.[673] Kennzeichnend für dieses Format ist die Vermengung von Informations- und Unterhaltungselementen – Themen wie Politik, Kultur oder Erziehung werden dabei zum Gegenstand von Unterhaltungssendungen gemacht.[674] Unter Berücksichtigung der besonderen Schutzwürdigkeit von informierenden Sendungen kann bei Infotainment-Formaten die Zulässigkeit von Produktplatzierungen allerdings nur in engen Grenzen gerechtfertigt sein. Es ist daher notwendig, dass die konkrete Sendung weit überwiegend der Unterhaltung zuzuordnen ist und keineswegs den Anschein eines neutralen, journalistischen Hintergrundes erweckt.[675] Sobald Schwierigkeiten bestehen, ein Format seinem Schwerpunkt nach eindeutig entweder der Information oder der Unterhaltung zuzuordnen, ist für kommerzielle Produktplatzierungen kein Raum. Grundsätzlich gilt wegen des grundsätzlichen Verbots der Produktplatzierung ohnehin bei sämtlichen Ausnahmen, dass diese streng restriktiv auszulegen sind.[676] Dies ist vor allem auch dann zu beachten, wenn sich die Sendungen inhaltlich an Kinder richten: Denn nach Art. 11 Abs. 3 Unterabs. 2 AVMD RL gelten die Ausnahmen für die einzeln aufgeführten Formate dann nicht, wenn es sich um „Kindersendungen" handelt. Hierbei ist in Zweifelsfällen gleichfalls ein strenger Maßstab anzusetzen.

(b) Kostenlose Bereitstellung

Kostenlos bereitgestellte Produktionshilfen sind nach Art. 11 Abs. 3 Unterabs. 1 lit. b) AVMD RL ebenfalls in Abweichung vom grundsätzlichen Verbot von Produktplatzierungen zulässig.[677] Wie sich aus der Definition der Produktplatzierung in Art. 1 Abs. 1 lit. m) AVMD RL in einer Zusammenschau mit den Erwägungsgründen ergibt, gilt dies jedoch lediglich für Waren und Dienstleistungen von bedeutendem Wert, die im Hinblick auf deren Einbeziehung in die jeweilige

---

672 Castendyk/Dommering/Scheuer/*Ullrich*, Art. 11 Abs. 3 TWFD, Rn. 39; Spindler/Schuster/*Holznagel/Stenner*, § 44 RStV Rn. 31.

673 Vgl. zum Begriff *Klöppel*, S. 16 ff.

674 *Mallick*, S. 239.

675 Ebd.

676 *Schulz*, EuZW 2008, S. 107 (110).

677 Der Begriff der Produktionshilfe ist dabei von demjenigen der Beistellung zu unterscheiden, welcher im Kontext mit Auftragsproduktionsverträgen bereits eine eigenständige Bedeutung hat, vgl. Loewenheim/*Castendyk*, § 75, Rn. 146.

Sendung zur Verfügung gestellt wurden.[678] Nach der ausdrücklichen gesetzlichen Regelung fallen hierunter auch Preise, die von Zuschauern gewonnen werden können und zu diesem Zweck von einem Unternehmen unentgeltlich zur Verfügung gestellt wurden. Soweit die bedeutende Wertgrenze unterschritten ist, gelten zwar nicht die Regelungen zur Produktplatzierung, allerdings sind dann die Vorschriften zur Schleichwerbung zu berücksichtigen, die nicht nach dem Wert des platzierten Objekts unterscheiden.[679]

(c) Abweichen der Mitgliedstaaten

Von den Vorgaben des Gesetzgebers können die Mitgliedstaaten jedoch gem. Art. 11 Abs. 3 Unterabs. 1 AVMD RL abweichen und auf die Umsetzung einzelner Ausnahmen teilweise oder vollständig verzichten; insbesondere steht es den Mitgliedstaaten beispielsweise frei, Produktplatzierungen nur in Produktionen zuzulassen, die nicht ausschließlich in deren Hoheitsgebiet hergestellt wurden.[680] Aufgrund dieser sog. Opt-Out-Option haben die Mitgliedstaaten darüber hinaus sogar die Möglichkeit, ein vollständiges Verbot von Produktplatzierungen auszusprechen, indem die Ausnahmeregelungen in ihrer Gesamtheit nicht in nationales Recht umgesetzt werden.[681] Auch haben die Mitgliedstaaten gem. Art. 11 Abs. 3 Unterabs. 4 AVMD RL die Möglichkeit, bei Fremdproduktionen auf die Kennzeichnungspflicht nach Art. 11 Abs. 3 Unterabs. 3 lit. d) AVMD RL zu verzichten.

Es ist hierbei auf der einen Seite grundsätzlich positiv zu bewerten, dass der europäische Gesetzgeber die letzte Entscheidung in die Hände der Mitgliedstaaten legt und diesen die Grundentscheidung hinsichtlich der Liberalisierung von Produktplatzierungen überlässt. Andererseits ist gerade die auch vom Gesetzgeber gesehene Möglichkeit, Produktplatzierungen gegebenenfalls nur in Produktionen zuzulassen, die nicht ausschließlich im jeweiligen Mitgliedstaat produziert wurden, kritisch zu sehen. Entscheidet sich ein Mitgliedstaat für eine solche Regelung, so hat dies erhebliche Relevanz für die Wahl des Standortes von Produktionsfirmen und kann schließlich sogar den Umzug aus einem Mitgliedsstaat mit strengeren Regelungen in einen liberaleren Mitgliedstaat bedeuten.[682] Denn die Frage, eine Produktion ausschließlich in einem Land herzustellen, ist in der Regel nicht nur auf bloße Willkür zurückzuführen, sondern ist meist untrennbar mit den Fragen der Finanzierbarkeit eines Vorhabens verbunden. Gerade bei

---

678 Vgl. hierzu oben B. II. 2. d) (2) (d).
679 Vgl. oben D. II. 1. a).
680 So ausdrücklich klargestellt in Erwägungsgrund Nr. 92 der Richtlinie 2010/13/EU.
681 *Leitgeb*, S. 396.
682 Vgl. auch *Schmittmann/Kempermann*, AfP 2006, S. 536 (538).

aufwendigen Produktionen wird Geld aus verschiedenen Töpfen und mithin auch aus mehreren Ländern geschöpft, so dass diese Möglichkeit die Produktionspraxis nur unzureichend abbildet. Insbesondere Deutschland hat jedoch von dieser Möglichkeit erfreulicherweise keinen Gebrauch gemacht.[683]

*(3) Weitere Tatbestandsvoraussetzungen*

Fällt eine konkrete Sendung unter eine der geregelten Ausnahmen, so ist grundsätzlich die Möglichkeit zur Integrierung von Produktplatzierungen eröffnet. Im Hinblick auf die Schutzwürdigkeit der Zuschauer sowie zum Schutz der redaktionellen Unabhängigkeit der Anbieter werden an eine zulässige Produktplatzierung jedoch weitere Anforderungen gestellt. Diese in Art. 11 Abs. 3 Unterabs. 3 lit. a bis d AVMD RL geregelten Voraussetzungen müssen kumulativ erfüllt sein, andernfalls bleibt es beim Verbot der konkreten Platzierung. Abgesehen hiervon wird in Art. 11 Abs. 3 Unterabs. 3 AVMD RL klargestellt, dass mit diesen Bestimmungen lediglich ein Mindestmaß („*müssen mindestens alle folgenden Anforderungen erfüllen*") geregelt wird.

(a) Keine Beeinträchtigung der Programmautonomie

Durch die Produktplatzierung dürfen weder Inhalt noch Programmplatz so beeinflusst werden, dass die redaktionelle Verantwortung sowie die Unabhängigkeit des Mediendiensteanbieters beeinträchtigt werden. Schutzgut dieser Bestimmung ist die Autonomie der Programmgestaltung. Bei näherem Hinsehen jedoch zeigt sich, dass die Grenzziehung im konkreten Fall nicht problemlos möglich ist, denn die Bemühung um die Beeinflussung der Programmverantwortlichen stellt eine der Produktplatzierung immanente Gefahr dar: Allein die Erbringung einer Gegenleistung kann bereits die Unabhängigkeit der Verantwortlichen berühren und die Entscheidung darüber beeinflussen, ob überhaupt Produkte im Programm abgebildet werden.[684] Dies gilt jedenfalls dann, wenn im Übrigen keine dramaturgischen oder sonstigen Gründe hierfür geboten sind.[685] Wesentlich höher als die Schwelle zur Beeinträchtigung der redaktionellen Unabhängigkeit des Mediendiensteanbieters ist jedoch diejenige zur Beeinträchtigung von dessen redaktioneller Verantwortung. Zur Vermeidung von Missverständnissen ist jedoch an dieser Stelle zu differenzieren: Juristisch gesehen ist der Mediendienstanbieter ohnehin für das Programm und die dort verbreiteten Inhalte vollumfänglich ver-

683 Vgl. zum Ganzen unten D. II. 2.
684 Vgl. *Gounalakis/Wege*, K&R 2006, S. 97 (101).
685 Ebd.

antwortlich, unabhängig davon, ob das jeweilige Programm rechtlich zulässige oder aber unzulässige Produktplatzierungen enthält.[686] Gemeint ist daher an dieser Stelle nicht die juristische Verantwortung des Mediendiensteanbieters für die ausgestrahlten redaktionellen Inhalte, sondern vorab die uneingeschränkte Entscheidungsbefugnis bei der Auswahl und Zusammenstellung der redaktionellen Inhalte. Naturgemäß ist hier der Maßstab für eine Beeinträchtigung oder gar den Verlust der redaktionellen Verantwortlichkeit im Sinne der Entscheidungsfreiheit und -befugnis erheblich strenger. Auch für die Beeinträchtigung der redaktionellen Unabhängigkeit gilt jedoch, dass jedenfalls nicht jede aktive Integrierung eines Produkts in eine Sendung zugleich auch als Beeinträchtigung der redaktionellen Verantwortung eingestuft werden darf, da andererseits die Vorschrift ihren Zweck verfehlen würde.[687] Vielmehr ist hierfür erforderlich, dass durch die seitens des Werbenden gestellten Bedingungen im Zusammenhang mit einer Platzierung eine gewisse Grenze überschritten wird, die den Mediendiensteanbieter, namentlich den Rundfunkveranstalter über das unbedingt erforderliche Maß hinaus verpflichtet. So ist von einer Gefährdung der redaktionellen Verantwortung etwa dann auszugehen, wenn Drehbücher eigens für einen Werbeträger ausgearbeitet wurden oder eine Sendung oder ein Programm auf nur einen konkreten Hersteller ausgerichtet ist und wenn Einfluss auf die programmlichen Grundentscheidungen wie etwa den Hauptplot einer Sendung genommen wird.[688] Ebenso wäre die Grenze bei – im Übrigen ohnehin gem. § 7 Abs. 7 Satz 1 RStV verbotenen – Themenplatzierungen überschritten.[689]

(b) Aufforderungsverbot

Von der Produktplatzierung darf weiterhin keine Aufforderung zu Kauf, Miete oder Pacht der entsprechend dargestellten Produkte ausgehen, insbesondere nicht durch spezielle verkaufsfördernde Hinweise. Damit beschränkt sich die Werbebotschaft einer zulässigen Platzierung auf die bloße Darstellung von Produkt oder Dienstleistung. Für den Zuschauer und Konsument der Werbung soll die Werbebotschaft also nicht als solche erkennbar sein.[690] Um aus Sicht der werbetreibenden Industrie jedoch die Vorzüge der Produktplatzierung gegenüber Werbeblöcken – insbesondere im Hinblick auf die kritische Haltung und die Skepsis

686 Vgl. Castendyk/Dommering/Scheuer/*Castendyk*, Art. 3g AVMSD, Rn. 22; *Castendyk*, ZUM 2010, S. 29 (36).

687 So auch *Mallick*, S. 240.

688 Vgl. *Leitgeb*, ZUM 2006, S. 837 (842); *Mallick*, S. 240; ähnlich Castendyk/Dommering/Scheuer/*Castendyk*, Art. 3g AVMSD, Rn. 22.

689 Vgl. Erwägungsgrund Nr. 93 der Richtlinie 2010/13/EU; vgl. oben B.III. 2. d).

690 Vgl. *Puff*, S. 69 f.

der Zuschauer gegenüber Spotwerbung – nicht zu unterlaufen, werden derartige ausdrückliche Aufforderungen in der Praxis wohl eher selten zu erwarten sein.[691] Daher wird dieser Bestimmung in der Praxis auch eher eine geringe Bedeutung zukommen.

(c) Herausstellungsverbot

Weiterhin ist eine Produktplatzierung dann unzulässig, wenn das betreffende Produkt in der Sendung zu stark herausgestellt wird. Zweck dieser Vorschrift ist, dass der Verbraucher vor plakativen und aufdringlichen Produkteinblendungen geschützt wird.[692] Wie sich aus dem Wortlaut der Richtlinie „*zu stark*“ ergibt, ist jedoch nicht per se jegliche Herausstellung unzulässig. Hierbei schließt sich jedoch die Frage an, wo die Grenze zwischen zulässiger und unzulässiger Herausstellung im Einzelfall zu ziehen ist, um eine Abgrenzung im konkreten Fall zu ermöglichen. *Creative Placements*, bei denen ein Produkt in die jeweilige Handlung mit eingebunden wird, sind nach zutreffender Ansicht grundsätzlich als zulässig einzustufen.[693] Denn erst, wenn über die Einbindung an sich hinaus eine explizite werbliche Erwähnung erfolgt, ist von der Überschreitung der Zulässigkeitsgrenze auszugehen. Neben der akustischen kommt dabei auch die visuelle Herausstellung in Betracht; hier sind die Grenzen jedoch noch schwieriger zu ziehen. Für eine zu starke Herausstellung sprechen etwa auffallend häufige Einblendungen, eine einseitige Kameraführung oder großformatige Aufnahmen, wobei eine Beurteilung nur anhand des Einzelfalles Fall erfolgen kann. Als Beispiel für die Abgrenzung sollen hier die Umstände des L'TUR-Placement in der ARD-Serie „Marienhof“ dienen.[694] In der Serie leitete eine der Protagonistinnen ein Reisebüro, welches mit den Marken und Kennzeichen von L'TUR ausgestattet war. Dies allein wäre nach Art. 11 Abs. 3 AVMD RL jedoch nicht zu beanstanden, soweit die redaktionelle Verantwortung und Unabhängigkeit der Programmverantwortlichen gewahrt ist, wovon bei vorliegender Betrachtung auszugehen ist. Über die bloße Darstellung hinaus wurden jedoch die Produkte von L'TUR besonders hervorgehoben: So buchte nicht nur eine Figur der Serie eine L'TUR-Reise, sondern lobte darüber hinaus auch ausdrücklich deren günstigen Preis. Nach heutiger Rechtslage handelte es sich hier um einen Fall von Art. 11 Abs. 3 Unterabs. 3 lit. c) AVMD RL, da eine zu starke Herausstellung der Produkte vorlag.

---

691 So ebd., S. 70.

692 Vgl. ebd., S. 70.

693 Vgl. zum Begriff oben B.IV.3.; ebenso *Mallick*, S. 241.

694 Vgl. oben Fußnote 10; siehe auch *Mallick*, S. 241.

(d) Hinweis- und Kennzeichnungspflicht

Das Befolgen der Hinweis- und Kennzeichnungspflicht nach Art. 11 Abs. 3 Unterabs. 3 lit. d) AVMD RL ist für die Abgrenzung der zulässigen Produktplatzierung von der unzulässigen Schleichwerbung entscheidend. Der europäische Gesetzgeber hat die Pflicht zur Kennzeichnung dabei systematisch als Zulässigkeitsvoraussetzung eingeordnet, wohingegen der Gesetzgeber des Rundfunkstaatsvertrages die Kennzeichnungspflicht als Teil der Definition einer Produktplatzierung verortet hat.[695] Nach der Regelung in Art. 11 Abs. 3 Unterabs. 3 lit. d) AVMD RL müssen die Zuschauer eindeutig auf das Bestehen der Produktplatzierung hingewiesen werden, um auf diese Weise vor einer werblichen Irreführung geschützt zu werden.[696] Die Kennzeichnung hat danach in angemessener Weise, jeweils am Sendebeginn und -ende sowie bei Fortsetzung nach einer Werbeunterbrechung zu erfolgen. Bei der Frage nach der konkreten Gestaltung der Kennzeichnung sind jedoch zwei Aspekte in besonderem Maße zu berücksichtigen und gleichzeitig voneinander zu trennen: So ist die Kennzeichnung in erster Linie im Hinblick auf Sinn und Zweck der entsprechenden Pflicht zu betrachten, welche (allein) in der Schutzbedürftigkeit der Zuschauer vor werblicher Irreführung liegen. Unter diesem Gesichtspunkt wäre eine möglichst auffällige und in der konkreten Situation einzublendende Kennzeichnung der Produktplatzierung zielführend.[697] Die konkrete Nennung des betreffenden Produkts oder der Herstellerfirma würde zudem für den Zuschauer größtmögliche Transparenz bedeuten, da er klar zwischen Werbung und dem Rest des Programms unterscheiden könnte. Auf der anderen Seite darf jedoch nicht unberücksichtigt bleiben, dass mit dem Grad an Auffälligkeit und Heraushebung auch die Aufmerksamkeit gegenüber dem zu bewerbenden Produkt deutlich erhöht wird und damit auch die Werbewirkung zugunsten des platzierten Produktes steigt.[698] Zwar hat sich der europäische Gesetzgeber bei der Produktplatzierung gegen konkrete Vorgaben im Hinblick auf die Ausgestaltung der Hinweise entschieden, wohingegen er bei Sponsoring gem. Art. 10 Abs. 1 lit. c) AVMD RL die Kennzeichnung einer gesponserten Sendung durch die Nennung von Beispielen näher konkretisiert hat. Danach ist unter anderem auch die Darstellung eines Firmenemblems zulässig. Dies ist jedoch vor dem Hintergrund gerechtfertigt, dass die Unterstützung einer Sendung durch ein Unternehmen im Wege des Programmsponsorings das Ziel verfolgt, dem jeweiligen Unternehmen einen Imagegewinn zu verschaffen. Die

---

695 Vgl. unten D. II. 2. d).

696 Vgl. Erwägungsgrund Nr. 90 der Richtlinie 2010/13/EU.

697 So etwa *Danwitz*, AfP 2005, S. 417 (420).

698 Hierauf wurde auch ausdrücklich im Berichtsentwurf des Europäischen Parlaments hingewiesen, Dok.-Nr. A6-0399/2006, Erwägungsgrund 46.

konkrete Absatzsteigerung bestimmter Produkte – wie bei der Produktplatzierung – steht jedoch nicht im Vordergrund. Bei der Produktplatzierung ist der Hinweis unter Berücksichtigung des dargestellten Spannungsfeldes daher neutral und nicht-werblich zu gestalten und auf weitere Angaben zu dem beworbenen Produkt oder dem jeweiligen Unternehmen zu verzichten.[699] Der europäische Gesetzgeber hat sich zudem mit seiner Regelung ausdrücklich gegen den Vorschlag des Europäischen Parlaments entschieden, den Rundfunkveranstalter zu verpflichten, zusätzlich mindestens alle 20 Minuten einen Hinweis auf eine Produktplatzierung während des Programms auszustrahlen.[700] Dies hätte für die Medienveranstalter einen gravierenden Eingriff in deren Programmgestaltungsfreiheit dargestellt.[701]

Nach Art. 11 Abs. 3 Unterabs. 4 AVMD RL steht es den Mitgliedstaaten in Ausnahmefällen frei, bei Produktionen, die entweder vom Veranstalter selbst oder von einem mit ihm verbundenen Unternehmen produziert oder in Auftrag gegeben wurden, von der Hinweis- und Kennzeichnungspflicht abzusehen. Zwar läuft diese Regelung im Falle der Umsetzung durch einen Mitgliedstaat auf eine faktische Privilegierung von Fremdproduktionen hinaus. Allerdings steht dahinter der Gedanke, dass der jeweilige Anbieter nur dann auf die Produktplatzierungen hinzuweisen hat, wenn dieser den Einsatz der Platzierungen auch kontrollieren kann.[702] Dieser Ansatz erscheint überzeugend, da der Veranstalter bei Fremdproduktionen in der Regel kaum Einfluss auf die Produktion nehmen kann und daher auch nur schwer beurteilen kann, ob tatsächlich Produktplatzierungen vorgenommen wurden oder nicht. Zumindest bemerkenswert ist in diesem Zusammenhang noch, dass keine vergleichbare Regelung im Hinblick auf unentgeltliche Produktplatzierungen gilt. Zwar sind hiervon nicht diejenigen Produktionshilfen betroffen, die unter der Wertgrenze i.S.d. AVMD-Richtlinie bleiben,[703] jedoch für alle übrigen Produktionshilfen gilt damit ausnahmslos die Kennzeichnungspflicht. Damit verschärft sich beispielsweise in Deutschland – trotz einer Liberalisierung der Produktplatzierung im Allgemeinen – die Rechtslage in diesem Bereich sogar, da unentgeltliche Produktbeistellungen bzw. Requisitenspenden nach alter Rechtslage auch ohne Kennzeichnung zulässig waren, soweit sie nicht der Verfolgung von Werbezwecken dienten.[704] Andererseits

---

699 So auch *Puff*, S. 71; ähnlich Castendyk/Dommering/Scheuer/*Castendyk*, Art. 3g AVMSD, Rn. 19; a.A. *Gounalakis/Wege*, K&R 2006, S. 97 (99); *Mallick*, S. 244.

700 So aber Art. 3h a Abs. 2 lit. d) des Entwurfs des Europäischen Parlaments, Dok.-Nr. A6-0399/2006.

701 So auch *Mallick*, S. 243.

702 Vgl. Castendyk/Dommering/Scheuer/*Castendyk*, Art. 3g AVMSD, Rn. 21.

703 Vgl. Erwägungsgrund 91 der Richtlinie 2010/13/EU; vgl. oben B. II. 2. d) (2) (d).

704 Vgl. *Kreile*, ZUM 2009, S. 709 (712); *Puff*, S. 72; ausführlich dazu oben D. I. 1. d).

kann selbstverständlich auch bei unentgeltlichen Produktplatzierungen seitens des Zuschauers die Gefahr der werblichen Irreführung bestehen, wenn diese der Förderung des Absatzes dienen. Vor diesem Hintergrund erscheint die verhältnismäßig enge Ausnahmeregelung für Mitgliedstaaten jedenfalls gerechtfertigt.

(e) Produktbezogene Platzierungsverbote

Schließlich sind zum Schutz der Verbraucher die in Art. 10 Abs. 4 AVMD RL benannten Produktplatzierungen ausdrücklich verboten. Hierunter fallen solche Platzierungen, die zugunsten von Zigaretten und sonstigen Tabakprodukten sowie deren Herstellern erfolgen sollen. Des Weiteren darf nicht für Arzneimittel geworben werden, die in dem jeweiligen Mitgliedstaat des jeweiligen Mediendienstanbieters verschreibungspflichtig sind.

### c) Zusammenfassung

Für die Sonderwerbeform der Produktplatzierung gilt nach der nunmehr maßgeblichen Richtlinie 2010/13/EU ein Verbot mit Erlaubnisvorbehalt. Unter den Begriff der Produktplatzierung im Sinne der Richtlinie fallen unentgeltliche Produktionshilfen allerdings nur dann, wenn der Wert des entsprechenden Produktes von bedeutendem Wert ist; seitens des europäischen Gesetzgebers wurde diese Wertgrenze jedoch nicht näher konkretisiert. Ausnahmen von dem Verbot gelten für unentgeltliche Produktplatzierungen sowie für bestimmte Sendeformate, wobei die Mitgliedstaaten Abweichungen von den vorgeschriebenen Ausnahmen vornehmen dürfen. Zulässig sind die Ausnahmen jedoch im konkreten Fall nur dann, wenn die einzelnen Voraussetzungen für Produktplatzierungen (keine Beeinträchtigung der Programmautonomie; Beachten von Aufforderungsverbot, Herausstellungsverbot, Hinweis- und Kennzeichnungspflicht sowie produktbezogenen Platzierungsverboten) eingehalten werden. Schleichwerbung bleibt hingegen weiterhin verboten, sofern sie nicht aus journalistischen, redaktionellen oder dramaturgischen Gründen gerechtfertigt ist.

## 2. Dreizehnter Rundfunkänderungsstaatsvertrag

Der mit Wirkung zum 1. April 2010 in Kraft getretene Rundfunkstaatsvertrag enthält in seinen §§ 7, 15 und 44 die Zulässigkeit von Produktplatzierungen im Rundfunk regelnde Bestimmungen und setzt damit die in der AVMD-Richtlinie enthaltenen Regelungen in einfachgesetzliches Recht um.

## a) Grundsätzliches Verbot der Produktplatzierung

§ 7 Abs. 7 Satz 1 RStV regelt das grundsätzliche Verbot von Produktplatzierungen im Rundfunk. Die Grundkonzeption des Rundfunkstaatsvertrages im Hinblick auf die rechtliche Zulässigkeit von Produktplatzierungen erfolgt damit parallel zu derjenigen der kodifizierten AVMD-Richtlinie, wonach zulässige Produktplatzierungen lediglich eine Ausnahme, keineswegs aber den Regelfall darstellen sollen. Der Rundfunkgesetzgeber geht jedoch über den Wortlaut der AVMD-Richtlinie hinaus, indem er auch Themenplatzierungen ausdrücklich verbietet. Während der deutsche Gesetzgeber dabei die Frage offenlässt, ob die Themenplatzierung eine Variante der Produktplatzierung ist, ordnet der europäische Gesetzgeber die Themenplatzierung eindeutig der Produktplatzierung zu.[705] Die AVMD-Richtlinie enthält demgegenüber keine ausdrückliche Verbots-Regelung im Hinblick auf Themenplatzierungen; nach Ansicht des europäischen Gesetzgebers scheitert die Zulässigkeit einer Themenplatzierung jedoch ausnahmslos an der Regelung gem. Art. 11 Abs. 3 Unterabs. 3 lit. a) AVMD RL wegen der Beeinträchtigung der redaktionellen Unabhängigkeit und Verantwortung.[706] Das ausdrückliche Verbot in § 7 Abs. 7 Satz 1 RStV ist dabei gerade im Hinblick auf den Schutz der Zuschauer auch zu befürworten, da hiervon eine unmissverständliche Signalwirkung ausgeht. Mit der Platzierung von thematischen Inhalten geht regelmäßig eine erhebliche redaktionelle Einwirkung auf die Programminhalte einher, denn redaktioneller Teil und werblicher Teil sind noch mehr als bei einer herkömmlichen Waren- oder Produktplatzierung miteinander verwoben, so dass eine Trennung nach äußeren Merkmalen kaum möglich ist.[707]

## b) Ausnahmen

Das präventive Verbot von Produktplatzierungen gilt jedoch nicht ausnahmslos. Vielmehr regelt § 7 Abs. 7 i. V. m. §§ 15, 44 RStV abschließend die einzelnen Voraussetzungen, unter denen Produktplatzierungen im Rundfunk ausnahmsweise als zulässig zu erachten sind. Konkretisiert werden die Regelungen des Rundfunkstaatsvertrages durch die Werberichtlinien, zu deren Erlass der Rundfunkstaatsvertrag ermächtigt: So regelt § 16f für den Bereich des öffentlich-rechtlichen Rundfunks die Ermächtigung von ARD und ZDF zum Erlass von entsprechenden Richtlinien, die die Zulässigkeit von unentgeltlichen und entgeltlichen

705 Vgl. oben B. III. 2. d); siehe Erwägungsgrund Nr. 93 der Richtlinie 2010/13/EU; a. A. *Müller-Rüster*, S. 123.

706 Vgl. Erwägungsgrund Nr. 93 der Richtlinie 2010/13/EU.

707 Ebenso *Leitgeb*, S. 199.

Produktplatzierungen näher bestimmen. Im Bereich des privaten Rundfunks ermächtigt § 46 RStV die Landesmedienanstalten zum Erlass der entsprechenden Richtlinien.[708] Die Werberichtlinien beanspruchen selbst allerdings keine direkte Außenwirkung; die ARD/ZDF-Werberichtlinien sind jeweils anstaltsinterne Richtlinien, die Gemeinsamen Werberichtlinien der Landesmedienanstalten sind normkonkretisierende Verwaltungsvorschriften, die die Anwendungspraxis der Medienaufsichtsbehörden im Hinblick auf die Regelungen des Rundfunkstaatsvertrags zum Vorteil der Rundfunkveranstalter vereinheitlichen und verstetigen sollen.[709] Dabei wurde bei der Grundkonzeption der Regelungen insbesondere darauf geachtet, dass auch unter den Anstalten möglichst Einigkeit über die entsprechenden Regelungen herrscht; zudem waren die Richtlinien von Anfang an darauf ausgerichtet, dass bei der Anwendung der Richtlinien auch ein entsprechender Erfahrungsaustausch zugrunde gelegt wurde.[710]

Was die Regelungen des RStV angeht, so sind nach der gesetzlichen Konzeption vorrangig die besonderen Zulässigkeitsvoraussetzungen gem. § 15 bzw. § 44 RStV zu prüfen, wobei an dieser Stelle danach unterschieden werden muss, ob es sich um eine Platzierung im öffentlich-rechtlichen oder privaten Rundfunk handelt. Je nach Rundfunkart gelten hierbei unterschiedliche Zulässigkeitsvoraussetzungen. Die in § 7 Abs. 7 RStV enthaltenen allgemeinen Zulässigkeitsvoraussetzungen sind rechtssystematisch erst im Anschluss an die Prüfung der besonderen Voraussetzungen zu prüfen, da § 7 Abs. 7 Satz 2 RStV auf die speziellen Voraussetzungen verweist („[s]*oweit in den §§ 15 und 44 Ausnahmen zugelassen sind* […]“). Da jedoch die Reihenfolge der Prüfung für das Ergebnis ohne Bedeutung bleibt, sollen entgegen der Gesetzessystematik vorliegend die allgemeinen Voraussetzungen der besseren Übersicht halber vorrangig vor den speziellen Voraussetzungen dargestellt werden. Daher werden im Folgenden die für beide Rundfunkarten geltenden Zulässigkeitsvoraussetzungen aufgezeigt. Die jeweiligen Bestimmungen der Werberichtlinien werden an den entsprechenden Punkten jeweils ergänzt.

---

708 Siehe Gemeinsame Richtlinien der Landesmedienanstalten für die Werbung, die Produktplatzierung, das Sponsoring und das Teleshopping im Fernsehen (WerbeRL / FERNSEHEN) (i.d.F. vom 23. Februar 2010) sowie ARD- und ZDF-Richtlinien für Werbung, Sponsoring, Gewinnspiele und Produktionshilfe vom 12. März 2010; vgl. hierzu oben Rn. 149..

709 BayVGH, Urteil vom 28.10.2009, Az. 7 N 09.1377, Rn. 38 f.

710 *Holzgraefe*, MMR 2011, S. 221 (222).

### *(1) Allgemeine Zulässigkeitsvoraussetzungen*

#### (a) Wahrung der redaktionellen Verantwortung und Unabhängigkeit

§ 7 Abs. 7 Satz 2 Nr. 1 RStV schreibt vor, dass die redaktionelle Verantwortung und Unabhängigkeit unbeeinträchtigt bleiben müssen. Es handelt sich hierbei um eine Konkretisierung des Beeinflussungsverbots, welches zentraler Schutzzweck des Trennungsgebots ist und ausdrücklich auch in § 7 Abs. 2 RStV geregelt ist.[711] Bei der Umsetzung in nationales Recht wurde hierbei sprachlich ein strengerer Maßstab angesetzt als in der AVMD-Richtlinie vorgesehen: Art. 11 Abs. 3 Unterabs. 3 lit. a) AVMD RL erachtet Beeinflussungen von Sendungsinhalt und Programmplatz solange als zulässig, wie hierdurch nicht die redaktionelle Verantwortung oder Unabhängigkeit beeinträchtigt werden. § 7 Abs. 7 Satz 2 Nr. 1 RStV verzichtet hingegen auf eine entsprechende Differenzierung bzw. Unterscheidung zwischen zulässiger Beeinflussung und unzulässiger Beeinträchtigung und spricht ganz allgemein nur davon, dass die redaktionelle Verantwortung und Unabhängigkeit unbeeinträchtigt bleiben müssen. Diese sprachliche Verschärfung ist nachvollziehbar und sinnvoll, da gerade die redaktionelle Unabhängigkeit aufgrund der Natur der Produktplatzierung besonders gefährdet ist. Auch wenn eine wechselseitige Beziehung dort nahezu ausgeschlossen ist, wo sich finanzielle Interessen und redaktionelle Verantwortung treffen, dient es auch der Klarheit – ggf. sogar der Abschreckung –, auf zulässige Beeinflussungen in der gesetzlichen Regelung keinen Bezug zu nehmen.[712]

Eine (unzulässige) Beeinträchtigung liegt bereits vor, wenn eines der beiden Schutzgüter beeinträchtigt ist, jedoch kann zwischen der Beeinträchtigung der Unabhängigkeit und der Verantwortung unterschieden werden: Eine Beeinträchtigung der redaktionellen *Verantwortung* ist nur bei einem außerordentlich hohen Grad an Beeinträchtigung zu fürchten, nämlich dann, wenn tatsächlich die eigentlich für die maßgeblichen kreativen Entscheidungen zuständige und verantwortliche Redaktion auf Seiten des Rundfunkveranstalters die maßgebliche Entscheidungsbefugnis an den Werbungtreibenden oder einen von ihm zwischengeschalteten Dritten übertragen hat und entweder selbst über keinerlei eigene oder aber nur eine untergeordnete Entscheidungsbefugnis verfügt. Ein solcher Fall ist sicherlich denkbar, die Konstellation wird aber in der Mehrzahl der Fälle nicht einschlägig sein. In der Praxis hingegen wesentlich häufiger wird der Fall anzutreffen sein, dass durch eine Produktplatzierung die redaktionelle *Unabhängigkeit* gefährdet ist. Dies ist bereits bei einem untergeordneten Mitspracherecht des

711 *Castendyk*, ZUM 2010, S. 29 (36).

712 Vgl. *Müller-Rüster*, S. 286.

Werbungtreibenden anzunehmen, der auf die konkrete Einbindung des Produktes und auf das entsprechende Umfeld Einfluss nimmt, ohne dass er über das Letztentscheidungsrecht verfügt oder die Verantwortlichkeit für die Platzierung trägt. In der Praxis wird ein Verstoß gegen diese Regelung regelmäßig allerdings gar nicht oder nur schwer beweisbar sein; zudem ist die Grenze zwischen einer bloßen Beeinflussung unterhalb der Schwelle zur Beeinträchtigung und einer Beeinträchtigung fließend. Dadurch, dass der Werbungtreibende aufgrund der von ihm erbrachten Gegenleistung ein Interesse an einer möglichst wirkungsvollen Produktplatzierung hat, wird eine gewisse Einflussnahme auf den Rundfunkveranstalter allerdings nicht auszuschließen sein. Ob eine Einflussnahme den Grad einer Beeinträchtigung im Sinne der Vorschrift darstellt, wird in der Praxis in der Regel anhand von Indizien festzumachen sein. Solche aussagekräftige Indizien für das Vorliegen einer Beeinträchtigung liegen etwa dann vor, wenn beispielsweise die Initiative für die Berichterstattung zu einem konkreten Thema, insbesondere einem Produkt, nicht von der Redaktion, sondern einem Dritten, insbesondere einem Hersteller, ausging.[713] Auch bei einer Erwähnung von Produkten in einem Programm, ohne dass hierfür journalistische oder künstlerische Gründe bzw. Anknüpfungspunkte ersichtlich sind, besteht eine Vermutung dafür, dass auf die Ausgestaltung des Sendekonzeptes Einfluss genommen wurde.[714] Letztlich wird hierbei aufgrund von verbleibenden Beweisschwierigkeiten auch zukünftig eine Grauzone bestehen bleiben.[715]

(b) Keine Aufforderung zum Kauf

Weitere Voraussetzung für eine zulässige Produktplatzierung ist gem. § 7 Abs. 7 Satz 2 Nr. 2 RStV, dass diese nicht unmittelbar zu Kauf, Miete oder Pacht von Waren oder Dienstleistungen auffordert und insbesondere keine entsprechenden verkaufsfördernden Hinweise enthält. Diese Bestimmung entspricht dabei nahezu wörtlich der Regelung in Art. 11 Abs. 3 Unterabs. 3 lit. b) AVMD RL. Abweichend ist einzig, dass sich das Verbot von Kaufappellen gem. Art. 11 Abs. 3 Unterabs. 3 lit. b) AVMD RL auf die Produktplatzierungen enthaltende Sendung bezieht, während § 7 Abs. 7 Satz 2 Nr. 2 RStV auf die konkrete Produktplatzierung abstellt. Letztlich ist aber in beiden Fällen die Wirkung der Produktplatzierung als integrierter Teil einer Sendung gemeint. Betrachtet man diese Regelung jedoch vor dem Hintergrund der mit Produktplatzierungen im Rundfunk verbundenen Intention, so erscheint sie überflüssig, denn Sinn und Zweck einer Pro-

713 Vgl. ARD/ZDF-Werberichtlinien, Ziff. 9.3.1.

714 Ebd. mit weiteren Beispielen.

715 *Müller-Rüster*, S. 286.

duktplatzierung ist gerade seine möglichst unauffällige Integrierung in ein Programm, um auf diese Weise den Zuschauer werblich zu beeinflussen, ohne dass ihm dies bewusst ist.[716] Gerade hierdurch soll der mit klassischer Spotwerbung verbundene Nachteil, nämlich dass hierdurch eine ablehnende Haltung der Rezipienten gegenüber der Werbung hervorgerufen wird, vermieden werden. In der Praxis wird die Regelung daher eher von untergeordneter Bedeutung sein. Abgesehen davon, dass die Grundnatur der Produktplatzierung die Regelung des § 7 Abs. 7 Satz 2 Nr. 2 RStV kaum erforderlich macht, ist sie auch weder im Hinblick auf die Schutzbedürftigkeit der Rezipienten noch zur Wahrung der redaktionellen Unabhängigkeit zielführend. Denn gerade die Schutzbedürftigkeit der Rezipienten ist je größer, je weniger offensichtlich eine Werbebotschaft mit dem Programm verknüpft ist; bei einer Aufforderung zum Kauf kann der Zuschauer hingegen die Werbeabsicht ohne Weiteres erkennen.[717] Aber auch die redaktionelle Neutralität ist bei Platzierungen, von denen ein offensichtlicher Kaufappell ausgeht, keineswegs in größerem Maße geschützt, als wenn die Platzierung nicht mit einem derartigen Appell verbunden ist. Die Wahrscheinlichkeit für eine redaktionelle Einflussnahme durch Werbetreibende ist in letzterem Fall womöglich sogar größer, da die Verschleierung des Werbecharakters ein in größerem Maße konzertiertes Vorgehen erfordert, als wenn die Platzierung eine offensichtliche Werbung darstellt, von der ein klarer Kaufappell ausgeht.

(c) Keine zu starke Herausstellung

Eine weitere Gestaltungsbeschränkung enthält § 7 Abs. 7 Satz 2 Nr. 3 RStV, wonach das Produkt nicht zu stark herausgestellt werden darf. Auch diese Regelung deckt sich nahezu identisch mit dem Wortlaut von Art. 11 Abs. 3 Unterabs. 3 lit. c); über diesen hinaus bezieht sich die nationale Regelung auch auf kostenlos zur Verfügung gestellte geringwertige Güter. Was diese Erweiterung des Anwendungsbereiches der Vorschrift angeht, ist die Vorschrift jedoch systematisch inkonsequent,[718] da kostenlos bereitgestellte Waren oder Dienstleistungen, die nicht von bedeutendem Wert i. S. v. § 2 Abs. 2 Nr. 11 RStV sind, nach dieser Definition bereits keine Produktplatzierungen darstellen. Daher ist die Verortung

716 Ähnlich ebd., S. 287.

717 So auch *Leitgeb*, S. 379.

718 Dies war dem Rundfunkgesetzgeber offenbar bewusst, vgl. die Begründung II. 1. b) zu Nr. 3: „*für kostenlos bereitgestellte geringwertige Güter gilt* ***trotzdem*** *das Verbot zu starker Herausstellung*“ (Hervorhebung durch den Verf.).

dieser Regelung in § 7 Abs. 7 Satz 2 Nr. 3 RStV, der sich ausdrücklich auf Produktplatzierungen bezieht, verfehlt.[719]

Wann im Übrigen der Tatbestand der Regelung erfüllt ist, mithin die Frage, wann ein Produkt *zu* stark herausgestellt ist, richtet sich grundsätzlich nach einer Beurteilung im Einzelfall. Aus dem Wortlaut der Bestimmung selbst folgt jedoch bereits, dass nicht jede Herausstellung eines Produkts zwingend zur Unzulässigkeit der Platzierung führt. Denkbar wäre an dieser Stelle, für die Beurteilung einer Platzierung zunächst auf die bislang geltenden Grundsätze zur Schleichwerbung zurückzugreifen. Bei der Beurteilung, ob in einem konkreten Fall eine Schleichwerbung vorlag, war das Vorliegen der Werbeabsicht des Rundfunkveranstalters in der Regel nicht objektiv nachweisbar, jedoch trat eine Vermutung für deren Vorliegen in Kraft, wenn entsprechende Indizien für ein Handeln in Werbeabsicht gegeben waren. Hierzu zählte etwa die Art und Weise der Platzierung. Ein Indiz für ein Handeln in Werbeabsicht lag demnach bei einer besonders auffälligen oder gar unsachlichen Inszenierung eines Produktes vor – etwa durch eine auffallende zeitliche Ausdehnung, häufige Wiederholungen oder eine auffällige Nahaufnahme –, ohne dass hierfür eine dramaturgische oder redaktionelle Notwendigkeit bestanden hätte.[720] Nach zutreffender Ansicht[721] ist jedoch ein unreflektierter Rückgriff auf die dargestellten Grundsätze nicht zielführend. Die Beurteilung von Schleichwerbung nach diesen Grundsätzen geht darauf zurück, dass nach der bislang geltenden Rechtslage Schleichwerbung ausnahmslos verboten und eine zulässige Produktplatzierung nicht vorgesehen war. Aufgrund der Beweisschwierigkeiten im Hinblick auf das Vorliegen der Werbeabsicht des jeweiligen Rundfunkveranstalters als subjektives Merkmal wurde von äußerlich wahrnehmbaren Indizien auf das Vorliegen der subjektiven Werbeabsicht geschlossen. Angesichts der nunmehr geltenden Rechtslage besteht jedoch keine Veranlassung mehr, zum Nachweis des Handelns in Werbeabsicht auf äußere Indizien zurückzugreifen, da das „*Ziel der Absatzförderung*" nunmehr Tatbestandsmerkmal einer zulässigen Platzierung ist, § 2 Abs. 2 Nr. 11 Satz 1 RStV. Vor diesem Hintergrund wäre es nicht gerechtfertigt, für eine (zulässige) Produktplatzierung hinsichtlich der konkreten Ausgestaltung und Art und Weise der Darstellung den Maßstab für die Beurteilung einer (unzulässigen) Schleichwerbung heranzuziehen.[722] Vielmehr ist an dieser Stelle konsequenterweise für die konkrete Darstellung einer Produktplatzierung ein weniger strenger Maßstab

---

719 Siehe Wortlaut des § 7 Abs. 7 Satz 2 RStV „[...] *muss* ***Produktplatzierung*** *folgende Voraussetzungen erfüllen*" (Hervorhebung durch Verf.).

720 Vgl. oben F. I. 1. b) (2); ZUM-RD, 1998, S. 412 (413); ebenso *Leitgeb*, S. 29; Hahn/Vesting/*Schulz*, § 2 Rn. 109 f.

721 *Castendyk*, ZUM 2010, S. 29 (37).

722 So auch *Müller-Rüster*, S. 287.

heranzuziehen, zumal durch die vorgeschriebene Kennzeichnung der Platzierung ein ausreichender Schutz der Zuschauer vor Irreführung gewährleistet ist.[723] Das Tatbestandsmerkmal der zwingenden bzw. unvermeidbaren Darstellung ist angesichts der dargelegten Überlegungen wohl als zu streng anzusehen.[724]

(d) Kennzeichnungspflicht

(d.a) Eigen- und Auftragsproduktionen

§ 7 Abs. 7 Satz 3 RStV regelt das zentrale Tatbestandsmerkmal der Pflicht zur Kennzeichnung. Danach ist auf eine Produktplatzierung eindeutig hinzuweisen, da eine Platzierung ohne eine entsprechende Kennzeichnung aufgrund der damit verbundenen Irreführungsgefahr für die Zuschauer gegebenenfalls der Schleichwerbung unterfällt. Eine Pflicht zur Kennzeichnung besteht dabei in sämtlichen Fällen einer sichtbaren Produkterwähnung oder -darstellung; eine Ausnahme von diesem Grundsatz gilt bei Immobilien sowie Gegenständen, die nicht im freien Handel erhältlich sind.[725] Der Wortlaut der Regelung orientiert sich wiederum eng an der entsprechenden Regelung der AVMD-Richtlinie; maßgeblich für die Art und Weise der Kennzeichnung sind die beiden Merkmale der *„Angemessenheit"* sowie der *„Eindeutigkeit"*. Insbesondere das Merkmal der Angemessenheit soll sicherstellen, dass die Kennzeichnung der Platzierung die Zuschauer vor einer werblichen Irreführung schützt, zugleich aber nicht den Werbeeffekt verstärkt. Um dies zu vermeiden, ist keine Kennzeichnung in der konkreten, die Produktplatzierung enthaltenden Szene erforderlich, sondern lediglich zu Beginn und am Ende einer Sendung sowie nach einer Werbeunterbrechung. Im privaten Rundfunk wurden diese rundfunkrechtlichen Vorgaben in den Gemeinsamen Werberichtlinien der Landesmedienanstalten näher konkretisiert.[726] Danach erfolgt die entsprechende Kennzeichnung durch ein für mindestens drei Sekunden eingeblendetes *„P"* als senderübergreifendes Logo, welches zusätzlich durch einen erläuternden Hinweis, der nicht konkret festgelegt ist, ergänzt wird.[727] Zulässig ist jedoch daneben auch die Nennung des werbenden Unternehmens nebst Einblendung eines Markenlogos am Anfang bzw. am Ende einer Sendung.[728] Für

723 Vgl. zum Merkmal der Kennzeichnung näher unten F. II. 2. b) (1) (c).

724 Ebenso *Castendyk*, ZUM 2010, S. 29 (38); auf das Merkmal der zwingenden Erforderlichkeit stellen aber nach wie vor die ARD/ZDF-Werberichtlinien ab, Ziff. 9.3.3 i. V. m. Ziff. 8.3.

725 Siehe Begründung zum 13. RÄStV, II 1. B. zu Nr. 3.

726 Vgl. Ziff. 4 Nr. 7 der Gemeinsamen Werberichtlinien der Landesmedienanstalten.

727 Als Beispiel vorgeschlagen wird nach Ziff. 4 Nr. 7 der Gemeinsamen Werberichtlinien der Landesmedienanstalten die Erläuterung *„Unterstützt durch Produktplatzierungen"*.

728 Vgl. Ziff. 4 Nr. 8 der Gemeinsamen Werberichtlinien der Landesmedienanstalten.

den öffentlich-rechtlichen Rundfunk wurde zur einheitlichen Kennzeichnung gem. § 7 Abs. 7 Satz 5 RStV gleichfalls die entsprechende Einblendung des Zeichens „*P*“ in den Werberichtlinien festgelegt.[729] Allerdings wird darüber hinaus hinsichtlich der Erläuterung zwischen unentgeltlicher Produktionshilfe und entgeltlicher Produktplatzierung unterschieden: Während bei Ersterer neben dem Zeichen der Zusatz „*unterstützt durch Produktionshilfe*“ einzublenden ist, lautet der Zusatz bei Sendungen, die nur Produktplatzierungen oder sowohl entgeltliche Produktplatzierungen als auch unentgeltliche Produktionshilfen enthalten, „*enthält Produktplatzierung*“.[730] Auch was die Nennung der werbenden Unternehmen am Ende der Sendung bzw. im Abspann angeht, ist die Regelung in den Werberichtlinien der öffentlich-rechtlichen Rundfunkanstalten strenger als die Regelung der Landesmedienanstalten. Denn bei Produktplatzierung ist eine Nennung am Ende gar nicht vorgesehen, lediglich bei unentgeltlichen Produktionshilfen werden die Produktionshelfer in alphabetischer Reihenfolge genannt. Die zusätzliche Einblendung von Logos oder Marken ist jedoch gleichfalls nicht vorgesehen.

Sowohl im öffentlich-rechtlichen Rundfunk als auch im privaten Rundfunk hat man sich bei der Umsetzung der Kennzeichnungspflicht daher für einen generalisierenden Ansatz entschieden, der die Kennzeichnung der konkreten, eine Produktplatzierung enthaltenden Szene nicht vorschreibt. Dies ist auch zielführend, da insbesondere zur Vermeidung von weiteren werblichen Effekten eine Konkretisierung der Kennzeichnung überflüssig ist. Auch wenn hiergegen vorgebracht werden mag, dass eine konkretere Kennzeichnung dem Schutz des Verbrauchers eher Rechnung tragen würde als die allgemeine Kennzeichnung, so ist dies unter dem Gesichtspunkt, dass zugleich hierdurch auch die Werbewirkung verstärkt wird, abzulehnen.[731]

(d.b) Fremdproduktionen

Durch die Regelung des § 7 Abs. 7 Satz 4 RStV hat der Rundfunkgesetzgeber von der Möglichkeit gem. Art. 11 Abs. 3 Unterabs. 4 AVMD RL Gebrauch gemacht, nach welcher unter bestimmten Voraussetzungen auf die Kennzeichnung von Produktplatzierungen in Fremdproduktionen verzichtet werden kann. Fremdproduktionen sind gemäß der Regelung alle Sendungen, die weder vom Rundfunkveranstalter selbst noch von mit diesem verbundenen Unternehmen

729 Vgl. Ziff. 9.4 der ARD und ZDF-Werberichtlinien.
730 Ebd.
731 I.E. so aber *Holzgraefe*, MMR 2011, S. 221 (225).

produziert oder von diesem in Auftrag gegeben wurden.[732] Die Ausnahmeregelung setzt jedoch voraus, dass nicht *„mit zumutbaren Aufwand*" zu ermitteln ist, ob die jeweilige Sendung Produktplatzierungen enthält. Der Rundfunkgesetzgeber will mit der Umsetzung dieser Ausnahme dem Umstand Rechnung tragen, dass der Veranstalter bei von Dritten produzierten oder in Auftrag gegebenen Sendungen regelmäßig keine Einsicht in die internen Produktionsbedingungen und damit in der Regel auch keine Kenntnis über die Einbindung von – entgeltlichen oder unentgeltlichen – Produktplatzierungen hat. Allerdings hat der Rundfunkveranstalter zur Dokumentation des erfolglos gebliebenen Versuches der Nachforschung hierauf gleichfalls im Zusammenhang mit der Sendung bzw. im Videotext oder anderen Medien hinzuweisen, § 7 Abs. 7 Satz 4 Hs. 2 RStV.[733] Mittels der Formulierung *„mit zumutbarem Aufwand*" sollen jedoch die dem Rundfunkveranstalter auferlegten Nachforschungspflichten auf ein vertretbares Maß beschränkt werden.[734] Gemäß den für öffentlich-rechtlichen wie privaten Rundfunk geltenden Werberichtlinien liegt ein Aufwand zumutbaren Ausmaßes übereinstimmend dann vor, wenn der Veranstalter vertraglich oder auf sonstige Weise sicherstellt, dass der jeweilige Lizenzgeber darüber Auskunft erteilt, ob die jeweilige Sendung Produktplatzierungen enthält oder nicht.[735] Denkbar wäre, von dem Bestehen einer Prüfungs- bzw. Aufklärungspflicht des Rundfunkveranstalters erst dann auszugehen, wenn nach einer Sichtung des zu sendenden Lizenzmaterials begründete Anhaltspunkte dafür bestehen, dass die jeweilige Sendung Produktplatzierungen enthält.[736] Enthält eine Sendung aber keine Produktplatzierungen, würden in der Regel auch keine entsprechenden Anhaltspunkte auszumachen sein, so dass dann auch keine Nachforschungspflicht und in der Folge auch keine Hinweispflicht über einen erfolglos gebliebenen Versuch der Nachforschung entstehen könnte.[737] Um sich in der Praxis vor Fehlbeurteilungen in unklaren Fällen zu schützen, wird es für Rundfunkveranstalter daher ratsam sein, in den jeweiligen Lizenzverträgen mit Lizenzgebern regelmäßig eine Regelung zu vereinbaren, wonach dem Lizenzgeber eine entsprechende Informa-

---

732 Näher zur Definition vgl. unten. D II. 2. c)

733 Sog. „sekundäre Kennzeichnungspflicht"; vgl. Ziff. 9.5 Satz 2 der ARD/ZDF-Werberichtlinien, z.B. „Diese Sendung könnte Produktplatzierung enthalten"; vgl. Ziff. 4 Nr. 10 Satz 2 der Gemeinsamen Werberichtlinien der Landesmedienanstalten; vgl. *Müller-Rüster*, S. 289 f., hierauf nicht weiter eingehend *Castendyk*, ZUM 2010, S. 29 (36); zur praktischen Umsetzung mittels Placement-Listen, ebd.

734 Vgl. Begründung zum Dreizehnten Staatsvertrag zur Änderung rundfunkrechtlicher Staatsverträge, S. 8.

735 Vgl. Ziff. 9.5 Satz 3 der ARD/ZDF-Werberichtlinien; vgl. Ziff. 4 Nr. 10 der Gemeinsamen Werberichtlinien der Landesmedienanstalten.

736 So *Volpers*, Studie zur Produktplatzierung, S. 34.

737 Ebd.

tionspflicht übertragen wird und der Produzent damit in die Pflicht genommen wird.[738] Zwar wird die Umsetzung in der Praxis nicht ganz unproblematisch sein, zumal Produzenten kein Interesse daran haben mögen, ihre zusätzlichen, durch Produktplatzierungen erzielten Einnahmen gegenüber den Rundfunkveranstaltern offenzulegen. Andererseits ist eine entsprechende Verpflichtung der Produzenten auch nicht unbillig, da gerade sie es sind, die von den Zusatzeinnahmen profitieren. Eine den Rundfunkveranstaltern seitens des Gesetzgebers auferlegte Verpflichtung, die Offenlegung von Produktplatzierungen vertraglich festzulegen, wäre jedoch gleichfalls kaum zielführend gewesen,[739] da es bereits im Hinblick auf eine mögliche Sanktionierung im eigenen Interesse der Rundfunkveranstalter liegt, ihrer Ermittlungspflicht hinreichend nachzukommen. Eine Sanktionierung (auch) der Produzenten von Fremdproduktionen ist in der gesetzlichen Konzeption hingegen nicht vorgesehen, so dass eine Haftung, wenn überhaupt, nur aus der vertraglichen Beziehung zu dem Rundfunkveranstalter herrühren kann. Soweit Letzterer jedoch seiner Pflicht zur Nachforschung in Form der vertraglichen Übertragung einer Informationspflicht auf den Lizenzgeber ausreichend nachgekommen ist und hierauf entsprechend gem. § 7 Abs. 7 Satz 4 HS. 2 RStV hingewiesen hat, droht dem Rundfunkveranstalter mangels Verstoßes auch dann keine Sanktionierung, die er aufgrund einer vertraglichen Vereinbarung im Innenverhältnis gegenüber dem Produzenten geltend machen könnte, wenn dieser wahrheitswidrig auf bestehende Produktplatzierungen nicht hingewiesen hätte. Denkbar sind also im Wesentlichen drei Konstellationen: Enthält eine Fremdproduktion nachweislich oder nach Auskunft des Produzenten Produktplatzierungen, so richtet sich die erforderliche Kennzeichnung nach § 7 Abs. 7 Satz 3 RStV und den Regelungen, die für Eigen- und Auftragsproduktionen gelten. Ergibt die Auskunft des Produzenten, dass die jeweilige Produktion keine Produktplatzierungen enthält, entfällt jegliche Kennzeichnung einschließlich des Hinweises nach § 7 Abs. 7 Satz 4 HS 2 RStV. Allein in denjenigen Fällen, in denen der Produzent oder Lizenzgeber keine abschließende Auskunft über die Einbindung von Produktplatzierungen geben kann, ist die Kennzeichnung gem. § 7 Abs. 7 Satz 4 HS 2 RStV obligatorisch.

(e) Verzicht auf quantitative Beschränkung

Auf eine quantitative Beschränkung innerhalb der die Zulässigkeit von Produktplatzierungen regelnden Vorschriften hat der Rundfunkgesetzgeber jedoch verzichtet. Anders als bei der Spotwerbung gibt es also keine zeitliche Beschrän-

---

738 Dies lässt u.a. offen *Müller-Rüster*, S. 290.

739 So aber ebd.

kung im Hinblick auf die Dauer des Erscheinens von Produktplatzierungen innerhalb von Sendungen. Dies ist auf der einen Seite bemerkenswert, da im Bereich der Spotwerbung gerade die entsprechende zeitliche Beschränkung gem. §§ 16 Abs. 1, 3; 45 Abs. 1 RStV maßgeblich dafür ist, eine zu sehr ausufernde Durchsetzung des Programms mit Werbung zu vermeiden. Zudem wäre eine solche quantitative – absolute oder relative – Begrenzung ein zusätzliches Instrument, um die Einflussmöglichkeiten Dritter auf die programmliche Gestaltung einzuschränken.[740] Andererseits ist eine zeitliche Begrenzung von Produktplatzierungen kaum praktikabel. Während Umfang, Positionierung sowie Gestaltung der Werbespotblöcke in der Hand des Rundfunkveranstalters liegen bzw. durch diesen genau vorgegeben werden können, hat er auf die endgültige Gestaltung des eigentlichen Programminhalts und damit auch einer Produktplatzierung einen wesentlich geringeren Einfluss. Dem Rundfunkveranstalter eine Verpflichtung aufzuerlegen, wonach er zum Beispiel eine Produktplatzierung nach Abschluss der eigentlichen Produktionsphase, jedoch vor der Ausstrahlung zeitlich limitieren müsste, hätte zur Folge, dass wegen der Platzierung auch stark in die übrigen Sendungsinhalte eingegriffen werden müsste. Eine zeitliche Begrenzung bereits im Produktionsstadium einhalten zu müssen würde bedeuten, dass der Platzierung trotz der Beschneidung im Produktionsprozess eine herausgehobene Bedeutung zukäme, da die zeitlichen Grenzen sowohl bei den Dreharbeiten als auch im Rahmen der Postproduktion (z.B. im Schnitt) berücksichtigt werden müssten. Dies, obwohl eine Platzierung tendenziell eher in eine Sendung eingebettet werden sollte und nicht die Sendung auf eine Platzierung zugeschnitten werden sollte. Hierbei zeigt sich also, dass eine zeitliche Limitierung bei programmintegrierter Werbung mit erheblichen Widrigkeiten verbunden ist, und es ist daher aus Sicht der Beteiligten begrüßenswert, dass eine quantitative Beschränkung von Produktplatzierungen nicht vorgeschrieben ist.

*(2) Besondere Zulässigkeitsvoraussetzungen*

Der Rundfunkgesetzgeber hat bei der Konzeption der Zulässigkeitsvoraussetzungen der Produktplatzierung dem in Deutschland geltenden dualen Rundfunksystem Rechnung getragen und für den öffentlich-rechtlichen Rundfunk einerseits und den privaten Rundfunk andererseits jeweils eigene Ausnahmeregelungen vorgesehen. Für den Bereich des öffentlich-rechtlichen Rundfunks regelt § 15 RStV, für den des privaten Rundfunks § 44 RStV die besonderen Voraussetzungen einer zulässigen Produktplatzierung. Die Regelungen sind zwar grund-

740 Vgl. *Leitgeb*, S. 401, der zeitliche Beschränkungen *erst recht* im Bereich kommerzieller Produktplatzierungen für notwendig erachtet.

sätzlich parallel aufgebaut und untergliedern sich in je eine Ausnahmereglung für entgeltliche und für unentgeltliche Produktplatzierungen, haben aber je nach Rundfunkart eine vollkommen unterschiedliche rechtliche Behandlung der Produktplatzierung zur Folge.

(a) Unentgeltliche Produktplatzierungen

§ 15 Satz 1 Nr. 2 RStV, der sich auf den privaten Rundfunk bezieht, und § 44 Satz 1 Nr. 2 RStV, der für den öffentlich-rechtlichen Rundfunk gilt, haben nicht nur den gleichen Regelungsgegenstand, sondern sind darüber hinaus auch im Wortlaut identisch. Danach ist jeweils die kostenlose Bereitstellung von Waren oder Dienstleistungen, wie etwa Produktionshilfen oder Preisen für Gewinnspiele, im Hinblick auf deren Einbeziehung in die Sendung zulässig, „*sofern es sich nicht um Nachrichten, Sendungen zum politischen Zeitgeschehen, Ratgeber- und Verbrauchersendungen, Sendungen für Kinder oder Übertragungen von Gottesdiensten handelt*“. Wie sich aus der Definition nach § 2 Abs. 2 Nr. 11 Satz 1 RStV ergibt, gelten die Regelungen lediglich für solche unentgeltlichen Platzierungen, die die bedeutende Wertgrenze überschreiten,[741] da darunter liegende Platzierungsgegenstände keine Produktplatzierung i. S. v. §§ 15, 44 RStV darstellen und daher – mit Ausnahme des Herausstellungsverbots von § 7 Abs. 7 Satz 2 Nr. 3 RStV – nicht den speziellen Regelungen für Produktplatzierungen im Rundfunk unterfallen.

Durch die Rückausnahme von bestimmten Programmgenres in Form einer Negativaufzählung trägt der Gesetzgeber dem Umstand Rechnung, dass die redaktionelle Unabhängigkeit und Neutralität bei bestimmten Formaten, namentlich bei Nachrichten, politischen Sendungen, Ratgeber- und Verbrauchersendungen ebenso wie bei Kindersendungen oder Gottesdienstübertragungen in besonderem Maße schützenswert ist und jegliche Möglichkeit werblicher Einflussnahme von vorneherein auszuschließen ist.[742] Stattdessen sollen im öffentlich-rechtlichen Rundfunk die aufgezählten Programmformate aufgrund ihrer erhöhten Meinungsbildungsrelevanz ausschließlich von Gebührengeldern finanziert werden.[743] Im privaten Rundfunk soll die Finanzierung aus den Werbeerlösen erfolgen, die nicht auf Produktplatzierungen in den konkreten Sendungen zurückzuführen sind. Zulässig sind unentgeltliche Produktplatzierungen in Unterhaltungssendungen einschließlich Sendungen der leichten Unterhaltung sowie In-

---

741 Zur Wertgrenze vgl. oben B. II. 1. e).

742 Dies gilt auch für Ratgeber- und Verbrauchersendungen mit Unterhaltungselementen i. S. v. §§ 15 Satz 2, 44 Satz 2 RStV, da sich insofern nichts an der Grundkonzeption der Sendung ändert.

743 Vgl. *Müller-Rüster*, S. 292; Begründung zum 13. RÄStV, II. 1. B. zu Nr. 9.

formationssendungen, die nicht in den Negativkatalog fallen. Anders als im Hinblick auf entgeltliche Produktplatzierungen kommt es hier nicht auf Abgrenzung von Informationssendungen von Sendungen der leichten Unterhaltung an,[744] da sowohl Sendungen der leichten Unterhaltung als auch Informationssendungen für unentgeltliche Produktplatzierungen geöffnet sind. Jedoch ist an dieser Stelle vor allem die Abgrenzung einer Informationssendung von einer Ratgeber- und Verbrauchersendung problematisch, da sowohl Ratgeber- als auch Verbrauchersendungen schwerpunktmäßig auf die Vermittlung von Informationen angelegt sind und somit in der Regel auch Informationssendungen darstellen. In Abgrenzung von einer reinen Informationssendung zeichnen sich jedoch Ratgeber- und Verbrauchersendungen dadurch aus, dass sie über die bloße Vermittlung hinaus die vermittelten Informationen auch in abstrakter Form präsentieren und auf diese Weise dem Zuschauer die Möglichkeit geben, die vermittelten Erkenntnisse auch konkret auf sich und seine Situation zu übertragen. Somit erwächst dem Zuschauer bei Ratgeber- und Verbrauchersendungen über die Gewinnung einer Information hinaus ein ganz konkreter Erkenntnisgewinn. Ein Beispiel für eine Informationssendung und damit für ein für Produktplatzierungen geöffnetes Format ist etwa das Wissens-Magazin „Galileo“[745], welches unabhängig davon, ob man es als Unterhaltungssendung oder als Informationssendung einordnet, für unentgeltliche Produktplatzierungen geöffnet wäre, da es nicht als Ratgeber- und Verbrauchersendung einzuordnen ist. Der Schwerpunkt der Sendung liegt auf der Vermittlung von Inhalten und Informationen, jedoch steht nicht im Vordergrund, dem Zuschauer anhand von abstrakter Wissensvermittlung eigene Handlungsalternativen aufzuzeigen.

Wie sich aus der Gesetzesbegründung ergibt, sind unentgeltliche Produktplatzierungen allerdings darüber hinaus nur dann zulässig, wenn sie entweder redaktionell notwendig sind oder der Abbildung der Lebenswirklichkeit dienen und sich nur als ersparte Aufwendung auswirken.[746] Insofern schließt die gesetzliche Regelung an die bereits nach bislang geltendem Recht zulässige Ausnahme zum Schleichwerbeverbot an, wonach eine unentgeltliche Platzierung gerechtfertigt war, wenn sie unvermeidbar war.[747] Über die bislang geltenden Maßstäbe hinaus wird aber nunmehr durch die Einführung der bedeutenden Wertgrenze eine Relation zwischen dem Wert des Platzierungsgegenstands und dem zur Verfügung stehenden Produktionsbudget hergestellt und damit berücksichtigt, dass die ersparten Aufwendungen bei Produktionshilfen von hohem Wert ebenso eine Ge-

744 Siehe hierzu näher unten D. II. 2. b) (2) (a) (b.a).
745 Ausstrahlender Sender ist ProSieben.
746 Vgl. Begründung zum 13. RÄStV, II. 1. B. zu Nr. 9.
747 Siehe hierzu näher oben D. I. 1. d).

fahr für die redaktionelle Unabhängigkeit darstellen können wie entgeltlich erfolgte Produktplatzierungen.[748] Ob die Aufnahme des Merkmals der redaktionellen Erforderlichkeit einer Produktionshilfe in den Tatbestand notwendig gewesen wäre,[749] kann dahinstehen, da jedenfalls das in § 7 Abs. 7 Satz 2 Nr. 3 HS. 2 RStV normierte Herausstellungsverbot für sämtliche Produktplatzierungen, ob entgeltlich oder unentgeltlich, gilt und die unsachgemäße Hervorhebung der Platzierungsgegenstände verbietet. Obwohl die Gesetzesbegründung ausdrücklich auf die Zulässigkeit von Platzierungen nach alter Rechtslage Bezug nimmt, wird das Merkmal der redaktionellen Erforderlichkeit dabei zudem anhand des Maßstabs des Herausstellungsverbots auszulegen sein.[750] Andernfalls müsste für unentgeltliche Produktplatzierungen ein strengerer Maßstab für die Art und Weise von deren Einbeziehung in eine Sendung angesetzt werden, als für entgeltliche, was angesichts der ohnehin zugunsten der Zuschauer geltenden Kennzeichnungspflicht jeglicher Produktplatzierungen nicht nachvollziehbar wäre.

(b) Entgeltliche Produktplatzierungen

Die die Zulässigkeit von entgeltlichen Produktplatzierungen regelnden Bestimmungen sind in § 15 Satz 1 Nr. 1 RStV sowie § 44 Satz 1 Nr. 1 RStV enthalten. Ein Vergleich der beiden Regelungen zeigt, dass diese wiederum parallel aufgebaut sind, sich aber – insofern unterscheiden sie sich von den die Zulässigkeit von unentgeltlichen Produktplatzierungen regelnden Bestimmungen – inhaltlich nicht entsprechen. Zwar ist ein Teil der Tatbestandsvoraussetzungen für beide Rundfunkarten identisch, jedoch enthält § 44 Satz 1 Nr. 1 RStV für den öffentlich-rechtlichen Rundfunk eine zusätzliche Tatbestandsvoraussetzung, die den Anwendungsbereich zulässiger Produktplatzierungen im öffentlich-rechtlichen Rundfunk maßgeblich einschränkt.

(b.a) Einheitlicher Regelungsinhalt

Zulässig sind nach beiden Regelungen Produktplatzierungen in „*Kinofilmen, Filmen und Serien, Sportsendungen und Sendungen der leichten Unterhaltung*“; aus dem Umkehrschluss zu dieser Regelung ergibt sich, dass Produktplatzierungen in allen anderen Genres, z. B. politischen Talksendungen, Dokumentarfilmen oder Nachrichtensendungen, unzulässig sind.[751] Ausdrücklich geregelt hat

748 Ähnlich *Müller-Rüster*, S. 292.
749 So ebd.
750 Vgl. oben D. II. 2. b) (1) (c).
751 *Castendyk*, ZUM 2010, S. 29 (33).

der Gesetzgeber die Unzulässigkeit in Form einer Rückausnahme allein für Kindersendungen, §§ 15 Satz 1 Nr. 1 a. E., 44 Satz 1 Nr. 1 a. E. RStV. Offenbar hat der Gesetzgeber nur in diesem Fall eine mögliche Überschneidung mit den im Übrigen zulässigen Ausnahmen gesehen.[752] Aus der Systematik der beider Regelungen ergibt sich jedoch, dass auch diejenigen expliziert aufgeführten Formate, in denen unentgeltliche Produktplatzierungen ausdrücklich nicht zulässig sind, erst recht auch nicht für entgeltliche Platzierungen geöffnet sind.

Die ausdrücklich aufgezählten und damit für Produktplatzierungen grundsätzlich geöffneten Genres können bei näherer Betrachtung in zwei Gruppen eingeteilt werden: Zum einen die Gruppe von Formaten, die aufgrund ihrer äußeren Erscheinungsform, nicht jedoch wegen des konkreten Inhalts für Produktplatzierungen geöffnet sind, sowie zum anderen die Gruppe derjenigen Formate, die wegen ihres konkreten Inhalts im Einzelfall für Produktplatzierungen geöffnet sind. Zur ersten Gruppe zählen Kinofilme, Filme und Serien, da es hier nicht auf den konkreten Inhalt ankommt, sondern es allein entscheidend ist, dass es sich bei diesen Sendungen um fiktionale Programme handelt, die lediglich nach der äußeren Form (Einzelfilm oder Folge von Episoden) bzw. anhand der Erstauswertungsschiene (Kino) unterteilt werden. Auf den im Einzelnen konkreten Sendungsinhalt kommt es jedoch bei der zweiten Gruppe an, nämlich den Sportsendungen und Sendungen der leichten Unterhaltung. Bei diesen beiden Sendungen ist im Einzelnen zu entscheiden, ob Produktplatzierungen konkret und auf den Einzelfall bezogen zulässig sind oder nicht. Der weniger problematische Begriff der zweiten Gruppe ist dabei derjenige der Sportsendung, auch wenn der Gesetzgeber hier keine Hinweise darauf gibt, auf welche Merkmale es im Einzelnen ankommen soll. Der eindeutige Begriff spricht jedoch dafür, dass unter eine Sportsendung all diejenigen Sendungen fallen, die schwerpunktmäßig die – insbesondere professionelle – Ausübung von Sport zum Inhalt haben, wobei es hierbei keinen Unterschied machen kann, ob allein die Sportausübung an sich übertragen wird (z.B. Skispringen), oder verschiedene sportliche Informationen und Ergebnisse in journalistischer Form zusammengefasst werden (z.B. Sportschau). Insbesondere im Sportbereich ist die Präsenz von Werbepartnern seit jeher in hohem Maße gegeben. Aus diesem Grunde ist der Zuschauer solcher Sendungen im Allgemeinen weniger schutzbedürftig als in Bereichen, in denen die Werberegelungen bislang – abgesehen von einzelnen begründeten Ausnahmen – wesentlich strenger waren.

Weitaus schwieriger ist es, im konkreten Fall eine leichte Unterhaltungssendung zu spezifizieren. Diese hat der Gesetzgeber in §§ 15 Satz 2, 44 Satz 2 RStV zunächst nur durch eine negative Umschreibung konkretisiert; keine Sendungen

752 Ebenso ebd.

der leichten Unterhaltung sind danach vor allem Sendungen, die *„neben unterhaltenden Elementen hauptsächlich informierenden Charakter haben, Verbrauchersendungen und Ratgebersendungen mit Unterhaltungselementen*“. Damit hat der Gesetzgeber auch der Entwicklung Rechnung getragen, dass im Fernsehen, vor allem im Privatfernsehbereich, zunehmend Hybridformate ausgestrahlt werden, die eine Verbindung aus Information und Unterhaltung darstellen. So haben etwa Formate wie „Raus aus den Schulden“[753] oder „Einsatz in vier Wänden“[754] aufgrund ihrer Umsetzung für den Zuschauer sowohl informierenden als auch unterhaltenden Charakter. Da es bei der Einordnung in ein Genre jedoch auf den Schwerpunkt der Sendung ankommt, ist im Einzelfall zu prüfen, ob tatsächlich der unterhaltende Charakter im Vordergrund steht, denn nur dann sind entgeltliche Produktplatzierungen zulässig.[755] Auf die konkrete Art der Information kann es nach zutreffender Ansicht jedoch nicht ankommen,[756] wenn eine Sendung auf die Vermittlung von Informationen – und sei es aus dem Bereich des Boulevards, der naturgemäß der Unterhaltung der Zuschauer dient – angelegt ist. Denn bei einem als Informationssendung konzipierten Format darf der Zuschauer voraussetzen, dass die vermittelten Inhalte objektiv und redaktionell unabhängig recherchiert sind. Diese Glaubwürdigkeit von informativen Formaten darf daher nicht durch werbliche Inhalte gefährdet werden. Grundsätzlich ist jedoch bei Abgrenzungsfragen im Hinblick auf die redaktionelle Unabhängigkeit eine enge Auslegung der Positivlisten geboten.[757]

Weiterhin kann es an dieser Stelle auf eine Abgrenzung einer Sendung der leichten Unterhaltung von einer Ratgeber- und Verbrauchersendung mit bloßen Unterhaltungselementen ankommen. Was die maßgeblichen Merkmale einer Ratgeber- und Verbrauchersendung angeht, so kann insoweit auf die im Rahmen der unentgeltlichen Produktplatzierung dargestellten Grundsätze verwiesen werden, die nicht nur bei einer Abgrenzung von Informationssendungen, sondern auch von Sendungen der leichten Unterhaltung gelten.[758] Maßgeblich ist danach, ob im Rahmen der jeweiligen Sendung der Zuschauer derart angesprochen wird, dass er konkrete Tipps und Ratschläge erhält und daher die gezeigten Inhalte unmittelbar auf seine jeweilige Situation anwenden und insoweit abstrahieren kann. Ist diese Möglichkeit zur direkten Abstraktion gegeben, so ist vom Vorliegen einer Ratgeber- oder Verbrauchersendung auszugehen, in welcher weder be-

---

753 Ausstrahlender Sender ist RTL.

754 Ausstrahlender Sender ist RTL.

755 Aufgrund der gesetzlichen Systematik sind Informationssendungen *ohne* jegliche unterhaltende Elemente erst recht nicht für entgeltliche Produktplatzierungen geöffnet.

756 *Müller-Rüster*, S. 300.

757 Ebd., S. 475.

758 Vgl. oben D. II. 2. (2) (a).

zahlte noch unbezahlte Produktplatzierung zulässig ist. Ist diese Möglichkeit hingegen nicht gegeben, so ist von einer Sendung der leichten Unterhaltung auszugehen, sofern die Sendungsinhalte nicht im wesentlichen informierend sind und mithin eine Informationssendung gegeben ist.[759] In jedem Falle sollen die Verbraucher davor geschützt werden, dass Werbung in Sendungen erscheint, in denen diese eine objektive Beratung suchen oder zumindest erwarten.[760]

(b.b) Verschärfte Voraussetzungen im öffentlich-rechtlichen Rundfunk

Eine ganz erhebliche Einschränkung der Zulässigkeit von Produktplatzierungen im öffentlich-rechtlichen Rundfunk stellt jedoch die in § 15 Satz 1 Nr. 1 RStV enthaltene Bestimmung dar, wonach die dargestellten Formatausnahmen nur dann in Betracht kommen, wenn die entsprechende Sendung weder von der Rundfunkanstalt selbst noch von einem Unternehmen, welches mit dieser (insbesondere gesellschaftsrechtlich) verbunden ist, produziert oder in Auftrag gegeben wurden. Nach dieser Regelung sind im öffentlich-rechtlichen Rundfunk Produktplatzierungen innerhalb von Auftrags- sowie Eigenproduktionen der Rundfunkanstalt grundsätzlich und unabhängig von dem etwaigen Formatgenre unzulässig. Um eine Umgehung der Vorschrift durch die Beauftragung oder Produktion durch eine Tochtergesellschaft der Rundfunkanstalt auszuschließen, gilt das Verbot auch für mit der Anstalt verbundene Unternehmen. Grundsätzlich lässt § 15 Satz 1 Nr. 1 RStV Produktplatzierungen daher nur in Dritt- bzw. Fremdproduktionen vor, für die der Rundfunkveranstalter eine entsprechende Lizenz erworben hat.[761]

Eine weitere Abweichung der für den öffentlich-rechtlichen Rundfunk geltenden Ausnahmevorschrift des § 15 RStV gegenüber der für den privaten Rundfunk geltenden Norm des § 44 RStV liegt in der Erweiterung des Negativkatalogs von Sendungen, die keine Sendungen der leichten Unterhaltung darstellen, § 44 Satz 2 a. E. RStV. Danach sind zusätzlich ausdrücklich auch Sendungen in Regionalfensterprogrammen und Fensterprogrammen nach § 31 RStV ausgeschlossen. Die näheren Voraussetzungen für Sendungen in Regionalfensterprogrammen bei ARD und ZDF regelt § 25 Abs. 4 RStV; § 31 RStV regelt die Einräumung von Sendezeit an unabhängige Dritte, wenn ein einzelner Rundfunkveranstalter eine vorherrschende Meinungsmacht erlangt.

759 Vgl. Begründung zum 13. RÄStV, II. 1. B. zu Nr. 9 a. E.

760 Ebd.

761 Zu den einzelnen Problemen bei der Auslegung der Vorschrift siehe unten D. II. 2. c) (2) (c).

### c) Fremdproduktion im öffentlich-rechtlichen Rundfunk

Der maßgebliche Unterschied in der Konzeption des Rundfunkgesetzgebers bei der Zulässigkeit von entgeltlichen Produktplatzierungen im privaten Rundfunk einerseits und im öffentlich-rechtlichen Rundfunk andererseits liegt mithin darin, dass in Letzterem entgeltliche Produktplatzierungen ausschließlich in Fremdproduktionen zulässig sind. Dies sind gem. § 15 Satz 1 Nr. 1 RStV Sendungen, die *„nicht vom Veranstalter selbst oder von einem mit dem Veranstalter verbundenen Unternehmen produziert oder in Auftrag gegeben wurden*". Der Gesetzgeber geht offenbar davon aus, dass besonders bei Eigen- und Auftragsproduktionen die Gefahr besteht, dass der Rundfunkveranstalter von der Möglichkeit der Integration von Produktplatzierungen Gebrauch macht und sich die entsprechenden Zusatzeinnahmen sichert.[762] Dies ist vor dem Hintergrund nachvollziehbar, dass der Rundfunkveranstalter gerade bei eigenproduzierten oder von ihm in Auftrag gegebenen Produktionen das alleinige Entscheidungsrecht oder jedenfalls ein erhebliches Mitspracherecht inhaltlicher Art besitzt, so dass er auch über das ‚Ob' und ‚Wie' der Integration von Produktplatzierungen (mit-)entscheiden kann. Damit besteht gerade bei diesen Arten von Produktionen eine Gefährdung der redaktionellen Neutralität und Unabhängigkeit des Rundfunkveranstalters. Demgegenüber besteht bei Dritt- oder Fremdproduktionen, die in der Regel zur Ausstrahlung gelangen, ohne dass dem Rundfunkveranstalter zuvor bei der Herstellung der Produktion ein Mitspracherecht zugestanden hätte, eine vergleichbare Gefährdung des ausstrahlenden Rundfunkveranstalters nicht.[763]

Von ganz entscheidender Bedeutung ist es daher, Fremdproduktionen klar von Eigen- sowie von Auftragsproduktionen abzugrenzen, um auf diese Weise bereits vor Beginn des eigentlichen Herstellungsprozesses nachvollziehbar und transparent zu machen, in welchen Produktionen im öffentlich-rechtlichen Rundfunk Produktplatzierungen zulässig sind. Die Abgrenzung von Eigen- und Auftragsproduktionen von Fremdproduktionen ist jedoch nicht so klar, wie dies bei einer ersten summarischen Betrachtung erscheinen mag. Insbesondere haben sich in der rechtlichen Praxis Mischformen der Zusammenarbeit zwischen den einzelnen an der jeweiligen Film- und Fernsehproduktion beteiligten Parteien entwickelt, bei denen eine klare Zuordnung zu einem der drei genannten Produktionstypen mitunter erhebliche Schwierigkeiten bereitet.

762 *Leitgeb*, S. 173.
763 Ebd., S. 176 f.

*(1) Grundkonzeption von Eigen- und Auftragsproduktion*

Bevor auf die Schwierigkeiten bei der Abgrenzung der Mischformen und Sonderfälle im Einzelnen einzugehen ist, sind zunächst die klassischen rechtlichen Abgrenzungs- und Erkennungsmerkmale von Eigenproduktion, Auftragsproduktion und Fremdproduktion darzustellen.

(a) Eigenproduktion

Eine Eigenproduktion ist dadurch ausgezeichnet, dass die betreffende Rundfunkanstalt die gesamte Verantwortung einer Produktion im schöpferischen, künstlerischen, organisatorischen, technischen und kaufmännischen Bereich übernimmt; insbesondere trägt die Rundfunkanstalt auch das alleinige finanzielle Risiko, da sie selbst die Finanzierung durch die Bereitstellung von Eigen- oder Fremdmitteln sicherstellen muss.[764] Eine Eigenproduktion wird zudem häufig mit eigenen personellen und sachlichen Mitteln, z. B. Studio oder Technik, realisiert.[765] Die Rundfunkanstalt ist in personeller Hinsicht nicht nur dafür verantwortlich, dass sämtliche hinter der Kamera tätigen Stabmitglieder arbeitsvertraglich oder im Rahmen einer freien Mitarbeit für die Produktion verpflichtet werden, sondern auch dass sämtliche Mitwirkendenverträge mit ausübenden Künstlern sowie zudem die Verfilmungsverträge mit Urhebern an vorbestehenden Rechten, etwa Drehbüchern, nach § 88 UrhG abgeschlossen werden.[766] Dafür erhält die Rundfunkanstalt bei Eigenproduktionen neben dem Recht des Sendeunternehmens nach § 87 UrhG insbesondere das originäre Leistungsschutzrecht nach § 94 UrhG, welches über § 95 UrhG seine Wirkung auch dann entfaltet, wenn ein Programm keinen Werkcharakter besitzt und damit urheberrechtlich nicht schutzfähig ist. Als Gegengewicht zu dieser verwertungsrechtlichen Schlüsselstellung[767] ist bei Eigenproduktionen von öffentlich-rechtlichen Rundfunkanstalten jedoch zu berücksichtigen, dass eine Auswertung nur innerhalb des öffentlich-rechtlichen Aufgabenbereichs erfolgen darf. Da etwa die Kinoauswertung hingegen nicht in diesen Aufgabenbereich fällt, ist eine entsprechende Auswertung der Eigenproduktion nicht zulässig, wodurch die Rundfunkanstalt auf entsprechende Einnahmen verzichten muss.[768]

---

764 Hartlieb/Schwarz/*Schwarz*, S. 358, Rn. 11.

765 Hahn/Vesting/*Kröber*, § 6, Rn. 64.

766 Loewenheim/*Castendyk*, § 75, Rn. 8, 178 ff.

767 Wandtke/Bullinger/*Mangold*, § 94, Rn. 1.

768 Hartlieb/Schwarz/*Schwarz*, S. 846 f., Rn. 27.

(b) Auftragsproduktion

Eine Auftragsproduktion unterscheidet sich demgegenüber von einer Eigenproduktion dadurch, dass die Rundfunkanstalt einen vorführreifen Film oder eine sonstige Sendung nicht eigenverantwortlich und mit eigener Ausrüstung sowie eigenem Personal herstellt, sondern hierzu einen Dritten beauftragt, der für den Rundfunkveranstalter tätig wird. Aufgrund der unterschiedlichen Verteilung des Risikos und der Verantwortungsbereiche wird hierbei zwischen ‚echten' und ‚unechten' Auftragsproduktionen unterschieden.

(b.a) Echte Auftragsproduktion

Eine echte Auftragsproduktion zeichnet sich dadurch aus, dass die jeweilige Rundfunkanstalt einen Dritten als Produzenten mit der Herstellung einer Sendung im Rahmen eines Werkvertrages gem. §§ 631 ff. BGB beauftragt.[769] Der Produzent führt die Produktion dabei als selbstständiger Werkunternehmer und in eigener Verantwortung durch und schließt insbesondere die Mitwirkendenverträge mit Urhebern und ausübenden Künstlern selbst; aufgrund der Übernahme dieser wirtschaftlichen Verantwortung sowie der organisatorischen Tätigkeit wird der Produzent Filmhersteller i. S. v. §§ 94, 95 UrhG.[770] Allerdings übernimmt die Rundfunkanstalt vollständig die budgetierten Finanzierungskosten, so dass nicht das gesamte Finanzierungsrisiko von dem Produzenten zu tragen ist. Regelmäßig wird nur das Überschreitungsrisiko, also das Risiko, dass die Produktion das ursprünglich geplante Budget übersteigt, auf den Produzenten übertragen; das Refinanzierungs- oder Verwertungsrisiko hingegen verbleibt bei dem auftraggebenden Sendeunternehmen.[771] Dieses Risiko stellt jedoch insoweit kein wirkliches dar, als die Rundfunkanstalt ihre Einnahmen in Form von Rundfunkgebühren unabhängig von einem etwaigen Publikumserfolg erhält. Ein wichtiger Punkt bei der Finanzierung einer Produktion ist dabei die Frage, in welcher Form die Mitwirkenden, sei es vor oder hinter der Kamera, für ihre Mitwirkung und die Übertragung der für die Auswertung des Filmwerks notwendigen Rechte entschädigt werden. Hierbei gibt es grundsätzlich zwei Möglichkeiten: entweder eine verhältnismäßig hoch angesetzte und im Budget ausgewiesene Pauschalvergütung (sog. „Buy-Out-Verträge"), die sämtliche Ansprüche bereits vollkommen abdeckt, oder eine geringere Erstvergütung mit später auszuschüttenden Wieder-

769 *Kreile*, ZUM 1991, S. 386 (388); Hartlieb/Schwarz/*Schwarz*, S. 369. Rn. 4.

770 BGH GRUR 1993, S. 472 f., der klarstellt, dass nicht der künstlerisch-schöpferische Beitrag für die Eigenschaft als Filmhersteller ausschlaggebend ist.

771 Loewenheim/*Castendyk*, § 75, Rn. 118.

holungshonoraren oder Erlösbeteiligungsansprüchen.[772] Je nachdem, wie dieser Punkt vertraglich zwischen Rundfunkanstalt und dem Produzenten geregelt wird, wird der Produzent dies entsprechend in den zu schließenden Mitwirkendenvereinbarungen zu vereinbaren haben.

Weiterhin ist es im Einzelnen der vertraglichen Vereinbarung vorbehalten zu regeln, welche inhaltlichen Vorgaben an den Auftragsproduzenten gestellt werden; dies betrifft etwa das Konzept oder Format, wichtige Mitwirkende, die Dauer einer Sendung, die Anzahl der Episoden oder Folgen sowie zeitlich wichtige Daten, wie Beginn und Ende der Produktion oder schließlich den Termin für die Abnahme.[773] Regelmäßig jedoch werden dem Auftraggeber weitgehende inhaltliche Mitspracherechte und Mitentscheidungsrechte eingeräumt.[774] Da bei der echten Auftragsproduktion der Auftragsproduzent Inhaber des originären Leistungsschutzrechts des Filmherstellers gem. §§ 94, 95 UrhG wird, überträgt dieser in der Regel der Rundfunkanstalt die für die Fernsehausstrahlung notwendigen Nutzungs- und Leistungsschutzrechte. Je nach vertraglicher Regelung sind hierbei verschiedene Konstellationen denkbar und von der im Einzelfall getroffenen Vereinbarung abhängig, jedoch werden dem Rundfunkveranstalter bei einer vollständig finanzierten Auftragsproduktion regelmäßig die genannten Rechte zeitlich, sachlich und örtlich unbegrenzt übertragen; soweit die einzelnen Nutzungsrechte nicht einzeln aufgezählt sind, folgt eine entsprechende unbegrenzte Rechteübertragung zumindest hinsichtlich des Senderechts auch aus dem Zweckübertragungsgrundsatz gem. § 31 Abs. 5 UrhG.[775] Was die Übernahme der im Rahmen einer Kalkulation festgesetzten Kosten der Produktion angeht, so erfolgt diese in der Regel nicht durch einmalige Zahlung, sondern ist an unterschiedliche Produktionsphasen – etwa Produktionsbeginn, Drehbeginn, Rohschnittabnahme, Übereignung der Sendematerialien – gekoppelt, um zum einen die vertragsgemäße Erfüllung sicherzustellen und zum anderen ein etwaiges Insolvenzrisiko abzufedern.

#### (b.b) Unechte Auftragsproduktion

Bei einer unechten Auftragsproduktion erfolgt die Durchführung der Produktion gleichfalls nicht durch den Rundfunkveranstalter selbst, sondern durch einen

772 Buy-out-Verträge sind vor allem im privaten Fernsehen übliche Praxis, vgl. *Reber*, S. 148.

773 Vgl. Hartlieb/Schwarz/*Schwarz*, S. 369, Rn. 6.

774 Trotz entsprechender Mitentscheidungsrechte der Sendeunternehmen liegen im deutschen Fernsehen in der Praxis meist echte Auftragsproduktionsverträge vor, vgl. Loewenheim/*Castendyk*, § 75 Rn. 121; anders *Kreile*, ZUM 1991, S. 386 (387)

775 Loewenheim/*Castendyk*, § 75 Rn. 130; das Recht auf Videoverwertung ist in der Regel hingegen nicht umfasst, OLG München, ZUM-RD 1998, S. 101 (106).

Dritten, der allerdings, anders als bei einer echten Auftragsproduktion, nicht als selbstständiger Unternehmer tätig wird. Stattdessen handelt der Unternehmer als „verlängerte Werkbank" der Rundfunkanstalt, mithin in vollständiger Abhängigkeit.[776] Das wirtschaftliche Risiko für die Herstellung sowie die Weisungskompetenz liegen allein bei dem Auftraggeber, der auch die gesamten Kosten der Produktion trägt. Der Auftragnehmer wird lediglich als Produktionsdienstleister aufgrund eines Geschäftsbesorgungsdienstvertrages nach § 675 Abs. 1 i. V. m. §§ 611 ff. BGB tätig.[777] Entsprechend haftet der Auftragsproduzent auch nur für die ordnungsgemäße Dienstleistung; eine Mängel-Gewährleistung etwa trifft ihn jedoch nicht.[778] Soweit der Auftragsproduzent Verträge, etwa Mitwirkendenverträge, abschließt, so erfolgt dies in fremdem Namen und auf fremde Rechnung.[779] Aufgrund dieses Abhängigkeitsverhältnisses zwischen Auftraggeber und Auftragnehmer und der vollständigen wirtschaftlichen wie inhaltlichen Verantwortlichkeit der Rundfunkanstalt entsteht das Recht des Filmherstellers nach §§ 94, 95 UrhG originär bei dieser, so dass eine Übertragung durch den Produzenten auf den Auftraggeber wie im Fall der echten Auftragsproduktion obsolet wird. In der Praxis sind derartige unechte Auftragsproduktionsverträge im Fernsehen eher die Ausnahme und stattdessen vor allem im Bereich der Werbefilm- bzw. Industriefilmproduktion anzutreffen.[780]

*(2) Fremdproduktion*

Eine Fremdproduktion liegt dann vor, wenn der jeweilige Rundfunkveranstalter eine Sendung weder eigenverantwortlich herstellt noch einen Dritten damit beauftragt, eine Sendung nach seinen Vorgaben herzustellen; die Fremdproduktion ist daher negativ von der Eigen- und Auftragsproduktion abzugrenzen. Der Rundfunkgesetzgeber stellt in § 15 Satz 1 Nr. 1 RStV zudem klar, dass auch von Tochter- bzw. Schwesterunternehmen des Rundfunkveranstalters hergestellte oder beauftragte Produktionen keine Fremdproduktionen darstellen.[781] In der Begründung ergänzt er, dass dies alle *„fertig produzierten Sendungen"* betrifft, die *„auf dem Markt erworben und nicht selbst hergestellt oder beauftragt wur-*

776 Fromm/Nordemann/*Nordemann*, § 94, Rn. 25; Peters, S. 258.

777 Ebenso Hartlieb/Schwarz/*Schwarz*, S. 374, Rn. 3; Fromm/Nordemann/*Nordemann*, Vor §§ 88 ff., Rn. 57; für reines Dienstvertragsrecht *Kreile*, ZUM 1991, S. 386 (387); wohl auch Möhring/Nicolini/*Spautz*, § 31, Rn. 28.

778 *Kreile*, ZUM 1991, S. 386 (387).

779 OLG München, ZUM-RD 1997, S. 290 (293); *Kreile*, ZUM 1991, S. 386 (387); nach Loewenheim/*Castendyk*, § 75 Rn. 119 kommt es vor allem auf das Merkmal „auf fremde Rechnung an".

780 Hartlieb/Schwarz/*Schwarz*, S. 374, Rn. 4.

781 Näheres zum Begriff der verbundenen Unternehmen siehe unten D. II. 2. c) (c).

*den*".[782] Das entscheidende Merkmal einer Fremdproduktion ist daher, dass die Rundfunkanstalt bei der Herstellung einer Sendung weder über ein redaktionelles Mitspracherecht verfügt noch am wirtschaftlichen Herstellungsrisiko beteiligt ist. Stattdessen erwirbt die Rundfunkanstalt als Lizenznehmer gegen entsprechende Vergütung die Fernsehauswertungsrechte an einer bereits fertiggestellten Produktion im Rahmen eines Sendelizenzvertrages. Dieser enthält regelmäßig Regelungen, wonach der Produzent als Lizenzgeber der Rundfunkanstalt als Lizenznehmerin die exklusiven Senderechte für eine bestimmte Anzahl von Ausstrahlungen im Free- und/oder Pay-TV[783] während einer begrenzten Lizenzzeit in einem festgelegten Lizenzgebiet einräumt.[784] Neben den Senderechten ist es zudem meist notwendig, sich weitere, mit dem Senderecht verbundene Rechte einräumen zu lassen, ohne die eine Auswertung nicht sinnvoll möglich ist. Hierzu zählen etwa Synchronisationsrechte bei ausländischen Produktionen, Bearbeitungsrechte, Ausschnittsrechte für Marketingmaßnahmen, Archivierungsrechte sowie das *Seven-day-catch-up*-Recht, d. h. das Recht, die Produktion im Internet per Streaming innerhalb von 7 Tagen nach seiner Ausstrahlung im TV ausstrahlen zu dürfen.[785] Als Vergütung kann entweder ein pauschaler Festpreis oder aber können sich über den Lizenzzeitraum erstreckende Teilzahlungen vereinbart werden, beispielsweise bei einer Lizenzgebühr, die sich nach dem erzielten Erlös bemisst.[786] Aufgrund des mit Erlösbeteiligungen verbundenen erheblichen Verwaltungsaufwandes sind jedoch Festpreisvereinbarungen im Free-TV im öffentlich-rechtlichen wie privaten Rundfunk die Regel; etwas anderes kann jedoch im Bereich des Pay-TV gelten, da hier die mit einer konkreten Produktion verbundenen Erlöse eindeutig zuordenbar sind.[787] Lizenzverträge mit (einmaligen) Festpreisvereinbarungen unterliegen grundsätzlich den für den Kaufvertrag geltenden Regelungen, während bei gegenseitigen Verpflichtungen, die für ein Dauerschuldverhältnis typisch sind, die dort geregelten Vorschriften anzuwenden sind.[788]

---

782 Vgl. Begründung zum 13. RÄStV, II. 1. B. zu Nr. 9.

783 Pay-TV umfasst als Oberbegriff Pay-per-Channel, Pay-per-View, Near-Video-on-Demand, Video-on-Demand; die konkret übertragenen Senderechte sind in dem Sendelizenzvertrag genau zu bezeichnen, Loewenheim/*Castendyk*, § 75 Rn. 37; vgl. auch Hartlieb/Schwarz/*Castendyk*, S. 919, Rn. 6.

784 Hartlieb/Schwarz/*Castendyk*, S. 918, Rn. 1.

785 Hartlieb/Schwarz/*Castendyk*, S. 920, Rn. 7; zum *Seven-day-catch-up*-Recht vgl. *Weber*, ZUM 2007, S. 688 (689).

786 Loewenheim/*Castendyk*, § 75 Rn. 21.

787 Ebd., Rn. 22.

788 Fromm/Nordemann/*Nordemann*, Vor §§ 31 ff., Rn. 165; *Castendyk*, ZUM 2007, S. 169 (176); *ders.* in Loewenheim, § 75, Rn. 23.

*(3) Verbundene Unternehmen*

Der Gesetzgeber hat in § 15 Satz 1 Nr. 1 RStV weiterhin klargestellt, dass es für die Beurteilung, ob eine Eigen- oder Auftragsproduktion vorliegt, nicht allein darauf ankommt, ob der Rundfunkveranstalter selbst Auftraggeber bzw. Hersteller ist. Stattdessen ist es auch ausreichend, wenn eine Tochter- bzw. Schwestergesellschaft des Rundfunkveranstalters die entsprechende Funktion übernimmt. Eine Sendung gilt gem. § 15 Satz 1 Nr. 1 RStV auch dann als Eigen- bzw. Auftragsproduktion, wenn sie nicht von der Rundfunkanstalt selbst, sondern von einem Unternehmen produziert bzw. in Auftrag gegeben wurde, welches mit der Rundfunkanstalt verbunden ist. Ob der Begriff des verbundenen Unternehmens analog zu der Verwendung in § 20a Abs. 3 Satz 2 RStV auf § 15 AktienG Bezug nimmt, bleibt hierbei zwar offen. Allerdings stellt die Gesetzesbegründung klar,[789] dass zumindest die Tochterunternehmen von Rundfunkanstalten (z.B. Bavaria Film als gemeinsames Tochterunternehmen von WDR, MDR, SWR und BR, Studio Hamburg als Tochterunternehmen des NDR oder Network Movie als Tochterunternehmen des ZDF) als mit diesen verbundene Unternehmen gelten. Die Regelung will damit verhindern, dass aufgrund von unternehmensinternen Strukturen die Entscheidungsbefugnis über eine Eigenproduktion bzw. Beauftragung einer Auftragsproduktion auf eine Tochtergesellschaft übertragen wird, obwohl die wirtschaftliche Verantwortung letztlich gleichwohl bei der Rundfunkanstalt verbleibt. Denn hiermit könnte eine Rundfunkanstalt die Vorschriften zur Produktplatzierung umgehen, obwohl die Ausgangslage, nämlich die Gefährdung der redaktionellen Unabhängigkeit, unverändert bliebe.

*(4) Sonderfälle*

Soweit es sich bei den jeweiligen Produktionen um solche handelt, die klar entweder der Eigen-, Auftrags- oder Fremdproduktion zugeordnet werden können, ist es problemlos möglich, anhand der Regelungen des RStV zu bewerten und zu entscheiden, ob Produktplatzierungen in den jeweiligen Produktionen zulässig sind oder nicht. In der rechtlichen Produktionspraxis haben sich im Laufe der Zeit jedoch Formen der Zusammenarbeit zwischen Produzenten und Rundfunkveranstaltern entwickelt, die Elemente von Eigen-, Auftrags- und/oder Fremdproduktion miteinander verbinden und daher nicht eindeutig einem einzelnen Produktionstypus zugeordnet werden können. Die Bezeichnung einer Produktion kann zwar Indiz für die Produktionsart sein, allerdings ist regelmäßig im Rah-

789 Vgl. auch Begründung zum Dreizehnten Staatsvertrag zur Änderung rundfunkrechtlicher Staatsverträge, S. 11.

men einer Einzelfallbetrachtung zu überprüfen, um welche Produktionsart es sich aufgrund der jeweils vereinbarten Verteilung der Risiken und Verantwortungsbereiche handelt. Die Gründe für die Entstehung solcher Mischformen sind unterschiedlich; ausschlaggebend sind jedoch häufig Fragen der Finanzierung im Bereich der nach wie vor kostenintensiven Film- und Fernsehproduktion.[790] Denn angesichts hoher Produktionskosten kommt es vor allem bei aufwändigen Produktionen, deren Budget nicht von einem einzelnen Rundfunkveranstalter getragen werden kann, vor, dass die Herstellungskosten zwischen mehreren Geldgebern bzw. Produzenten aufgeteilt werden müssen. Teilweise ist mit der Übernahme eines Anteils an der Finanzierung jedoch auch die Einräumung eines inhaltlichen Mitspracherechts bei der Realisierung der jeweiligen Produktion verbunden. Je danach, wie ein solches Mitspracherecht inhaltlich ausgestaltet ist, kann dann im Einzelfall womöglich nicht mehr vom Vorliegen einer Fremdproduktion i.S.v. § 15 Satz 1 Nr. 1 RStV auszugehen sein.

(a) Pre-Sale-Lizenzvertrag

Von der Auftragsproduktion abzugrenzen ist der sog. Pre-Sale-Lizenzvertrag. Hierbei handelt es sich um einen Lizenzvertrag, dessen Vertragsgegenstand zum Zeitpunkt des Vertragsabschlusses jedoch noch nicht fertig produziert, sondern noch in Produktion befindlich oder sogar nur projektiert bzw. geplant ist.[791] Dennoch verkauft der Produzent bereits zu diesem frühen Zeitpunkt Nutzungsrechte in Form von Lizenzen an interessierte Lizenznehmer; insbesondere bei Produktionen, die international ausgewertet werden sollen, ist dies für den Produzenten besonders attraktiv. Denn durch den Vorab-Verkauf von Lizenzen an der Produktion hat der sonst auf eine Bankfinanzierung angewiesene Produzent damit die Möglichkeit, bereits vor Drehbeginn der Produktion Einnahmen zu erzielen und damit die Finanzierung sicherzustellen. Im Gegenzug zu der für den Lizenznehmer risikoreichen Finanzierung erhält dieser im Falle eines Erfolgs eine Beteiligung an den Gewinnerlösen. Zu unterscheiden ist hiervon die sog. Minimumgarantie, die meist zwischen dem Produzenten und dem Lizenznehmer vereinbart wird und die auch bei einem Misserfolg nicht zurückgezahlt werden muss.[792] Die urheberrechtliche Stellung des Filmherstellers nach §§ 94, 95 UrhG entsteht originär jedoch allein bei dem Produzenten; dieser bleibt unabhängig

---

790 Alternative Finanzierungsmodelle sind gefragt, wie z.B. das aus den USA stammende *Crowdfunding*, das erstmalig auch in Deutschland zur Finanzierung eines Filmes maßgeblich beigetragen hat, vgl. „Masse macht's", SZ vom 20./21. August 2011, S. 19; vgl. auch *Jansen/Ricke*, MMR-Aktuell, 2011, 313155.

791 Hartlieb/Schwarz/*Schwarz*, S. 678, Rn. 4.

792 *Jacobshagen*, S. 135.

und muss sich nicht wie bei einer Auftragsproduktion den inhaltlichen Vorgaben und dem weitreichenden Einfluss des Auftraggebers unterwerfen. Die sich in diesem Rahmen bereits an der Produktion beteiligende Rundfunkanstalt kann sich durch Übernahme eines entsprechenden Finanzierungsanteiles bereits frühzeitig ein interessantes Projekt für ihr Programm sichern, indem sie die Senderechte gem. § 20 UrhG (Free-TV und ggf. Pay-TV) für die Verwertung im Fernsehen in Deutschland und gegebenenfalls weiteren deutschsprachigen Ländern gem. § 31 Abs. 1 Satz 1 UrhG erwirbt. Für die eingeräumten Nutzungsrechte fallen regelmäßig zwar höhere Lizenzgebühren als bei einem einfachen Lizenzvertrag an, jedoch sind sie im Regelfall dennoch niedriger als bei einem vollständig zu finanzierenden Auftragsproduktionsvertrag.[793]

Grundsätzlich ist mangels inhaltlicher Mitspracherechte bei dem Erwerb von entsprechenden Nutzungsrechten durch einen Rundfunkveranstalter im Rahmen eines Pre-Sale-Lizenzvertrags daher von einer Fremdproduktion auszugehen. Problematisch ist diese Einordnung jedoch dann, wenn sich die Rundfunkanstalt im Einzelfall entgegen dem Grundsatz weitergehende redaktionelle und künstlerische Mitspracherechte einräumen lässt oder die Erbringung des vereinbarten Finanzierungsanteiles etwa von einer Abnahme i. S. v. § 640 BGB abhängig macht.[794] Letzteres spricht dafür, dass die Rundfunkanstalt nicht nur einen Anteil an der Finanzierung einer im Übrigen inhaltlich allein vom Produzenten zu verantwortenden Produktion übernimmt, sondern auch inhaltlich auf die konkrete Ausgestaltung der Produktion Einfluss nehmen möchte. Dogmatisch sind in diesem Fall weniger die für einen Lizenzvertrag geltenden Vorschriften des Kaufvertragsrechts als die bei einer Auftragsproduktion heranzuziehenden Vorschriften des Werkvertragsrechts anzuwenden. Weitere Anhaltspunkte dafür, dass der beteiligte Rundfunkveranstalter nicht reiner Erwerber von Nutzungsrechten an einem Programm ist, sondern darüber hinaus an der Herstellung der Produktion maßgeblich beteiligt war, können etwa sein, dass die Übertragung des Senderechts zeitlich nicht beschränkt, sondern unbeschränkt erfolgt, oder aber das Vorliegen einer Vereinbarung, wonach die Zahlung des Finanzierungsanteiles – ggf. anteilig – nicht bei Vertragsabschluss, sondern erst bei Rohschnittabnahme erfolgt.[795] Denn in diesem Fall hat der Produzent ein nachhaltiges Interesse daran, die – vertraglich möglicherweise nicht näher festgelegten – Vorgaben der Rundfunkanstalt zu erfüllen, um den versprochenen Finanzierungsanteil auch tatsächlich zu erhalten.

---

793 *Friccius*, ZUM 1991, S. 392 (395).

794 Auf die Bezeichnung als Auftragsproduktions- bzw. Lizenzvertrag kommt es jedoch nicht an, vgl. Loewenheim/*Castendyk*, § 75 Rn. 122.

795 Siehe zu den einzelnen vertraglichen Gestaltungsmöglichkeiten *Friccius*, ZUM 1991. S. 392 (394 ff.).

(b) Koproduktion

Eine weitere Form der Beteiligung einer Rundfunkanstalt an einer Film- bzw. Fernsehproduktion ist die Ko- bzw. Gemeinschaftsproduktion. Auch diese Form der Zusammenarbeit ist vor allem dann attraktiv, wenn eine Produktion besonders aufwendig und kostenintensiv ist, und Aufwand und Risiko hierdurch auf mehrere Beteiligte verteilt werden können. Die Koproduktion wird insbesondere dann gewählt, wenn nicht nur inländische, sondern auch ausländische Partner beteiligt sind. Zudem entscheidet man sich häufig für eine Zusammenarbeit in Form einer Koproduktion, um eine besondere Form staatlicher Filmförderung in Anspruch nehmen zu können. Denn eine Gemeinschaftsproduktion zwischen einem öffentlich-rechtlichen Rundfunkveranstalter und einem oder mehreren inländischen Filmherstellern zur Auswertung im Fernsehen und im Kino kann bei Erfüllung bestimmter Voraussetzungen aufgrund eines zwischen der Filmförderungsanstalt (FFA) sowie ARD und ZDF geschlossenen Film-/Fernsehabkommens staatlich besonders gefördert werden.[796] Bei der Filmförderungsanstalt handelt es sich gem. § 1 FFG[797] um eine rechtsfähige Anstalt des öffentlichen Rechts, deren Aufgabe gem. §§ 1 f. FFG es insbesondere ist, die deutsche Filmwirtschaft zu stärken sowie den deutschen Film zu fördern. Unabhängig von den Vorgaben des Film-/Fernsehabkommens kann sich eine Rundfunkanstalt als alleiniger Rundfunkveranstalter im Rahmen einer Koproduktion an der Produktion eines inländischen oder ausländischen Kinofilmes beteiligen und erhält hierfür in der Regel – je nach den im Einzelfall getroffenen Vereinbarungen – neben inhaltlichen Mitspracherechten insbesondere die Fernsehauswertungsrechte oder einen Anteil am Nettoproduzentenerlös des Filmes. Neben einer Koproduktion zwischen einem Rundfunkveranstalter und im Übrigen privaten Produktionsfirmen kommt jedoch auch eine zwischen mindestens einer nationalen öffentlich-rechtlichen Rundfunkanstalt und weiteren nationalen oder internationalen Rundfunkveranstaltern erfolgende gemeinschaftliche Fernsehproduktion in Betracht.[798] Eine Koproduktion ohne Beteiligung eines öffentlich-rechtlichen Rundfunkveranstalters ist selbstverständlich ebenfalls denkbar, soll aber vorliegend außer Betracht bleiben, da sich die Zulässigkeitsproblematik in Zusammenhang mit der Produktplatzierung bei der Beteiligung von privaten Rundfunkveranstaltern nicht stellt.

796 9. Film-/Fernsehabkommen vom 13./20. Mai 2009; näher hierzu siehe Hartlieb/Schwarz/*Schwarz*, S. 377, Rn. 9 ff.

797 Filmförderungsgesetz vom 24.8.2004 (BGBl. I S. 2277).

798 Loewenheim/*Castendyk*, § 75 Rn. 164.

Die einzelnen vertraglichen Gestaltungsmöglichkeiten bei einer Gemeinschaftsproduktion sind zahlreich, jedoch ist grundsätzlich je nach Verteilung der organisatorischen Verantwortung sowie des wirtschaftlichen Risikos bei einer Gemeinschaftsproduktion unter gesellschafts-, steuer-, filmförderungs- oder urheberrechtlichen Gesichtspunkten zwischen der echten und der unechten Koproduktion zu unterscheiden.[799] Vor dem Hintergrund des Themas dieser Arbeit sollen jedoch die filmförderungsrechtlichen sowie steuerrechtlichen Aspekte der Gemeinschaftsproduktion hier außer Betracht bleiben, da sich diese nicht isoliert auf die Frage der Zulässigkeit der Produktplatzierung im öffentlich-rechtlichen Rundfunk auswirken.

(b.a) ‚Echte' Koproduktion

Eine echte Koproduktion liegt regelmäßig dann vor, wenn die beteiligten Parteien miteinander im Sinne einer Personengesellschaft oder einer Personenhandelsgesellschaft (GbR gem. §§ 705 ff. BGB bzw. OHG gem. §§. 105 ff HGB) verbunden sind, gemeinsam das wirtschaftliche Risiko tragen, und zudem die maßgeblichen inhaltlichen, künstlerischen, organisatorischen sowie technischen Entscheidungen gemeinschaftlich treffen. Auch steht den Beteiligten der Gemeinschaftsproduktion die Eigenschaft des Filmherstellers nach §§ 94, 95 UrhG in diesem Fall gemeinschaftlich zu.[800] Eine echte Koproduktion liegt auch dann vor, wenn nicht alle beteiligten Gesellschafter an sämtlichen Entscheidungen beteiligt sind, sondern die alleinige Geschäftsführung der GbR oder der OHG – wie in der Praxis häufig vereinbart – einem einzelnen Gesellschafter übertragen wird (sog. „executive producer") und dieser sämtliche maßgeblichen Entscheidungen alleine trifft. Dies gilt jedenfalls, solange sichergestellt ist, dass auch die übrigen Produktionspartner über maßgebliche Einwirkungsmöglichkeiten wie Widerspruchs- oder Zustimmungsrechte verfügen und die Verträge im Namen, jedenfalls aber auf Rechnung der Gesellschaft geschlossen werden.[801]

Wann eine echte Koproduktion als Fremdproduktion i. S. v. § 15 Satz 1 Nr. 1 RStV gilt, hängt von dem Maß des Einflusses ab, welches der an der echten Koproduktion beteiligte Rundfunkveranstalter auf die Gestaltung der Produktion hat. Wie der Rundfunkgesetzgeber in seiner Begründung klarstellt, sind Koproduktionen dann als Fremdproduktionen einzuordnen, wenn die Rundfunkanstalt

799 Die Beurteilungskriterien sind zwar nicht identisch, häufig jedoch ähnlich; dies gilt aber nicht immer, vgl. *Schwarz*, ZUM 1991, S. 381.

800 Loewenheim/*Castendyk*, § 42 Rn. 23; Hartlieb/Schwarz/*Schwarz*, S. 359, Rn. 3.

801 *Peters*, S. 263; Hartlieb/Schwarz/*Schwarz*, S. 361, Rn. 8; Loewenheim/*Castendyk*, § 42 Rn. 23; häufig, wenngleich nicht immer, ist der ausführende Produzent der majoritäre Ko-Produzent, *Schwarz*, ZUM 1991, S. 381 (382).

*„nur einen untergeordneten Teil der finanziellen Mittel bereitstellt und daher im Regelfall kein entscheidendes Mitspracherecht bei der Gestaltung der Produktion, etwa der Besetzung der Rollen und Auswahl des Produktionsteams hat (Minderheitsproduzent).“*[802] Ob von einer Fremdproduktion daher auch dann auszugehen ist, wenn die Geschäftsführung wie oben beschrieben auf einen der Gesellschafter als Geschäftsführer übertragen wurde, hängt danach davon ab, welche Einwirkungsmöglichkeiten auf die zu treffenden Entscheidungen auf Seiten der Rundfunkanstalt sichergestellt sind. Allerdings ist von einer Auftragsproduktion und nicht von einer Gemeinschaftsproduktion auszugehen, wenn die Produktionsgemeinschaft allein im Innenverhältnis besteht und der ausführende Produzent im Außenverhältnis sämtliche Verträge im eigenen Namen schließt und auch das wirtschaftliche Überschreitungsrisiko trägt.[803] Auf den finanziellen Beitrag kommt es – anders als die Begründung des Rundfunkgesetzgebers vermuten ließe – zumindest nicht in erster Linie an. Zwar kann die Tatsache, dass ein Beteiligter den überwiegenden Anteil an der Finanzierung übernimmt, ein Indiz dafür sein, dass diesem auch mehrheitlich die Entscheidungsbefugnisse bei der Herstellung obliegen, allerdings kommt es letztendlich allein darauf an, wer die maßgeblichen Entscheidungen hinsichtlich der Produktion trifft und verantwortet. Denn ebenso denkbar ist, dass die mehrheitliche Übernahme der Finanzierung nicht mit der maßgeblichen Entscheidungsbefugnis zusammenfällt, beispielsweise weil der Minoritätsproduzent aus fachlichen Gründen die Geschäftsführung der Gesellschaft übernimmt.[804]

(b.b) Unechte Koproduktion

Von einer unechten Koproduktion ist auszugehen, wenn der Beitrag eines Beteiligten sich auf die Erbringung einer finanziellen Leistung beschränkt, ohne dass hiermit wie auch immer geartete inhaltliche Mitspracherechte verbunden sind und das Risiko der Budgetüberschreitung allein zulasten des oder der anderen Beteiligten geht. Es handelt sich hierbei lediglich um eine sog. Kofinanzierung; in der Regel erhält der Kofinanzier in dieser Konstellation einen Anteil am Erlös aus der Verwertung.[805] Der kofinanzierende Beteiligte wird mangels Mitwirkung an der Sendung bzw. dem Filmwerk auch kein Filmhersteller im urheberrechtlichen Sinne.[806]

802 Begründung zum 13. RÄStV, II. 1. B. zu Nr. 9.
803 Loewenheim/*Castendyk*, § 75 Rn. 166.
804 So auch *Peters*, S. 263.
805 Loewenheim/*Castendyk*, § 75 Rn. 166.
806 Loewenheim/*Castendyk*, § 75 Rn. 167.

Da der Rundfunkgesetzgeber in seiner Begründung vom Vorliegen einer Fremdproduktion bereits dann ausgeht, wenn das Mitspracherecht des Koproduzenten lediglich untergeordnet ist („*kein* ***entscheidendes*** *Mitspracherecht*“),[807] liegt eine Fremdproduktion in diesem Sinne erst recht dann vor, wenn sich die Beteiligung des Kofinanziers in der Übernahme eines Anteils an der Finanzierung erschöpft und darüber hinaus keinerlei inhaltliche Mitwirkung an der Produktion erfolgt. Die Rolle des Kofinanziers ist damit mit derjenigen einer Rundfunkanstalt vergleichbar, die im Wege eines Pre-Sale-Lizenzvertrages[808] vor Produktions- bzw. Drehbeginn bestimmte Nutzungsrechte erwirbt, ohne dass ihr weitere Mitspracherechte inhaltlicher Art eingeräumt werden.

(b.c) Koproduktion zwischen Rundfunkveranstaltern

Im Hinblick auf die Regelungen zur Zulässigkeit von Produktplatzierungen kommt der Koproduktion unter (ausschließlicher) Beteiligung mehrerer Rundfunkveranstalter besondere Bedeutung zu. Hierbei sind grundsätzlich zwei Konstellationen der Beteiligung denkbar: Die Gemeinschaftsproduktion zwischen einer öffentlich-rechtlichen Anstalt und mindestens einem privaten Rundfunkveranstalter sowie die Beteiligung zweier oder mehrerer öffentlich-rechtlicher Rundfunkanstalten an derselben Produktion.

Bei Beteiligung eines privaten Rundfunkveranstalters und einer öffentlich-rechtlichen Rundfunkanstalt ist im Hinblick auf die unterschiedlichen Regelungen im Hinblick auf die Zulässigkeit von Produktplatzierungen innerhalb der Produktion bei der Verteilung der inhaltlichen Mitspracherechte genau zu differenzieren. Denn nach den dargestellten Grundsätzen handelte es sich aus Sicht der öffentlich-rechtlichen Rundfunkanstalt bei der Gemeinschaftsproduktion dann um eine Fremdproduktion i. S. v. § 15 Satz 1 Nr. 1 RStV, wenn diese innerhalb der entstehenden Gesellschaft keine oder nur untergeordnete Mitspracherechte inhaltlicher Art hätte. In diesem Falle wären also Produktplatzierungen auch im öffentlich-rechtlichen Rundfunk zulässig. Keine Fremdproduktion in diesem Sinne hingegen läge vor, wenn die beteiligte öffentlich-rechtliche Rundfunkanstalt über maßgebliche inhaltliche Entscheidungsbefugnisse verfügen würde, der private Rundfunkveranstalter entsprechend jedoch nur Minoritätsproduzent wäre. Hieraus folgte die Konsequenz, dass ein Programm, das für eine Ausstrahlung sowohl im privaten Rundfunk als auch im öffentlich-rechtlichen Rundfunk vorgesehen ist, je nach Verteilung der maßgeblichen Entscheidungsbefugnisse und Mitspracherechte im konkreten Fall für Produktplatzierungen ge-

807 Begründung zum 13. RÄStV, II. 1. B. zu Nr. 9.

808 Vgl. oben D. II. 2. c) (4) (a).

öffnet oder nicht geöffnet wäre. Soll der wirtschaftliche Vorteil genutzt werden, den die Integrierung von Produktplatzierungen durch die zusätzlichen Einnahmemöglichkeiten mit sich bringt, sollten die beteiligten Parteien die vertraglich vereinbarten Mitwirkungsrechte derart gestalten, dass die maßgeblichen Entscheidungen in schöpferischer, künstlerischer, organisatorischer und technischer Hinsicht auf Seiten des privaten Rundfunkveranstalters zusammengefasst sind.

Was die Gemeinschaftsproduktion ausschließlich zwischen öffentlich-rechtlichen Rundfunkanstalten angeht, ist die Frage, wann es sich hierbei um eine Fremdproduktion im Sinne von § 15 Satz 1 Nr. 1 RStV handelt, in der Praxis noch problematischer als bei Beteiligung nur einer öffentlich-rechtlichen Rundfunkanstalt. Grundsätzlich gilt zwar auch hier, dass die beteiligten öffentlich-rechtlichen Rundfunkanstalten lediglich über untergeordnete Mitspracherechte verfügen dürfen. Sobald ihnen hingegen entscheidende Verantwortlichkeiten und Entscheidungsbefugnisse eingeräumt sind, ist nicht mehr vom Vorliegen einer Fremdproduktion auszugehen. Die vom Gesetzgeber in der Begründung angeführte Unterscheidung zwischen Majoritäts- und Minoritätsproduzenten führt jedoch bei ausschließlicher Beteiligung zweier öffentlich-rechtlicher Rundfunkveranstalter dazu, dass zwingend für einen der beiden Veranstalter, nämlich den jeweiligen Majoritätsproduzenten, keine Fremdproduktion vorliegt mit der Folge, dass Produktplatzierungen gem. § 15 Satz 1 Nr. 1 RStV in der jeweiligen Produktion unzulässig wären. Soweit die jeweilige Produktion mithin Produktplatzierungen enthielte, würde dies bedeuten, dass die Ausstrahlung nur bei einem der beiden Rundfunkveranstalter zulässig wäre. Lediglich bei Beteiligung eines Dritten, der selbst nicht öffentlich-rechtlicher Rundfunkveranstalter ist, könnten die Verantwortlichkeiten und Mitspracherechte der Rundfunkanstalten so gestaltet werden, dass diese lediglich von untergeordneter Bedeutung sind und mithin beide Rundfunkanstalten lediglich als sog. Minoritätsproduzenten tätig würden, so dass Produktplatzierungen in der Produktion zulässig wären.

Es zeigt sich daher, dass die Entscheidung, Produktplatzierungen in Koproduktionen unter Beteiligung eines oder mehrerer öffentlich-rechtlicher Rundfunkveranstalter einzusetzen, frühzeitig bei der vertraglichen Gestaltung der Zusammenarbeit zwischen den einzelnen Beteiligten berücksichtigt werden muss. Aus wirtschaftlicher Sicht macht die Ausgestaltung der Mitspracherechte bei der Gemeinschaftsproduktion im Hinblick auf die Zulässigkeitsvoraussetzungen von Produktplatzierungen jedoch nur dann Sinn, wenn in der jeweiligen Produktion auch tatsächlich Produktplatzierungen von erheblichem wirtschaftlichen Wert umsetzbar sind. Stellt der Wert von potenziellen Produktplatzierungen jedoch für das Produktionsbudget nur eine geringe Entlastung dar, werden die dargestellten Überlegungen nur von untergeordneter Bedeutung sein.

#### (c) Zwischenergebnis

Die Beurteilung einer Zusammenarbeit zwischen Rundfunkveranstaltern und Produzenten im Hinblick auf die Einordnung der jeweiligen Produktion als Eigen-, Auftrags- oder Fremdproduktion ist wegen der zahlreichen Gestaltungsmöglichkeiten schwierig. Die Bezeichnung der vertraglichen Vereinbarung als „*Auftragsproduktionsvertrag*" oder als „*Lizenzvertrag*" kann dabei allenfalls ein Indiz darstellen um festzustellen, welche Mitspracherechte und Verantwortlichkeiten ein Rundfunkveranstalter bei der Herstellung der Produktion tatsächlich hat. Je umfassender die Mitspracherechte und Verantwortlichkeiten, je größer ist die Gefahr für einen Rundfunkveranstalter, dass dieser in seiner redaktionellen Unabhängigkeit oder Verantwortung beeinträchtigt wird. Vor diesem Hintergrund ist im konkreten Einzelfall die gesamte Vereinbarung in ihren sämtlichen Details zu untersuchen.

Ob eine Sendung, die im öffentlich-rechtlichen Rundfunk ausgestrahlt wird, letztlich zulässigerweise Produktplatzierungen enthalten darf, kann in der Praxis daher nur anhand einer solchen Untersuchung festgestellt werden und obläge im Streitfalle der Überprüfung durch die Landesmedienanstalten.[809]

### d) Aufsicht und Selbstkontrolle

Um die Einhaltung der die Zulässigkeit von Produktplatzierungen im Rundfunk regelnden Bestimmungen sicherzustellen, enthält der Rundfunkstaatsvertrag zum einen die Ermächtigung der Landesmedienanstalt zu einer entsprechenden Sanktionierung eines Verstoßes gegen die Vorschriften im Bereich des privaten Rundfunks. Zum anderen wird den Besonderheiten der Produktplatzierung und den damit verbundenen Schwierigkeiten hinsichtlich der Beweisbarkeit im Wege einer Protokollerklärung aller Länder begegnet, die die beteiligten Rundfunkveranstalter zur Selbstkontrolle verpflichten soll.

#### *(1) Sanktionierung*

Über die Aufsichtsmöglichkeiten der Landesmedienanstalten in Form informeller Maßnahmen (bspw. Beanstandung) hinaus regelt § 49 Abs. 1 Satz 1 Nr. 7 bis 9 RStV die Sanktionierung des verantwortlichen privaten Rundfunkveranstalters durch die zuständige Landesmedienanstalt für den Fall, dass gegen die Regelungen zu Produktplatzierungen verstoßen wurde. Eine Ordnungswidrigkeit in diesem Sinne liegt vor, wenn das ausgestrahlte Programm Produktplatzierungen

---

809 Vgl. unten D. II. 2. d).

enthält, die nicht im Sinne von § 7 Abs. 7 RStV zulässig sind, also wenn es sich nach § 7 Abs. 7 Satz 1 RStV um unzulässige Schleichwerbung, Themenplatzierungen oder entsprechende Praktiken handelt, oder die Produktplatzierung nicht nach § 44 RStV ausnahmsweise zulässig ist. Um eine Ordnungswidrigkeit handelt es sich ferner auch dann, wenn gegen die (primären oder sekundären) Kennzeichnungspflichten gem. § 7 Abs. 7 Satz 1 RStV verstoßen wurde. Dies gilt dann, wenn der jeweilige Rundfunkveranstalter vorsätzlich oder fahrlässig gehandelt hat. Im Falle des Vorliegens einer Ordnungswidrigkeit steht es im Ermessen der Landesmedienanstalt, ein Bußgeld von bis zu EUR 500.000,-- zu verhängen, § 49 Abs. 2 Satz 1 RStV.

Eine derartige Sanktionsmöglichkeit, die für die für die Aufsicht der privaten Rundfunkveranstalter zuständigen Landesmedienanstalten ein effektives Aufsichtsinstrument darstellt, ist im Bereich des öffentlich-rechtlichen Rundfunks nicht vorgesehen. Dies ist jedoch angesichts der Konzeption des dualen Rundfunksystems konsequent, da die Kontrollmechanismen im öffentlich-rechtlichen Rundfunk auf ein System der Binnenkontrolle angelegt sind und eine Sanktionierungsmöglichkeit für außerhalb dieses Binnenkontrollsystems stehende Instanzen systematisch nur schwer nachvollziehbar wäre.[810]

*(2) Selbstkontrolle*

Über die gesetzlich normierten Aufsichts- und Sanktionsmöglichkeiten hinaus haben die Länder im Rahmen der Einigung auf den 13. Rundfunkänderungsstaatsvertrag auch eine Protokollerklärung zu § 7 Abs. 7 RStV abgegeben, die dem Ansatz zur Co-Regulierung des Europäischen Gesetzgebers gem. Art. 9 Abs. 2 RL 2010/13/EU entspricht.[811] Die Länder erwarten danach von den Rundfunkveranstaltern, dass diese mit den Wirtschaftsverbänden und den Produzenten einen für alle Seiten verbindlichen Verhaltenskodex im Hinblick auf Produktplatzierungen vereinbaren. Ein entsprechender Kodex, zu dessen Einhaltung sich die Beteiligten bekennen, der jedoch keine Sanktionsregelung im Falle eines Verstoßes enthält, ist kurz vor Veröffentlichung dieser Arbeit zwischen den Verbänden VPRT, ZAW sowie der Produzentenallianz nach längeren Verhandlungen vereinbart worden.[812] Die Länder räumen hiermit ein, dass trotz aller Regelungen zur Aufsicht über Rundfunkanstalten eine vollständige Überprüfung der intern getroffenen vertraglichen Absprachen mangels Transparenz praktisch

810 Ähnlich Spindler/Schuster/*Holznagel/Krone*, § 49, Rn. 1.

811 Vgl. zu den Zustimmungsgesetzen der Länder oben Fn. 1.

812 Vgl. Verhaltenskodex Produktplatzierung vom 11. Oktober 2012, abzurufen unter: http://www.vprt.de/thema/medienordnung/aufsicht-regulierung/werberegulierung/product-placement/content/verhaltenskodex-?page=1&c=3.

nicht durchführbar ist. Dies gilt insbesondere für die Frage der Entgeltlichkeit. Den damit einhergehenden Beweisproblemen bei vermeintlichen Verstößen gegen die Regelungen des Rundfunkstaatsvertrages kann daher letztlich nur durch eine Selbstverpflichtung der Rundfunkanstalten begegnet werden, mittels derer diese die mit der Produktplatzierung verbundene Gefährdung der redaktionellen Unabhängigkeit selbst anerkennen.[813] Die Problematik bei der Umsetzung eines selbst regulierten Kontrollsystems besteht jedoch darin, dass die Rundfunkveranstalter ebenso wie die Produktionswirtschaft durch Produktplatzierungen unmittelbare finanzielle Vorteile erwerben können; darüber hinaus sind private Rundfunkveranstalter allein auf die Einnahmen aus Werbung angewiesen. Aus diesen Gründen ist fraglich, ob sich innerhalb dieses Spannungsfeldes der Eigeninteressen ein funktionierendes Kontrollsystem tatsächlich etablieren kann. Zwar hat sich ein solches Selbstkontrollsystem in einem anderen Bereich, dem Jugendmedienschutz, bewährt. Hier haben sich zahlreiche private Fernsehsender[814] im Jahr 2003 in der Freiwillige Selbstkontrolle Fernsehen e. V., einer anerkannten Einrichtung der freiwilligen Selbstkontrolle gem. § 19 JMStV, zusammengeschlossen, um im Rahmen der sog. Co-Regulierung die Einhaltung der Jugendschutz-Vorschriften aus dem JMStV sicherzustellen. Selbstkontrolle bedeutet in diesem Kontext die Ermächtigung, eigenverantwortlich abstrakt-generelle Regelungen aufzustellen, die dennoch verbindlich, insbesondere auch im Hinblick auf etwaige Sanktionen, gelten.[815] Anders als im Bereich der Werbung sind bei der Selbstverpflichtung zur Einhaltung der Vorschriften zum Jugendschutz jedoch finanzielle Interessen – wenn überhaupt – nur peripher betroffen.[816]

### e) Verhältnis zum Trennungsgebot

Mit den Regelungen des RStV i. d. F. des 13. RÄndStV hat die Produktplatzierung nunmehr eine positivrechtliche Regelung erfahren, die die Anwendbarkeit der Regelungen zur Schleichwerbung ausschließt, sobald eine entsprechende Kennzeichnung vorliegt.[817] Damit bleibt für eine separate Anwendung des Trennungsgebots nach § 7 Abs. 3 RStV jedoch in diesem Bereich kein Raum mehr, da die Regelungen zur Produktplatzierung als speziellere Regelungen vorgehen und den Rechtsgedanken der Trennung von Werbung und Programm insoweit abschließend regeln. Dies bedeutet jedoch auch, dass der Grundsatz der Tren-

---

813 *Müller-Rüster*, S. 296.

814 Aktuell sind 29 private Fernsehsender (Stand: Februar 2011) Mitglieder der FSF e. V., darunter ProSieben, Sat.1, RTL, siehe http://www.fsf.de/fsf2/ueber_uns/organisation/mitglieder.htm.

815 *Groß*, NVwZ 2004, S. 1393.

816 Ähnlich *Müller-Rüster*, S. 296.

817 Vgl. oben B. III. 2. a).

nung von Werbung und Programm i. S. v. § 7 Abs. 3 RStV nach der aktuellen Gesetzessystematik des 13. RÄndStV in diesem speziellen Bereich programmintegrierter Werbung keine eigenständige Bedeutung mehr hat. Wie bereits eingangs erwähnt,[818] trägt diese Entscheidung des Gesetzgebers den faktischen Entwicklungen im TV-Bereich Rechnung. Denn zum einen die gestiegene Medienkompetenz der Zuschauer und zum anderen ein internationaler Vergleich belegen, dass ein striktes Festhalten am Trennungsgrundsatz nicht mehr zeitgemäß ist und zudem die Wettbewerbsfähigkeit des deutschen TV-Marktes einschränken wird. Insofern ist die mit der Neuregelung einhergehende Abkehr von einem strikten Trennungsgrundsatz als konsequent zu bewerten und zu begrüßen.[819]

### f) Zwischenergebnis

Seit Inkrafttreten des 13. RÄndStV ist die Sonderwerbeform der Produktplatzierung unter bestimmten Voraussetzungen im Rundfunk rechtlich zulässig; im Übrigen aber bleibt es bei dem Verbot der Schleichwerbung. Die Voraussetzungen für eine zulässige Produktplatzierung unterteilen sich in einen allgemeinen und einen besonderen Teil; während sich die allgemeinen Zulässigkeitsvoraussetzungen gem. § 7 Abs. 7 RStV auf beide Rundfunkarten des dualen Systems, also privaten und öffentlich-rechtlichen Rundfunk, beziehen, regelt § 15 RStV die besonderen Voraussetzungen für Produktplatzierungen im öffentlich-rechtlichen Rundfunk und § 44 RStV die entsprechenden Voraussetzungen im Bereich des privaten Rundfunks. Die Regelungen der §§ 15, 44 RStV entsprechen sich in weiten Teilen, allerdings enthält § 44 Satz 1 Nr. 2 RStV eine zusätzliche Tatbestandsvoraussetzung, die in der Praxis weitreichende Bedeutung hat. Danach sind – anders als im privaten Rundfunk – Produktplatzierungen nicht in Produktionen zulässig, die von der Rundfunkanstalt oder ihren Tochterunternehmen hergestellt oder in Auftrag gegeben wurden; stattdessen sind Produktplatzierungen ausschließlich in sog. Fremd- oder Drittproduktionen, also Sendungen, die bereits fertig produziert sind, zulässig. Die Praxis der Zusammenarbeit zwischen Rundfunkanstalten und Produktionsfirmen bei dem Erwerb, der Herstellung oder der Beteiligung an der Herstellung einer Produktion ist jedoch, insbesondere aus finanziellen Gründen, vielfältiger, als sich aus der vom Gesetzgeber vorgesehenen Unterteilung in Eigen-, Auftrags- und Fremdproduktionen ersehen lässt. Abgesehen hiervon sind die Möglichkeiten der vertraglichen Ausgestaltung der jeweiligen Zusammenarbeit noch vielfältiger, so dass es im Einzelfall schwierig

818 Vgl. oben A. I.

819 So auch *Glockzin*, MMR 2010, S. 161 (165).

ist, eine Produktion in das vorgesehene Raster einzufügen. Besonders schwierig wird dies bei Koproduktionen zwischen Rundfunkanstalten und Produktionsfirmen sowie Lizenzverträgen, die vor Beginn der eigentlichen Produktion geschlossen wurden und inhaltliche Mitspracherechte vorsehen (Pre-Sale-Lizenzverträge). Im Ergebnis kommt es bei beiden Vertragsarten weniger auf die Bezeichnung als auf die der Rundfunkanstalt eingeräumten künstlerischen, organisatorischen, technischen und wirtschaftlichen Mitspracherechte an. Eindeutig ist eine Einordnung einer Produktion als Fremdproduktion lediglich dann, wenn der Rundfunkanstalt keinerlei derartige Entscheidungsbefugnisse eingeräumt sind und sich ihr Beitrag in der Zurverfügungstellung von Geld ohne Risikobeteiligung erschöpft.

# E. Bewertung des Regelungsgefälles bei Produktplatzierungen

## I. Grundkonzeption des RStV

Die Darstellung der rechtlichen Grundkonzeption[820] der Zulässigkeit von Produktplatzierungen im dualen Rundfunk hat gezeigt, dass die rechtlichen Anforderungen an unentgeltliche Produktplatzierungen im öffentlich-rechtlichen Rundfunk wie im privaten Rundfunk gleich hoch sind, für bezahlte Produktplatzierungen jedoch im öffentlich-rechtlichen Rundfunk erheblich strengere Voraussetzungen als im privaten Rundfunk gelten. Abgesehen von den im öffentlich-rechtlichen Rundfunk bestehenden Abgrenzungsproblemen der Eigen- und Auftragsproduktionen einerseits von Fremdproduktionen andererseits, sind im Ergebnis im öffentlich-rechtlichen Rundfunk Produktplatzierungen damit nur in Fremdproduktionen zulässig. Zahlenmäßig handelt es sich bei den Sendungen, die als Fremdproduktionen i. S. v. § 15 Satz 1 Nr. 1 RStV einzuordnen sind, jedoch nur um einen geringen Anteil des Gesamtprogramms. Etwa 90 % der deutschen Film- und Fernsehproduktionen sind hingegen von Rundfunkanstalten in Auftrag gegebene Auftragsproduktionen.[821] Dies bedeutet also, dass in dem Großteil des im öffentlich-rechtlichen Fernsehen ausgestrahlten Programms Produktplatzierungen von vorneherein nicht zulässig sind, so dass der öffentlich-rechtliche Rundfunk in dieser Hinsicht faktisch erheblich benachteiligt ist, da er auf entsprechende Zusatzeinnahmen, die durch die Einbindung von Produktplatzierungen erzielt werden können, verzichten muss.

Die Gründe für die strengere Regulierung im öffentlich-rechtlichen Rundfunk ergeben sich jedoch weder aus der gesetzlichen Regelung selbst noch aus der Begründung des Rundfunkgesetzgebers zum Gesetzestext. Daher ist es das Ziel dieser Arbeit, ausgehend von den dargestellten Erkenntnissen zu Produktplatzierungen und dem dualen Rundfunksystem in Deutschland zu untersuchen, ob und wenn ja, inwieweit die unterschiedliche Behandlung von öffentlich-rechtlichem und privatem Rundfunk nach dem Rundfunkstaatsvertrag gerechtfertigt sein kann. Im Folgenden wird daher unter besonderer Berücksichtigung des Verfassungsrechts das Regelungsgefälle zwischen öffentlich-rechtlichem und privatem

820 Vgl. hierzu oben D. II. 2. b) (2).

821 *Jacobshagen*, S. 93.

Rundfunk in historischer, organisatorischer, programmlicher, finanzieller und werberechtlicher Hinsicht untersucht.

## II. Historische Betrachtung

Zunächst soll vor diesem Hintergrund die historische Entwicklung[822] des dualen Rundfunksystems betrachtet werden. Wie die Entstehungsgeschichte des öffentlich-rechtlichen Rundfunks zeigt, sind dessen Aufbau und Struktur untrennbar mit der Geschichte der Bundesrepublik Deutschland verbunden. Maßgeblich entscheidend für das Entstehen der bis heute unverändert fortbestehenden öffentlich-rechtlichen Rundfunkstruktur war dabei insbesondere das Zusammenwirken zweier Faktoren: zum einen die aus der Zeit des Nationalsozialismus stammenden Erfahrungen, deren Wiederholung es durch strukturelle rechtliche Vorkehrungen zu verhindern galt, sowie zum anderen der Einfluss der Besatzungsmächte auf ihr jeweiliges Besatzungsgebiet nach dem Zusammenbruch des Dritten Reichs. So war es nach dem Ende des Dritten Reichs das gemeinsame oberste Ziel, die Möglichkeit eines Missbrauchs des öffentlich-rechtlichen Rundfunks als Propagandainstrument wie in der Zeit des Dritten Reichs dauerhaft auszuschließen. Hierzu wurde die Struktur des Rundfunks durch entsprechende rechtliche Vorkehrungen so gestaltet, dass von vorneherein keinerlei Missbrauchsmöglichkeit mehr gegeben war. Tragende Prinzipien im öffentlich-rechtlichen Rundfunk sind daher die Grundsätze der Staatsferne sowie der anstaltlichen Selbstverwaltung. Daneben führte der Einfluss der jeweiligen Besatzungsmächte, für die die Unabhängigkeit des Rundfunks von staatlichem Einfluss nach übereinstimmender Auffassung bei dem Wiederaufbau des Rundfunksystems in der Bundesrepublik an erster Stelle stand, schließlich zu der nach wie vor bestehenden Struktur des öffentlich-rechtlichen Rundfunks mit der Unterteilung in verschiedene Landesrundfunkanstalten. Insbesondere die Entscheidungen über die jeweiligen Sitze der Landesrundfunkanstalten sind auf die Besatzungsmächte zurückzuführen. Die Besatzungsmächte haben mithin einen entscheidenden Einfluss auf die Struktur des öffentlich-rechtlichen Rundfunks in Deutschland gehabt; gerade angesichts dessen ist sich erneut vor Augen zu halten, dass ohne den damaligen Zusammenbruch des Dritten Reiches, welcher zugleich das Ende des Rundfunks als Propagandainstrument bedeutete, und die Aufteilung der Bundesrepublik in die verschiedenen Besatzungsgebiete der öffentlich-rechtliche Rundfunk in Deutschland aller Voraussicht nach über eine vollkommen andere Struktur verfügen würde. Hieran zeigt sich also, dass die Organisation des Rund-

822 Vgl. oben C. II. und III.

funks untrennbar mit der Geschichte der Bundesrepublik Deutschland verknüpft ist und der Rundfunk in seiner jetzigen Form ohne die geschichtlichen Ereignisse nicht existieren würde.

Demgegenüber war die Entstehung des privaten Rundfunks in ungleich geringerem Maße durch die historischen Umstände geprägt, als dies bei dem öffentlich-rechtlichen Rundfunk der Fall war. Die Ausgangssituation für den privaten Rundfunk war eine vollkommen andere, da die entscheidenden Fragen hier weniger waren, wie der Rundfunk strukturell organisiert werden müsse, damit jeglicher politische Missbrauch nachhaltig verhindert werden könne oder welche Rolle dem Staat dabei zukommen solle. Vielmehr ging es bereits um die vorgelagerte, existenzielle Frage, ob neben dem öffentlich-rechtlichen Rundfunk ein privater Rundfunk, der in erster Linie den Regeln der Marktwirtschaft unterworfen ist und sich durch Werbung finanzieren sollte, überhaupt zulässig ist.

Die historische Betrachtung der Entstehung des dualen Rundfunksystems zeigt mithin, dass die Ausgangssituation und die Umstände für die Entstehung von öffentlich-rechtlichem und privatem Rundfunk völlig unterschiedlich waren und mithin nicht miteinander zu vergleichen sind. Es steht dabei außer Frage, dass die historischen Umstände der Entstehung sowohl von öffentlich-rechtlichem als auch von privatem Rundfunk untrennbar mit deren Existenz in ihrer heutigen Form verbunden sind. Allerdings ist das Regelungsgefälle, welches im Hinblick auf die Zulässigkeit von Produktplatzierungen zwischen privatem und öffentlich-rechtlichem Rundfunk besteht, nicht ausschließlich historisch zu begründen. Die Erkenntnis, dass die historischen Fakten das duale Rundfunksystem in seiner heutigen Form ganz maßgeblich beeinflusst haben und die Struktur des dualen Rundfunks untrennbar mit der geschichtlichen Entwicklung verbunden ist, ist jedoch bei der Untersuchung der Beurteilung dieser rundfunkrechtlichen Regelung ein wichtiger Anhaltspunkt. Darüber hinaus sind die historischen Fakten der Entstehung des öffentlich-rechtlichen Rundfunks geradezu der Ausgangspunkt der grundsätzlichen und strukturellen Unterschiede innerhalb des dualen Rundfunksystems zwischen öffentlich-rechtlichem Rundfunk einerseits und privatem Rundfunk andererseits und damit auch der Ausgangspunkt der Bewertung des Regelungsgefälles. Die alleinige Bewertung anhand der historischen Fakten wäre für eine Gesamtbewertung des Regelungsgefälles allerdings zu eindimensional.

## III. Organisationsstrukturen

Ein weiterer Aspekt, unter welchem die rundfunkrechtlichen Regelungen zu betrachten sind, ist die Organisationsstruktur von öffentlich-rechtlichem und privatem Rundfunk.

### 1. Anstaltsinterne Kontrolle versus externe Kontrolle

Wie sich gezeigt hat, sind die Kontrollmechanismen von öffentlich-rechtlichem Rundfunk einerseits und privatem Rundfunk andererseits vollkommen unterschiedlich strukturiert und in den jeweiligen Bereichen verankert. Während die öffentlich-rechtlichen Rundfunkanstalten engen rechtlichen Vorgaben unterliegen, was ihre anstaltsinterne Struktur[823] und die Zusammensetzung der einzelnen Organe angeht, sind die privaten Rundfunkanbieter in der Art und Weise ihres Aufbaus und ihrer internen Organisation grundsätzlich vollkommen frei. Das bedeutet jedoch nicht, dass die privaten Rundfunkveranstalter ihrerseits keiner Kontrolle unterliegen. Denn auch diese unterstehen im Hinblick auf die durch sie publizierten Inhalte sowie im Hinblick auf die Einhaltung der geltenden rechtlichen Vorgaben einer Kontrollinstanz[824]. Diese ist aber nicht integrierter Bestandteil innerhalb der Organisation des jeweiligen Veranstalters, sondern ist strukturell in Form einer externen Kontrollinstanz durch die Landesmedienanstalten organisiert. Dies hat zur Folge, dass im privaten Rundfunk – anders als im öffentlich-rechtlichen Rundfunk – keine strengen Vorschriften im Hinblick auf die Organisation und Zusammensetzung der Organe des jeweiligen Veranstalters existieren. Stattdessen steht es diesen frei, sich wie ein Unternehmen der Privatwirtschaft entsprechend den jeweiligen Verantwortungsbereichen frei zu organisieren. Unbestritten liegt in den jeweils einschlägigen Rahmenbedingungen der inneren Organisation und der damit verbundenen Kontrollstruktur ein erheblicher Unterschied zwischen öffentlich-rechtlichem und privatem Rundfunk. Allerdings handelt es sich insoweit nur um einen rein formalen Unterschied. Denn allein die Frage, ob die zuständige Kontrollinstanz eine unabhängige Drittorganisation ist, wie im privaten Rundfunk, oder aber ob durch rechtliche Rahmenbedingungen sichergestellt ist, dass eine entsprechende unabhängige Kontrollinstanz struktureller Bestandteil der jeweiligen Rundfunkanstalt selbst ist, rechtfertigt für sich genommen nicht die unterschiedliche Behandlung von öffentlich-rechtlichem und privatem Rundfunk im Bereich der Produktplatzierung. Insbe-

823 Vgl. oben C. V. 1. a) (5).
824 Vgl. oben C. V. 1. b) (4).

sondere besteht jenseits der formalen Organisation der jeweiligen Kontrollinstanzen innerhalb des dualen Rundfunksystems kein struktureller Unterschied im Hinblick auf den jeweils anzulegenden materiellen Prüfungs- bzw. Kontrollmaßstab, denn sowohl für den einen als auch den anderen Rundfunkbereich gilt, dass eine Verpflichtung zur Einhaltung derjenigen rechtlichen Vorgaben besteht, die sich aus den maßgeblichen Staatsverträgen und Landesgesetzen ergeben. Eine über die Prüfung der Rechtmäßigkeit des jeweiligen Handelns hinausgehende Prüfung der Zweckmäßigkeit hat hingegen weder im öffentlich-rechtlichen noch im privaten Rundfunk zu erfolgen. Wegen des rein formalen Unterschieds ist die Bewertung des rundfunkrechtlichen Regelungsgefälles allein anhand der unterschiedlich organisierten Kontrollinstanzen nicht zielführend.

## 2. Binnenpluralismus versus Außenpluralismus

Ein weiterer Unterschied zwischen beiden Rundfunkarten folgt aus der Art und Weise, wie dort jeweils organisatorisch eine gleichgewichtige Vielfalt der Meinungen gewährleistet wird. Denn während sich im privaten Rundfunk durch dessen außenpluralistische Organisationsstruktur[825] die gleichgewichtige Meinungsvielfalt erst aus der Gesamtschau sämtlicher privater Rundfunkanbieter zu ergeben hat, besteht im öffentlich-rechtlichen Rundfunk und dem dort geltenden Binnenpluralismus[826] die Verpflichtung zur Sicherstellung gleichgewichtiger Vielfalt bereits innerhalb jeder einzelnen Rundfunkanstalt. Das bedeutet, dass es im öffentlich-rechtlichen Rundfunk nicht ausreichend ist, dass die jeweiligen Anforderungen komplementär erfüllt werden, indem einzelne Rundfunkanstalten einzelne Aspekte des gesamten Vielfaltspektrums widerspiegeln. Stattdessen müssen innerhalb des Programms jeder einzelnen Rundfunkanstalt sämtliche Vielfaltsanforderungen vollumfänglich erfüllt und eingehalten werden. Diese Anforderungen erstrecken sich darüber hinaus auch auf die Zusammensetzung der anstaltlichen Organe und haben zur Konsequenz, dass die rechtlichen, die innere Organisation betreffenden Regelungen zur Gewährleistung dieser Vielfaltsanforderungen im öffentlich-rechtlichen Rundfunk erheblich strenger sind als im privaten Rundfunk, da bereits bei der Zusammensetzung der Organe (Rundfunkrat, Verwaltungsrat) eine den Anforderungen des Pluralismus entsprechende Verteilung der jeweiligen Sitze sicherzustellen ist.

Im privaten Rundfunk hingegen ergibt sich die notwendige Meinungsvielfalt erst aus den ausgestrahlten Inhalten sämtlicher Rundfunkveranstalter in der Sum-

825 Vgl. oben C. V. 1. b) (3).
826 Vgl. oben C. V. 1. a) (5) (a).

me, wobei es hierbei auch zu Doppellungen einzelner Meinungen kommen darf, da den einzelnen Anbietern nicht etwa ein bestimmter Anteil der Gesamtanforderungen zugewiesen werden muss. Den privaten Rundfunkanbietern obliegt es daher nicht, einen bestimmten Bereich des Meinungsspektrums abzubilden, sondern es steht ihnen frei, den gesamten Bereich oder aber einen beliebigen Teilbereich abzubilden. Stattdessen obliegt der Überblick über die Sicherung der Meinungsvielfalt hier den Landesmedienanstalten, die im Wege der Zulassung bzw. Ablehnung der Zulassung das Gesamtangebot an privaten Rundfunkveranstaltern steuern können. Da insoweit an den jeweiligen Veranstalter selbst jedoch keine speziellen Anforderungen an die Erfüllung der Meinungsvielfalt gestellt werden, sind auch keine besonderen organisationsrechtlichen Strukturen notwendig.

Wie auch der Aspekt der Kontrollstruktur[827] kann dieser organisatorische Aspekt jedoch nicht isoliert betrachtet werden. Auf welche Weise der Pluralismus der Meinungen letztlich sichergestellt ist, ob durch die Sicherstellung einer binnenpluralistischen Organisation oder durch ein entsprechendes Gesamtangebot, ist wiederum lediglich ein formaler Unterschied, da die Gewährleistung der Meinungsvielfalt sowohl im öffentlich-rechtlichen als auch im privaten Rundfunk vorgeschrieben ist. Insofern besteht im Hinblick auf die inhaltlichen Anforderungen kein Unterschied. Allein aufgrund der dargestellten Unterschiede in der Organisationsstruktur ist daher das Regelungsgefälle im Hinblick auf die Zulässigkeit von Produktplatzierungen wiederum nicht zu rechtfertigen. Allerdings hängt der organisatorische Aspekt des zu gewährleistenden Meinungspluralismus auch eng mit den programmlichen Anforderungen zusammen, die an den öffentlich-rechtlichen und privaten Rundfunk gestellt werden. Daher ist auch dies ein Aspekt, welcher – wenn nicht isoliert, so doch zumindest in der Gesamtschau – in der Gegenüberstellung der jeweiligen Rundfunksysteme eine Rolle spielt, also durchaus von Bedeutung ist.

## IV. Programmliche Anforderungen

Die Untersuchung der rundfunkrechtlichen Bestimmungen zur Produktplatzierung unter dem programmlichen Aspekt hat insbesondere der Tatsache Rechnung zu tragen, dass an das Programm im öffentlich-rechtlichen einerseits und im privaten Rundfunk andererseits unterschiedlich strenge Anforderungen gestellt werden: Während der private Rundfunk in seiner Programmauswahl weitgehend frei ist und das Programm an den Interessen der Zuschauer ausrichten kann, werden an das Programm des öffentlich-rechtlichen Rundfunks verfas-

827 Vgl. oben E. II. 1.

sungsrechtlich strenge Anforderungen gestellt, was Letzteren in der Auswahl des zu sendenden Programms erheblich einschränkt. Zwar trifft dieses Programm im besten Fall ebenfalls auf das Interesse einer breiten Zuschauermasse, allerdings ist ein großes Zuschauerinteresse, belegbar in Form einer hohen Marktanteils-Quote, für die zu treffende Programmauswahl nachrangig. Stattdessen obliegt dem öffentlich-rechtlichen Rundfunk die verfassungsrechtliche Aufgabe, die Grundversorgung der Bevölkerung sicherzustellen und das Programm entsprechend dieser Vorgaben zu gestalten. Zuschauer und Programm stehen damit im privaten Rundfunk in einem anderen Verhältnis zueinander als im öffentlich-rechtlichen Rundfunk.

Vor diesem Hintergrund könnten die strengeren Zulässigkeitsvoraussetzungen bei Produktplatzierungen im Programm des öffentlich-rechtlichen Rundfunks dann gerechtfertigt sein, wenn dies aufgrund der strengeren Programmanforderungen notwendig ist. Hierbei ist insbesondere die Gefahr der Beeinflussung des Programms zu berücksichtigen, die bei der Werbeform der Produktplatzierung besonders hoch ist.

## 1. Grundversorgungsauftrag versus Ergänzungsfunktion

Die Aufgabe des öffentlich-rechtlichen Rundfunks ist es, die Grundversorgung[828] der Bevölkerung sicherzustellen. Das bedeutet, dass es ihm obliegt, die Grundlagen für eine demokratische Ordnung zu schaffen, indem er die Meinungs- und politische Willensbildung der Bevölkerung fördert und darüber hinaus zum kulturellen Leben essenziell beiträgt.[829] Um diese Aufgabe erfüllen zu können, muss gewährleistet sein, dass er losgelöst von jeglichen äußeren Einflüssen, stattdessen unabhängig und neutral – insbesondere auch in finanzieller Hinsicht – handeln kann. Was die Gestaltung des Programms angeht, erfordert die zu gewährleistende Grundversorgung der Bevölkerung auf Seiten des öffentlich-rechtlichen Rundfunks damit in besonderem Maße redaktionelle Unabhängigkeit und Neutralität: die sog. Programmautonomie. Nur wenn die Voraussetzungen der Unabhängigkeit vollumfänglich gewährleistet sind, kann der öffentlich-rechtliche Rundfunk seine Funktion innerhalb der demokratischen Ordnung erfüllen und neutral und ohne jegliche Beeinflussung von außen die Grundlage für die Meinungs- und politische Willensbildung der Bevölkerung schaffen. Dabei obliegt es dem öffentlich-rechtlichen Rundfunk insoweit nicht nur, Informationen als solche zu verbreiten. Denn über diese Informationsfunktion hinaus beinhaltet das

828 Vgl. oben C. V. 1. a) (1).
829 BVerfGE 73, S. 118 (158).

verfassungsrechtliche Massenkommunikationskonzept des Rundfunks, dessen Kern die publizistische Unabhängigkeit darstellt, auch eine Beobachtungs-, Reflexions- und Vergewisserungsaufgabe für die Gesellschaft.[830]

Ein weiterer wichtiger Aspekt innerhalb der dem öffentlich-rechtlichen Rundfunk obliegenden Funktion der Grundversorgung der Bevölkerung in der Demokratie ist die Sicherung einer gleichgewichtigen Vielfalt der bestehenden Meinungsrichtungen; diese ist durch organisatorische und verfahrensrechtliche Vorkehrungen strukturell und langfristig zu gewährleisten, so dass jede Möglichkeit der Entstehung einer vorherrschenden Meinungsmacht von vorneherein ausgeschlossen wird.[831] Diese Meinungsvielfalt hängt aufgrund der gegenseitigen Wechselwirkung untrennbar mit der Unabhängigkeit des öffentlich-rechtlichen Rundfunks zusammen. Denn durch die Unabhängigkeit des öffentlich-rechtlichen Rundfunks von äußeren Einflüssen ist gewährleistet, dass dieser als neutrales Organ für ein Gleichgewicht der kommunizierten Meinungen sorgen kann. Andersherum bedeutet jede Einschränkung der journalistischen Unabhängigkeit durch die Möglichkeit der Einflussnahme auf programmliche Inhalte von außen, dass das von der Rundfunkanstalt hergestellte Gleichgewicht der kommunizierten Meinungen möglicherweise gestört wird. Die strukturelle Unabhängigkeit des öffentlich-rechtlichen Rundfunks ist daher Voraussetzung für die Existenz einer gleichgewichtigen Meinungsvielfalt.

Gegenüber dem Grundversorgungsauftrag, dessen Erfüllung dem öffentlich-rechtlichen Rundfunk auferlegt ist, und allen damit zusammenhängenden Rechten und Pflichten obliegt dem privaten Rundfunk lediglich eine ergänzende, sekundäre Funktion[832]. Zwar hat auch der private Rundfunk im Sinne einer kommunikativen Chancengleichheit für einen Grundstandard an gleichgewichtiger Vielfalt der Meinungsrichtungen Sorge zu tragen. Diese kommunikative Chancengleichheit trägt dem erheblichen kommunikativen Einfluss der Massenmedien im heutigen Informationszeitalter Rechnung; die Entstehung einer vorherrschenden Meinungsmacht ist daher im privaten Rundfunk nicht anders als im öffentlich-rechtlichen Rundfunk unbedingt zu verhindern.[833] Anders als im öffentlich-rechtlichen Rundfunk ist jedoch im privaten Rundfunk die Unabhängigkeit und Neutralität bei der Programmauswahl und -gestaltung von äußeren Einflüssen strukturell nicht verankert. Dies korrespondiert mit der Tatsache, dass der private Rundfunk keine mit dem öffentlich-rechtlichen Rundfunk zu vergleichende essenzielle Funktion zur Meinungs- und politischen Willensbildung in-

---

830 *Engels/Giebel*, ZUM 2000, S. 265 (269).

831 Vgl. hierzu oben E. II. 2.

832 Vgl. oben C. V. 1. b) (2).

833 Vgl. *Müller-Rüster*, S. 476.

nerhalb der demokratischen Ordnung innehat. Aus wirtschaftlichen Gründen und aufgrund der Abhängigkeit von Werbeerlösen müssen und können private Rundfunkfunkanbieter ihr Programm daher am Zuschauerinteresse ausrichten, da nur massenattraktive Programme auch entsprechende Einnahmen durch Werbung und damit den ökonomischen Erfolg von privaten Rundfunkanbietern sicherstellen können.

Dies zeigt, dass der private Rundfunk in der Gestaltung seines Programms wesentlich freier und flexibler ist als der öffentlich-rechtliche Rundfunk. Maßgeblich für die Programmauswahl ist hier das (potenzielle) Interesse der Zuschauer am gesendeten Programm. Der Zuschauer und das Programm stehen im privaten Rundfunk insoweit auf derselben Stufe und gleichzeitig in Wechselwirkung zueinander. Im öffentlich-rechtlichen Rundfunk befinden sich Zuschauer und Programm hingegen auf unterschiedlichen Stufen; den Zuschauerinteressen übergeordnet ist die Erfüllung der verfassungsrechtlichen Programmanforderungen. Das Interesse der Zuschauer am gesendeten Programm und damit die Attraktivität des Programms sind allenfalls nachrangig zu berücksichtigen. Aufgrund der Funktion des öffentlich-rechtlichen Rundfunks erfolgt die Gestaltung des Programms stattdessen überwiegend isoliert aus der Perspektive (allein) der Rundfunkanstalt.

## 2. Gefahr der Beeinflussung des Programms durch Produktplatzierung

Wie dargestellt[834], bedeutet grundsätzlich die Möglichkeit der Einflussnahme auf das Programm von außen eine Gefährdung der Unabhängigkeit des öffentlich-rechtlichen Rundfunks. Im Hinblick auf die Produktplatzierung ist daher nunmehr zu prüfen, inwieweit von dieser eine solche Gefahr der Einflussnahme konkret ausgeht bzw. ausgehen kann. Eine konkrete Beeinflussung des Programms durch eine innerhalb des Programms integrierte Produktplatzierung liegt etwa dann vor, wenn der Hersteller des zu platzierenden Produkts bzw. der Anbieter der zu platzierenden Dienstleistung auf die konkrete Gestaltung der Sendung in einer wie auch immer gearteten Art und Weise Einfluss nimmt. Dies kann die Auswahl der Mitwirkenden, den Ort oder die Zeit der Produktion oder die inhaltliche Konzeption des Drehbuchs betreffen. Voraussetzung für eine zulässige Produktplatzierung ist zwar – unabhängig davon, ob es sich um eine Produktplatzierung im öffentlich-rechtlichen Rundfunk oder im privaten Rundfunk handelt – nach § 7 Abs. 7 Satz 2 Nr. 1 RStV, dass die redaktionelle Verantwor-

834 Vgl. oben D. II. 2. b) (1) (a).

tung und Unabhängigkeit unbeeinträchtigt bleiben, allerdings wird bei praxisnaher Betrachtung regelmäßig nicht auszuschließen sein, dass eine gewisse redaktionelle oder dramaturgische Einflussnahme tatsächlich erfolgt. Hierbei ist eine erfolgte Beeinträchtigung der redaktionellen Unabhängigkeit von einer Einflussnahme durch den Werbungtreibenden zu unterscheiden, die die Qualität einer Beeinträchtigung nicht erreicht oder nicht als solche nachweisbar ist.

Jenseits der Frage, wann der Grad der Beeinflussung so hoch ist, dass eine Beeinträchtigung der redaktionellen Unabhängigkeit anzunehmen ist, ist aufgrund von zwei praktischen Erwägungen in der Praxis jedoch zumindest regelmäßig davon auszugehen, dass eine Produktplatzierung untrennbar mit einer gewissen Einflussnahme des werbenden Unternehmens verbunden ist: Zum einen hat der Werbungtreibende – anders als im Rahmen der Produktion eines Werbespots – wegen der zahlreichen Beteiligten einen erheblich geringeren Einfluss auf das entstehende Gesamtprodukt, so dass durchaus nachvollziehbar ist, dass er auf die konkrete Gestaltung der Produktplatzierung so weit wie möglich Einfluss zu nehmen versuchen wird. Zum anderen spricht hierfür auch die Tatsache, dass der Werbungtreibende für die Platzierung eine Gegenleistung erbringt und deren Höhe sich nicht zuletzt nach der konkreten Ausgestaltung der Platzierung richten wird.[835] Das generelle Risiko einer indirekten Beeinflussung des Programmumfeldes durch Werbung hat auch das Bundesverfassungsgericht als dem werbefinanzierten Privatfernsehen immanent angesehen.[836] Bislang wurde diesem Risiko auf rechtlicher Seite durch den streng geltenden Grundsatz der Trennung von Werbung und Programm begegnet. Angesichts der nunmehr erfolgten Aufhebung dieses strengen Trennungsgrundsatzes im Bereich der Produktplatzierung ist die Gefahr der Beeinflussung nun jedoch erheblich gestiegen, zumal es gerade das Kennzeichen der Produktplatzierung ist, integraler Bestandteil des redaktionellen Programms zu sein. Im Rahmen der Verhandlungen über eine Produktplatzierung, die eine sehr aufwendige Form der Werbung darstellt und einen nicht unerheblichen organisatorischen Aufwand bedeutet,[837] ist die Vermeidung jeglicher Einflussnahme auf die konkrete Gestaltung daher so gut wie ausgeschlossen. Hinzu kommt, dass die Grenzen zwischen der Einflussnahme bloß mittelbarer Art, die Unabhängigkeit und Verantwortung des Rundfunkanbieters unberührt lässt, und einer unmittelbaren Beeinflussung, die die Schwelle zur Beeinträchtigung überschreitet, fließend sind. Abgesehen hiervon wird es regelmäßig Beweisprobleme geben, da im Einzelfall, soweit eine vertragliche Vereinba-

835 So auch BGH GRUR 1993, S. 692 (695).

836 BVerfGE 83, S. 238 (310 f.).

837 So *Sabine Eckhardt*, Geschäftsführerin SevenOne AdFactory GmbH, zitiert nach *Volpers*, Studie zur Produktplatzierung, S. 14.

rung zwischen Rundfunkanstalt und Werbungtreibenden nicht vorliegt, die Art der jeweils getroffenen Vereinbarungen kaum nachweisbar sein wird.

Diese Überlegungen zeigen, dass die Gefahr der Einflussnahme im Bereich der Produktplatzierung besonders hoch ist und hierdurch die Unabhängigkeit der Rundfunkanstalt in besonderer Weise gefährdet ist. Zwar sollen die Regelungen zur Zulässigkeit der Produktplatzierung sicherstellen, dass die redaktionelle Unabhängigkeit und Verantwortung bei der Umsetzung einer Produktplatzierung nicht beeinträchtigt werden, jedoch sind Beeinflussungen unterhalb der Schwelle zur Beeinträchtigung aufgrund der Natur dieser Sonderwerbeform unvermeidbar.

## 3. Rechtfertigung des Regelungsgefälles

Der praktischen Erkenntnis, dass die Werbungtreibenden auf die Gestaltung einer Produktplatzierung in einer Sendung regelmäßig soweit wie möglich Einfluss zu nehmen versuchen, steht auf der anderen Seite gegenüber, dass aufgrund der verfassungsrechtlich verankerten Aufgabenstellung an das Programm im öffentlich-rechtlichen Rundfunk wesentlich höhere qualitative Anforderungen gestellt werden als im privaten Rundfunk. Wegen dieser Anforderungen im öffentlich-rechtlichen Rundfunk könnten im Bereich der Produktplatzierung zusätzliche Schutzmaßnahmen zugunsten der redaktionellen Unabhängigkeit sowie zum Schutz der Sicherung der Meinungsvielfalt möglicherweise berechtigt bzw. sogar erforderlich sein.

### a) Wahrung der redaktionellen Unabhängigkeit

Die Wahrung der redaktionellen Unabhängigkeit des Rundfunks – öffentlich-rechtlich wie privat – wurde und wird nach der rundfunkrechtlichen Konzeption bei herkömmlicher Spotwerbung grundsätzlich durch die strikte Trennung von Werbung und Programm und weitere damit verbundene quantitative Beschränkungen, etwa in Form einer zeitlichen Beschränkung der Werbeblöcke, gesichert. Mangels konkreter redaktioneller Einbindung der Spotwerbung in das Programm besteht in der Praxis ein direkter Kontakt auf Seiten der Rundfunkanstalt regelmäßig ausschließlich zum Werbezeitenvermarkter der jeweiligen Rundfunkanstalt. Ein direkter Kontakt des Werbungtreibenden zur Redaktion ist für die Realisierung von Spotwerbung hingegen, anders als bei der Umsetzung von Produktplatzierungen, nicht erforderlich. Durch den strikten Trennungsgrundsatz wurde damit also auch eine strukturelle ‚Wirtschaftsferne' des Rundfunks sichergestellt. Mit Inkrafttreten des RStV[838] und der damit verbundenen Aufhebung des strengen Grundsatzes der Trennung von Werbung und Programm im Hinblick auf die Produktplatzierung ist die redaktionelle Unabhängigkeit nunmehr in deutlich höherem Maße gefährdet. Denn die zur Gewährleistung der Wirtschaftsferne der Rundfunkanstalten verankerten Schutzmechanismen des RStV sind durch die neuen Regelungen zumindest aufgeweicht.[839] Es besteht nunmehr aufgrund der Eigenart der Produktplatzierung bei der praktischen Umsetzung, welche eine enge Abstimmung zwischen dem Werbungtreibenden und der redaktionell verantwortlichen Stelle – sei es innerhalb der selbst produzierenden Rundfunkanstalt oder bei dem jeweiligen Produzenten – erfordert, eine konkrete Gefahr für die redaktionelle Unabhängigkeit der Rundfunkanstalten. Die Möglichkeit einer Einflussnahme auf redaktionelle Entscheidungen und damit eine Gefährdung der redaktionellen Unabhängigkeit des Rundfunks ist allerdings nur dort gegeben, wo dem jeweiligen Rundfunkveranstalter auch eine entsprechende Entscheidungsbefugnis zusteht. Insoweit besteht zwischen dem privaten und öffentlich-rechtlichen Rundfunk kein Unterschied. Während der Gesetzgeber jedoch durch die Bestimmung in § 7 Abs. 7 Satz 2 Nr. 1 RStV sicherstellt, dass von einer Produktplatzierung zumindest keine Beeinträchtigung der Unabhängigkeit ausgeht, ist die grundsätzliche redaktionelle Einflussnahme durch einen Werbungtreibenden nicht ausgeschlossen. Die redaktionelle Unabhängigkeit des Rundfunkveranstalters ist jedoch nur dann in besonderem Maße schützenswert, wenn die gesendeten redaktionellen Inhalte einen über die bloße Ausstrahlung hinausgehenden Zweck verfolgen. Dies ist allerdings gerade bei dem mit dem Grundversorgungsauftrag betrauten öffentlich-rechtlichen Rundfunk der Fall, der durch die Auswahl und Gestaltung des gesendeten Programms auch eine Grundlage für die Meinungs- und politische Willensbildung der Bevölkerung schafft. Da der Gesetzgeber offenbar zudem erkannt hat, dass die (potenzielle) Einflussnahme auf die redaktionellen Inhalte durch den Werbungtreibenden eine der Sonderwerbeform der Produktplatzierung immanente Tatsache ist, verbietet er den Werbungtreibenden nicht die Einflussnahme auf die redaktionellen Inhalte, sondern schließt bei den für zulässige Produktplatzierungen geltenden Ausnahmefällen diejenigen Konstellationen aus, bei denen die redaktionelle Unabhängigkeit faktisch gefährdet wäre. Dies ist in der Regel lediglich in denjenigen Fällen gegeben, in denen der Sender Inhalte entweder selbst in Eigenregie produziert oder die Herstellung eines bestimmten Programms entsprechend seinen Anforderungen und Vorstellungen als Auftraggeber einer Produktion beauftragt,

838 Vgl. oben Fn. 1.

839 Vgl. *Müller-Rüster*, S. 477.

mithin in Eigenproduktionen oder Auftragsproduktionen.[840] Hier verfügt der Rundfunkveranstalter über maßgebliche Mitspracherechte und könnte die redaktionellen Inhalte entsprechend den an ihn herangetragenen Wünschen der Werbungtreibenden anpassen. Keinerlei Entscheidungsbefugnis hat der Rundfunkveranstalter hingegen bei – hauptsächlich internationalen, aber auch nationalen – Fremdproduktionen[841], die bereits hergestellt sind, und an denen sich die Rundfunkanstalt lediglich ein Nutzungsrecht zur Ausstrahlung im Fernsehen einräumen lässt.[842] Mangels Möglichkeit der Einflussnahme durch Werbungtreibende auf die redaktionelle Gestaltung des Programms besteht hier bereits von vorneherein keine Gefährdung der Entscheidungsfreiheit des Rundfunkveranstalters und damit auch keine Gefährdung der redaktionellen Unabhängigkeit. Angesichts der besonderen Funktion des öffentlich-rechtlichen Rundfunks innerhalb der Demokratie ist die seitens des Gesetzgebers gewählte Systematik, welche an die Produktplatzierung im öffentlich-rechtlichen Rundfunk höhere Anforderungen stellt als im privaten Rundfunk, als gerechtfertigt zu betrachten.

### b) Sicherung der Meinungsvielfalt

Ein weiterer Aspekt des dem öffentlich-rechtlichen Rundfunk auferlegten Grundversorgungsauftrags ist die Sicherung der Meinungsvielfalt, die durch organisatorische und verfahrensrechtliche Vorkehrungen zu gewährleisten ist. Auch insoweit kann jedoch nichts anderes gelten als im Hinblick auf die Wahrung der redaktionellen Unabhängigkeit öffentlich-rechtlicher Rundfunkanstalten. Denn trotz der rundfunkrechtlichen Anforderungen, die an eine zulässige Produktplatzierung auch zum Schutz der redaktionellen Unabhängigkeit sowie zur Sicherung der Meinungsvielfalt gestellt werden, ginge aufgrund der zwischen Werbungtreibenden und der jeweiligen Rundfunkanstalt bestehenden Wechselwirkung bei der Umsetzung von Produktplatzierungen von diesen eine die Vielfalt des Programms einengende Wirkung aus. Dies ist darauf zurückzuführen, dass Produktplatzierungen naturgemäß nicht für jede Sendung geeignet sind, sondern es im – nachvollziehbaren – Interesse des Werbungtreibenden liegt, dass eine Platzierung nur in Sendungen erfolgt, die thematisch auch für programmintegrierte Werbung geeignet sind. Etwa hat der Werbungtreibende kein Interesse daran, in Werbung in eine Sendung zu investieren, die wegen der dort vermittelten Inhalte für einen positiven Imagetransfer zugunsten des platzierten Produkts nicht geeignet ist. Dies hat der Rundfunkveranstalter zu berücksichtigen, der mit

840 Vgl. oben D. II. 2 c) (2).
841 Vgl. oben D. II. 2 c) (2) (c).
842 Vgl. *Blaue*, S. 240.

zusätzlichen Einnahmen kalkuliert, die durch die Integrierung von Produktplatzierungen erzielt werden. Damit hätte die Entscheidung des Rundfunkveranstalters, Produktplatzierungen im gesamten öffentlich-rechtlichen Programm zuzulassen, im Ergebnis zur Konsequenz, dass dieser hierdurch in seiner Programmauswahl mittelbar beeinflusst wird. Eine solche gesetzgeberische Entscheidung würde in gewisser Weise die organisatorischen und verfahrensrechtlichen Vorkehrungen zur Sicherung der Meinungsvielfalt konterkarieren, da getroffene Programmentscheidungen im Rahmen der Umsetzung von Produktplatzierungen inhaltlich beeinflusst werden können. Dieser Umstand ist jedoch mit der verfassungsrechtlich an das Programm des öffentlich-rechtlichen Rundfunks gestellten Anforderung, eine gleichgewichtige Meinungsvielfalt sicherzustellen, nicht vereinbar. Zwar würde die Zulässigkeit von Produktplatzierungen im gesamten öffentlich-rechtlichen Programm nicht per se ausschließen, dass der öffentlich-rechtliche Rundfunk die an ihn gestellten programmlichen Anforderung erfüllen kann und im Ergebnis die entsprechende Meinungsvielfalt dennoch sichergestellt ist, jedoch ist der öffentlich-rechtliche Rundfunk in der Gestaltung seines Programms zumindest nicht vollkommen unabhängig von äußeren Einflüssen. Es ist in der Realität zwar kaum vorstellbar, dass der Einfluss, den die Integrierung von Produktplatzierungen auf das Programm eines Rundfunkveranstalters hätte, soweit ginge, dass das Entstehen einer vorherrschenden Meinungsmacht begünstigt wird, zumal die Formate, die überhaupt für zulässige Produktplatzierungen geöffnet sind (insbesondere keine Nachrichtensendungen sowie reine Informationssendungen), aufgrund des im Vordergrund stehenden Unterhaltungscharakters für die politische Meinungsbildung weniger geeignet sind. Allerdings ist es gerechtfertigt, dass wegen der – zumindest potenziell – vielfaltsverengenden Wirkung die Zulässigkeit von Produktplatzierungen im öffentlich-rechtlichen Rundfunk strenger gehandhabt wird als im privaten Rundfunk, und Produktplatzierungen nur dort zulässig sind, wo die Unabhängigkeit des Rundfunks im Hinblick auf Programmentscheidungen nicht berührt wird. Dies wird zutreffenderweise dadurch sichergestellt, dass die Möglichkeit der Integrierung von Produktplatzierungen in das Programm lediglich in Fremdproduktionen, nicht jedoch in Auftrags- oder Eigenproduktionen zulässig ist.

## 4. Abgrenzung der entgeltlichen von der unentgeltlichen Produktplatzierung

Im Gegensatz zu entgeltlichen Produktplatzierungen sind die jeweiligen Zulässigkeitsvoraussetzungen für unentgeltliche Produktplatzierungen im öffentlich-rechtlichen wie privaten Rundfunk identisch. Die Tatsache, dass der öffentlich-rechtliche Rundfunk und der private Rundfunk im Hinblick auf unentgeltliche Produktplatzierungen somit gleichbehandelt werden, erscheint dabei vor dem Hintergrund gerechtfertigt, dass, anders als im Hinblick auf entgeltliche Produktplatzierungen, die von unentgeltlichen Produktplatzierungen ausgehende Gefahr für die redaktionelle Unabhängigkeit der Rundfunkanstalten erheblich geringer ist. Zwar können anhand von unentgeltlich zur Verfügung gestellten Produktionshilfen auf Seiten des Produzenten durchaus Einsparpotenziale verwirklicht werden, die das Produktionsbudget spürbar entlasten. Regelmäßig ist jedoch davon auszugehen, dass der Grad der Abhängigkeit des Produzenten bzw. des Rundfunkveranstalters von dem jeweiligen Werbungtreibenden und damit auch dessen Möglichkeiten bei der Einflussnahme auf die Gestaltung der konkreten Produktion erheblich geringer sind, als wenn über die Zurverfügungstellung des zu platzierenden Objektes hinaus eine Gegenleistung erbracht wird. Dies gilt erst recht, wenn keine Produktplatzierung i. S. v. § 2 Abs. 2 Nr. 11 RStV vorliegt, da das Objekt einer unentgeltlichen Produktplatzierung nicht die bedeutende Wertgrenze überschreitet. Aber auch soweit die bedeutende Wertgrenze überschritten ist, ist davon auszugehen, dass die redaktionelle Unabhängigkeit der Rundfunkveranstalter weitaus weniger gefährdet ist als bei entgeltlichen Produktplatzierungen. Die Entscheidung des Gesetzgebers, unentgeltliche Produktplatzierungen von dem im Übrigen bestehenden Regelungsgefälle im Hinblick auf Produktplatzierungen auszunehmen, ist vor diesem Grund nachvollziehbar und als gerechtfertigt zu betrachten.

## V. Vergleich der Finanzierungsstrukturen

Den unterschiedlichen programmlichen Anforderungen wird nach der Rechtsprechung des Bundesverfassungsgerichts auch auf der Ebene der Finanzierung des Rundfunks Rechnung getragen.

### 1. Verfassungsrechtliche Garantie versus Eigenverantwortlichkeit

Das Bundesverfassungsgericht hat für den öffentlich-rechtlichen Rundfunk insoweit klargestellt, dass die Anforderungen, die an das Programm des öffentlich-rechtlichen Rundfunks gestellt werden, ihre Entsprechung in der Art und Weise der Finanzierung finden müssen. Denn um die inhaltliche Unabhängigkeit des öffentlich-rechtlichen Rundfunks zu gewährleisten, ist es essenziell, dass hierzu auch die Voraussetzungen für die finanzielle Unabhängigkeit dauerhaft sichergestellt werden. Daher ist sicherzustellen, dass den Rundfunkanstalten auch die zur Erfüllung der ihnen übertragenen Aufgaben notwendigen finanziellen Mittel bereitgestellt werden.[843] Auf einfachgesetzlicher Ebene wurde diese Anforderung durch die Einführung der Rundfunkgebühren umgesetzt, die in vollem Umfang den öffentlich-rechtlichen Rundfunkanstalten zufließen und auf diese Weise den ganz überwiegenden Großteil von deren Einnahmen sichern.[844] Die verfassungsrechtlich gestellten Anforderungen an die Sicherstellung der funktionsgerechten Finanzierung schließen jedoch im Grundsatz nicht aus, dass auch im öffentlich-rechtlichen Rundfunk Einnahmen durch Werbung erzielt werden dürfen.

Demgegenüber ist jedoch der private Rundfunk[845] in großem Umfang ausschließlich auf Einnahmen angewiesen, die durch Werbung erzielt werden. Dem privaten Rundfunk ist verfassungsrechtlich im Hinblick auf die zu vermittelnden Programminhalte lediglich eine ergänzende Funktion zugewiesen, jedoch keine, die – vergleichbar mit dem Grundversorgungsauftrag des öffentlich-rechtlichen Rundfunks – originär nur durch diesen zu erfüllen ist und wegen ihrer Bedeutung und Stellung innerhalb der Demokratie die vollständige redaktionelle Unabhängigkeit erfordert. Daher ist es entsprechend auch nicht erforderlich, die Finanzierung des privaten Rundfunks im Sinne einer funktionsgerechten Ausstattung durch den Staat sicherzustellen. Stattdessen unterliegt der private Rundfunk in wirtschaftlicher Hinsicht allein den Regeln des freien Marktes und ist vor allem stark von den den freien Markt regulierenden rechtlichen Rahmenbedingungen abhängig. Ungleich stärker als im öffentlich-rechtlichen Rundfunk beeinflussen daher die geltenden werberechtlichen Regulierungen den privaten Rundfunk in seiner Tätigkeit, da sie unmittelbaren Einfluss auf dessen Refinanzierungsmöglichkeiten und damit auch den wirtschaftlichen Erfolg haben.

## 2. Rechtfertigung des werberechtlichen Regelungsgefälles

Die einfachgesetzlichen werberechtlichen Beschränkungen sind damit für den Erfolg von privaten Rundfunkanbietern von entscheidender Bedeutung, da sie die Refinanzierungsmöglichkeiten des privaten Rundfunks und damit den wirtschaftlichen Erfolg unmittelbar beeinflussen. Von den werberechtlichen Bestimmungen weitaus weniger abhängig ist hingegen der öffentlich-rechtliche Rundfunk, der nur einen untergeordneten Anteil seiner Einnahmen durch Werbung erwirtschaftet, im Übrigen jedoch staatlich mit den erforderlichen finanziellen

843 Vgl. oben zur funktionsgerechten Finanzierung C. V. 2. a) (1).

844 Vgl. oben C. V. 2.

845 Vgl. oben C. V. 2. b).

Mitteln ausgestattet wird. Vor diesem Hintergrund und im Hinblick auf die unterschiedlichen verfassungsrechtlich verankerten Funktionen und programmlichen Anforderungen wird diesen Umständen in angemessener Weise Rechnung getragen, wenn die werberechtlichen Rahmenbedingungen im öffentlich-rechtlichen Rundfunk im Grundsatz strenger sind als im privaten Rundfunk. Dies gilt im Besonderen auch für die Zulässigkeitsregelungen von Produktplatzierungen. Die rechtliche Möglichkeit, Produktplatzierungen in das Programm zu integrieren, und die damit in Aussicht stehenden Zusatzeinnahmen aus der Umsetzung von Produktplatzierungen geben dem privaten Rundfunk Spielraum für die Entwicklung neuer Programme und Formate und ermöglichen eine Steigerung der Programmqualität, die unabhängig von den verfassungsrechtlichen Anforderungen letztlich dem Rezipienten zugute kommen. Dabei ist auch zu berücksichtigen, dass eine quantitative Beschränkung des Anteils von Produktplatzierungen am Gesamtprogramm – vergleichbar den zeitlichen Begrenzungen von Spotwerbung pro Stunde gem. §§ 16 Abs. 3, 45 Abs. 1 RStV – aufgrund der aufwändigen Umsetzung von Produktplatzierungen in der Praxis und verschiedenen Unwägbarkeiten während des Herstellungsprozesses von Programminhalten (z.B. aufgrund des Umschnitts) nicht praktikabel ist. Auch vor diesem Hintergrund ist das generelle Verbot von Produktplatzierungen in eigenproduzierten oder beauftragten Sendungen des öffentlich-rechtlichen Rundfunks als gerechtfertigt zu betrachten.

## VI. Schutzbedürftigkeit der Zuschauer

Schließlich ist das rundfunkrechtliche Regelungsgefälle bei der Zulässigkeit von Produktplatzierungen auch unter dem Aspekt der Schutzbedürftigkeit der Zuschauer zu betrachten. Was die allgemeinen werberechtlichen Regulierungen angeht, ist dabei in quantitativer Hinsicht zunächst festzuhalten, dass der Zuschauer im Programm des privaten Rundfunks in der Summe mit einer höheren Werbegesamtzeit pro Tag konfrontiert wird, als dies im öffentlich-rechtlichen Rundfunk der Fall ist. Dies ist darauf zurückzuführen, dass im öffentlich-rechtlichen Rundfunk Werbesendungen nach 20.00 Uhr sowie an Sonn- und Feiertagen gem. § 16 Abs. 1 Satz 4 RStV unzulässig sind. Aus der Perspektive des Zuschauers könnte im Hinblick auf Produktplatzierungen nunmehr das Argument angeführt werden, dass es dem Zuschauer aufgrund der Tatsache, dass er in quantitativer Hinsicht im privaten Rundfunk auf mehr Werbung trifft als im öffentlich-rechtlichen Rundfunk, im privaten Rundfunk auch eher zuzumuten ist, zusätzlich zu den Werbeblöcken auch auf programmintegrierte Sonderwerbeformen wie die

Produktplatzierung zu treffen. Denn damit würde das rundfunkrechtliche Regelungsgefälle der Erwartungshaltung und damit der Schutzbedürftigkeit des Zuschauers entsprechen, der wegen der ohnehin höheren Frequenz an Werbung im Programm des privaten Rundfunks weniger schutzbedürftig wäre als im öffentlich-rechtlichen Rundfunkprogramm. Vor diesem Hintergrund könnte die stärkere Aufweichung des Trennungsgrundsatzes im privaten Rundfunk und die entsprechend strengere Handhabung im öffentlich-rechtlichen Rundfunk gerechtfertigt sein.

Ein weiteres Argument für die Rechtfertigung des Regelungsgefälles und die eingeschränkte Zulässigkeit von Produktplatzierungen im öffentlich-rechtlichen Rundfunk könnte darüber hinaus darin liegen, dass der Zuschauer dem öffentlich-rechtlichen Rundfunk aufgrund dessen gegenüber dem privaten Rundfunk hervorgehobener verfassungsrechtlicher Stellung ein besonderes Vertrauen entgegenbringt, welches mit programmintegrierter Werbung wie der Produktplatzierung und der damit verbundenen Einschränkung des Trennungsgrundsatzes möglicherweise nicht vereinbar wäre. Denn gerade durch eine strenge Handhabung des Grundsatzes der Trennung von Werbung und Programm würde sichergestellt, dass das Vertrauen des Zuschauers in den redaktionellen Teil des Programms geschützt wird.

Jedoch vermögen beide Argumente unter dem Aspekt der Schutzbedürftigkeit der Zuschauer nicht zu überzeugen: So ist zum einen allein der quantitative Unterschied im Hinblick auf die Werbegesamtzeit kein Argument dafür, dass der Zuschauer im Hinblick auf programmintegrierte Werbung wie Produktplatzierungen weniger schutzbedürftig ist, wenn er regelmäßig im privaten Rundfunk mit einer höheren Werbefrequenz bzw. einer höheren Summe an Werbezeiten konfrontiert wird. Vielmehr ist der Zuschauer sowohl im öffentlich-rechtlichen Rundfunk als auch im privaten Rundfunk gleichermaßen schutzbedürftig, denn maßgeblich sind insoweit nicht die zulässigen Werbehöchstzeiten, sondern primär die grundsätzliche Trennung von Werbung und Programm. Die Aufweichung dieses Grundsatzes im privaten Rundfunk ist insoweit jedoch losgelöst von den im Übrigen geltenden quantitativen Werbebeschränkungen zu sehen. Zum anderen greift aber auch nicht das Argument, dass der Zuschauer dem öffentlich-rechtlichen Rundfunk aufgrund dessen verfassungsrechtlicher Stellung ein höheres Vertrauen entgegenbringt. An dieser Stelle ist vielmehr zu differenzieren zwischen der Tatsache, dass dem öffentlich-rechtlichen Rundfunk verfassungsrechtlich tatsächlich eine besondere Stellung zugedacht ist, und der Frage, ob und wenn ja, inwieweit diese Funktionszuweisung auch dem durchschnittlichen Fernsehzuschauer konkret bewusst ist bzw. dieser diesen Umstand berücksichtigt. Letzteres ist jedoch keineswegs zu unterstellen, da sich die verfassungsrechtliche Funktion des öffentlich-rechtlichen Rundfunks aus der reinen Betrachtung des Programms per se nicht zwangsläufig ergibt. Für ein gesteigertes Vertrauen des Zuschauers in das Programm des öffentlich-rechtlichen Rundfunks bestehen keine ausreichenden Anhaltspunkte. Unter dem Aspekt der Schutzbedürftigkeit der Zuschauer ist das Regelungsgefälle zwischen den Zulässigkeitsvoraussetzungen von Produktplatzierungen im öffentlich-rechtlichen und privaten Rundfunk daher nicht gerechtfertigt.

## VII. Verfassungsrechtliche Rechtfertigung

Wie oben dargestellt[846] gilt im öffentlich-rechtlichen wie im privaten Rundfunk, dass der Inhalt kommerzieller Wirtschaftswerbung im Rundfunk als Meinung oder Nachricht betrachtet wird und daher auch die Produktplatzierung als Sonderwerbeform wegen ihres Aussagegehaltes vom Schutzbereich der Rundfunkfreiheit umfasst ist. Auch die übrigen, an der Umsetzung einer Produktplatzierung Beteiligten, insbesondere der verantwortliche Produzent der jeweiligen Sendung bzw. der maßgebliche Filmschaffende, die platzierenden Unternehmen sowie gegebenenfalls zwischengeschaltete Agenturen, können im Hinblick auf ihre jeweilige Tätigkeit insoweit verfassungsrechtlichen Schutz in Anspruch nehmen, wie der Schutzbereich der Berufsfreiheit (werbende Unternehmen, Werbewirtschaft, Filmschaffende, private Rundfunkveranstalter), der Meinungsfreiheit (werbende Unternehmen) sowie der Filmfreiheit (Filmschaffende) eröffnet ist. Für die Beteiligten bedeutet die Gewährleistung eines gewissen verfassungsrechtlichen Schutzes auch Sicherheit dahingehend, dass die Produktplatzierung sich auch mittel- bis langfristig als Sonderwerbeform etablieren kann. Ob das im Rahmen dieser Arbeit untersuchte Regelungsgefälle im Hinblick auf die Zulässigkeit von Produktplatzierungen im öffentlich-rechtlichen sowie privaten Rundfunk einen mittelbaren Eingriff in die jeweiligen Grundrechte darstellt, bleibt jedoch einer detaillierten verfassungsrechtlichen Prüfung vorbehalten. Dies gilt auch für die etwaige Rechtfertigung eines solchen Eingriffs. Die vorliegende praxisorientierte Betrachtung des Regelungsgefälles anhand der Unterschiede innerhalb des dualen Rundfunksystems kann jedoch, soweit von einem Eingriff in einzelne Grundrechte auszugehen wäre, durchaus Anhaltspunkte liefern, die einen Eingriff möglicherweise rechtfertigen. Insbesondere die Anforderungen, die an das Programm des öffentlich-rechtlichen Rundfunks gestellt werden und auf die diesem verfassungsrechtlich auferlegte Funktion zurückzuführen sind, stellen für eine solche Prüfung der Rechtfertigung eines Eingriffs möglicherweise einen maßgeblichen Punkt dar.

---

846 Vgl. oben B. IV.

# F. Zusammenfassung

## I. Produktplatzierung und RStV

Das Thema der vorliegenden Arbeit ist die Sonderwerbeform der Produktplatzierung; die Arbeit beschäftigt sich dabei schwerpunktmäßig mit den rechtlichen Zulässigkeitsvoraussetzungen von Produktplatzierungen innerhalb des dualen Rundfunksystems in Deutschland.[847] Der grundlegende Unterschied zu klassischer Werbung, welche im Rahmen von Werbeblöcken ausgestrahlt wird, liegt insbesondere darin, dass bei der Produktplatzierung zunächst keine klare Trennung von Programm und Werbung erfolgt, sondern vielmehr Programm und Werbung sich wechselseitig durchdringen.

Die rechtliche Behandlung von Produktplatzierungen in Deutschland hat sich mit Inkrafttreten des 13. Rundfunkänderungsstaatsvertrags am 1. April 2010 geändert.[848] Während nach alter Rechtslage Produktplatzierungen und Schleichwerbung ausnahmslos unzulässig waren, sind nach nunmehr geltendem Recht Produktplatzierungen im Rahmen der gesetzlich festgelegten Ausnahmefälle zulässig. Dabei gehen die neuen Regelungen zur Zulässigkeit von Produktplatzierungen auf die Umsetzung der EU-Richtlinie über audiovisuelle Mediendienste („AVMD-Richtlinie“) zurück, welche am 19. Dezember 2007 in Kraft trat.[849]

Mit der entsprechenden Anpassung der Rechtslage in Deutschland wurde nicht zuletzt der tatsächlichen Entwicklung des Marktes im Bereich von Produktplatzierungen Rechnung getragen. Denn trotz des bislang geltenden Verbots von entgeltlichen Platzierungen bzw. Schleichwerbung im Rundfunk hatte sich bereits in der Vergangenheit im Rundfunk ein eigener Markt für Produktplatzierungen entwickelt.[850] Dies ist vor allem darauf zurückzuführen, dass für die im Rahmen der Umsetzung von Produktplatzierungen Beteiligten, namentlich Produzenten, die werbetreibende Industrie sowie die Werbebranche, in erster Linie – insbesondere finanzielle – Vorteile in Aussicht stehen.[851]

847 Zu Begriff, Definition und Abgrenzungen der Produktplatzierung vgl. näher oben B. I. und B. III.

848 Vgl. hierzu oben A. I.

849 Vgl. hierzu oben B. II. 2. c).

850 Vgl. hierzu oben A. I. sowie A. II. 1.

851 Vgl. hierzu oben A. II. 2.

## II. Regelungsgefälle des RStV

Eine nähere Betrachtung der rechtlichen Zulässigkeitsvoraussetzungen von Produktplatzierungen nach deutschem Recht und vor allem der Vergleich der einerseits für den privaten Rundfunk – geregelt in § 15 Nr. 1 RStV – und andererseits der für den öffentlich-rechtlichen Rundfunk – geregelt in § 44 Nr. 1 RStV – geltenden besonderen Zulässigkeitsvoraussetzungen zeigt, dass sich die jeweiligen Regelungen zwar teilweise entsprechen, die an zulässige Produktplatzierungen gestellten Anforderungen im Ergebnis jedoch unterschiedlich streng sind.[852] Gemeinsam ist den jeweiligen Vorschriften, dass Produktplatzierungen lediglich in bestimmten, einzeln bezeichneten Genres zulässig sind, nämlich in Kinofilmen, Filmen und Serien, in Sportsendungen und Sendungen der leichten Unterhaltung.[853] Darüber hinaus gibt es in Bezug auf den öffentlich-rechtlichen Rundfunk jedoch eine bedeutende Einschränkung: Dort sind Produktplatzierungen lediglich in sog. Fremdproduktionen zulässig.[854] Mithin ist im öffentlich-rechtlichen Rundfunk zwischen Eigenproduktionen sowie Auftragsproduktionen der jeweiligen Rundfunkanstalten auf der einen und Fremd- bzw. Drittproduktionen auf der anderen Seite zu unterscheiden. Da eine vergleichbare Einschränkung nur für den öffentlich-rechtlichen, nicht aber für den privaten Rundfunk gilt, werden für den öffentlich-rechtlichen Rundfunk tätig werdende Auftragsproduzenten aufgrund hieraus resultierender eingeschränkter Refinanzierungsmöglichkeiten im Ergebnis benachteiligt.[855]

Die Untersuchung dieses Regelungsgefälles ist zentraler Inhalt der Arbeit.

## III. Wesentliche Ergebnisse

### 1. Abgrenzung der Fremdproduktion von der Auftragsproduktion

Anhand von zwei besonders relevanten Sonderformen der vertraglichen Zusammenarbeit zwischen einem Rundfunkveranstalter und einem Produzenten, namentlich anhand des Pre-Sale-Lizenzvertrags[856] sowie der Koproduktion[857], wird aufgezeigt, welche Kriterien bei der Abgrenzung zwischen einer Fremdproduk-

852 Vgl. hierzu oben D. II. 2. b) (2) (b).
853 Vgl. hierzu oben D. II. 2. b) (2) (b) (b.a).
854 Vgl. hierzu oben D. II. 2. b) (2) (b) (b.b); zur Abgrenzung der Fremdproduktion vgl. D. II. 2. c).
855 Vgl. hierzu oben A. III. 1. b).
856 Vgl. hierzu oben D. II. 2. c) (4) (a).
857 Vgl. hierzu oben D. II. 2. c) (4) (b).

tion und einer Auftragsproduktion entscheidend sind. Maßgeblich kommt es hiernach auf die dem Rundfunkveranstalter eingeräumten redaktionellen Mitspracherechte bei der Herstellung der Produktion an. Der Anteil an der Finanzierung ist hierbei nur von sekundärer Bedeutung, da deren Höhe kein zwingender Nachweis, sondern vielmehr nur ein Indiz für den Grad an eingeräumten redaktionellen Einflussmöglichkeiten darstellt. Konsequenterweise kann die Entscheidung, ob eine Fremdproduktion vorliegt, lediglich im Einzelfall anhand der konkreten vertraglichen Vereinbarung getroffen werden; die Bezeichnung der jeweiligen Vereinbarung als „Auftragsproduktionsvertrag" oder als „Lizenzvertrag" stellt dabei gleichfalls nur ein Indiz dar.[858]

## 2. Untersuchung des Regelungsgefälles zwischen öffentlich-rechtlichem und privatem Rundfunk

Die vorliegende Arbeit zeigt unter Berücksichtigung der Geschichte des Rundfunks[859], der jeweiligen Funktionen[860] sowie Organisations-[861] und Finanzierungsstrukturen[862] von öffentlich-rechtlichem Rundfunk einerseits und privatem Rundfunk andererseits, sowie unter dem Gesichtspunkt der Schutzbedürftigkeit der Zuschauer[863] auf, dass das rundfunkrechtliche Regelungsgefälle innerhalb des dualen Rundfunksystems zulasten des öffentlich-rechtlichen Rundfunks im Ergebnis begründet und nachvollziehbar ist. Angesichts der erarbeiteten Unterscheidungsmerkmale zwischen öffentlich-rechtlichem und privatem Rundfunk sowie insbesondere vor dem Hintergrund der inhaltlich an das Programm des öffentlich-rechtlichen Rundfunks gestellten Anforderungen zum Schutz der redaktionellen Unabhängigkeit sowie zur Sicherung der Meinungsvielfalt[864] ist es daher gerechtfertigt, dass die Regelungen zur Zulässigkeit der Produktplatzierung im öffentlich-rechtlichen Rundfunk strenger sind, als im privaten Rundfunk und Produktplatzierungen über die für beide Rundfunkarten gleichermaßen geltenden Voraussetzungen hinaus im öffentlich-rechtlichen Rundfunk lediglich in Fremdproduktionen zulässig sind.

---

858 Vgl. hierzu oben D. II. 2. c) (4) (c).
859 Vgl. hierzu oben C. II. und III sowie E. II.
860 Vgl. hierzu für den öffentlich-rechtlichen Rundfunk C. V. 1. a) (1) und (2); für den privaten Rundfunk vgl. C. V. 1. b) (2); zur Bewertung vgl. E. IV.
861 Vgl. hierzu für den öffentlich-rechtlichen Rundfunk C. V. 1. a) (5); zur Bewertung vgl. E. III.
862 Vgl. hierzu für den öffentlich-rechtlichen Rundfunk C. V. 2. a); für den privaten Rundfunk vgl. C. V. 2. b); zur Bewertung vgl. E. V.
863 Vgl. hierzu E. VI.
864 Vgl. hierzu E. IV. 2. und 3.

Dieses Ergebnis kann jedoch nicht allein mit der Historie des dualen Rundfunks begründet werden, auch wenn die historischen Fakten das duale Rundfunksystem in seiner heutigen Form ganz maßgeblich beeinflusst haben.[865] Ebenso ist allein aufgrund der aufgezeigten Unterschiede innerhalb der Organisationsstruktur das Regelungsgefälle im Hinblick auf die Zulässigkeit von Produktplatzierungen nicht zu rechtfertigen.[866] Jedoch ist festzuhalten, dass der organisatorische Aspekt des zu gewährleistenden Meinungspluralismus eng mit den programmlichen Anforderungen zusammenhängt, die an den öffentlich-rechtlichen und privaten Rundfunk gestellt werden, so dass die unterschiedlichen Organisationsstrukturen jedenfalls für die Gesamtbetrachtung des Regelungsgefälles mittelbar von Bedeutung sind. Schließlich kann auch der Aspekt der Schutzbedürftigkeit der Zuschauer das Regelungsgefälle zwischen den Zulässigkeitsvoraussetzungen von Produktplatzierungen im öffentlich-rechtlichen und privaten Rundfunk isoliert nicht rechtfertigen.[867]

Entscheidend für die Rechtfertigung des Regelungsgefälles sind jedoch die verfassungsrechtlich an das Programm des öffentlich-rechtlichen Rundfunks gestellten Anforderungen.[868] Denn angesichts der besonderen Funktion des öffentlich-rechtlichen Rundfunks innerhalb der Demokratie, namentlich der Übertragung des Grundversorgungsauftrages auf den öffentlich-rechtlichen Rundfunk, ist die gesetzliche Systematik, welche an die Produktplatzierung im öffentlich-rechtlichen Rundfunk höhere Anforderungen stellt als im privaten Rundfunk, als gerechtfertigt zu betrachten. Denn wegen der – zumindest potenziell – vielfaltsverengenden Wirkung der Sonderwerbeform der Produktplatzierung ist nachvollziehbar und begründbar, dass die Zulässigkeit von Produktplatzierungen im öffentlich-rechtlichen Rundfunk strenger zu handhaben ist als im privaten Rundfunk, und Produktplatzierungen nur dort zulässig sind, wo die Unabhängigkeit des Rundfunks im Hinblick auf Programmentscheidungen nicht berührt wird. Dies wird zutreffenderweise dadurch sichergestellt, dass die Möglichkeit der Integrierung von Produktplatzierungen in das Programm lediglich in Fremdproduktionen, nicht jedoch in Auftrags- oder Eigenproduktionen zulässig ist.

Dem privaten Rundfunk ist verfassungsrechtlich im Hinblick auf die zu vermittelnden Programminhalte lediglich eine ergänzende Funktion zugewiesen, jedoch keine, die – vergleichbar mit dem Grundversorgungsauftrag des öffentlich-rechtlichen Rundfunks – originär nur durch diesen zu erfüllen ist und wegen seiner Bedeutung und Stellung innerhalb der Demokratie die vollständige redaktio-

865 Vgl. hierzu E. II.

866 Vgl. hierzu E. III.

867 Vgl. hierzu E. VI.

868 Vgl. hierzu E. IV.

nelle Unabhängigkeit erfordert. Dies spiegelt sich auch in der Art und Weise der Finanzierung wider, da der private Rundfunk keine staatliche garantierte Finanzierung erhält, sondern allein den Regeln des freien Marktes unterworfen ist und daher stark von den den freien Markt regulierenden rechtlichen Rahmenbedingungen abhängig ist.[869] Ungleich stärker als im öffentlich-rechtlichen Rundfunk beeinflussen daher die geltenden werberechtlichen Regulierungen den privaten Rundfunk in seiner Tätigkeit, da sie unmittelbaren Einfluss auf dessen Refinanzierungsmöglichkeiten und damit auch den wirtschaftlichen Erfolg haben.

## IV. Ausblick

Unter Berücksichtigung der Geschichte, der jeweiligen Funktionen sowie der Organisations- und Finanzierungsstrukturen zeigt die vorliegende Arbeit auf, dass das rundfunkrechtliche Regelungsgefälle innerhalb des dualen Rundfunksystems zulasten des öffentlich-rechtlichen Rundfunks gerechtfertigt ist. Angesichts der dargelegten Unterscheidungsmerkmale zwischen öffentlich-rechtlichem und privatem Rundfunk und insbesondere vor dem Hintergrund der inhaltlichen Anforderungen an das Programm des öffentlich-rechtlichen Rundfunks zum Schutz der redaktionellen Unabhängigkeit sowie zur Sicherung der Meinungsvielfalt ist es gerechtfertigt, dass die Regelungen zur Zulässigkeit der Produktplatzierung im öffentlich-rechtlichen Rundfunk strenger sind als im privaten Rundfunk und Produktplatzierungen über die für beide Rundfunkarten gleichermaßen geltenden Voraussetzungen hinaus im öffentlich-rechtlichen Rundfunk lediglich in Fremdproduktionen zulässig sind. Während der öffentlich-rechtliche Rundfunk den Großteil seiner Einnahmen ohnehin durch Rundfunkgebühren bzw. zukünftig -beiträge generiert, erhält der ausschließlich auf Werbeerlöse angewiesene private Rundfunk mittels der Produktplatzierung eine zusätzliche Erlösquelle, die für die Werbekunden in Zeiten zielgruppengenauer Onlinewerbung auch im TV eine attraktive neue Werbeform darstellt, für die Werbekunden potenziell bereit sind, höhere Summen aufzubringen als für klassische Spotwerbung, da geringere Streuverluste zu erwarten sind. Zusätzliche Einnahmen ermöglichen auf Seiten des privaten Rundfunks erhöhte Programminvestitionen, die bei entsprechendem Einsatz der Gelder zu einer größeren Programmvielfalt sowie einem breiteren Programmspektrum führen können.

869 Vgl. hierzu E. V.

# Literaturverzeichnis

## I. Quellen mit Autoren


*Asche, Florian*, Das Product Placement im Kinospielfilm, Frankfurt 1996, zit.: *Asche*.

*Auer, Manfred; Kalweit, Udo; Nüßler, Peter*, Product Placement, Die neue Kunst der geheimen Verführung, Düsseldorf/Wien/New York 1988, zit.: *Auer/Kalweit/Nüßler*.

*Badura, Peter*, Rundfunkfreiheit und Finanzautonomie, Frankfurt 1986, zit.: *Badura*.

*Bartosch, Andreas*, Das Grünbuch über Konvergenz, in: ZUM 1998, S. 209-220, zit.: *Bartosch*, ZUM 1998.

*Bausch, Hans*, Rundfunk in Deutschland (Band 3), Rundfunkpolitik nach 1945, Erster Teil, München 1980, zit.: *Bausch*, Teil I.

*Bausch, Hans*, Rundfunk in Deutschland (Band 4), Rundfunkpolitik nach 1945, Zweiter Teil, München 1980, zit.: *Bausch*, Teil II.

*Bente, Klaus*, Product Placement, Wiesbaden 1990, zit.: *Bente*.

*Bethge, Herbert*, Die verfassungsrechtliche Position des öffentlich-rechtlichen Rundfunks in der dualen Rundfunkordnung, Baden-Baden 1996, zit.: *Bethge*.

*Bergmann, Silke*, Rechtliche Rahmenbedingungen des Product Placements, Saarbrücken 2008, zit.: *Bergmann*.

*Blaue, Andreas*, Werbung wird Programm, Baden-Baden 2011, zit.: *Blaue*.

*Bork, Reinhard*, Werbung im Programm, München 1988, zit.: *Bork*.

*Bork, Reinhard*, Product Placement und Wettbewerbsrecht, in: GRUR 1988, S. 264, zit.: *Bork*, GRUR 1988.

*Bosman, Wieland*, Rundfunkrechtliche Aspekte der Trennung von Werbung und Programm, in: ZUM 1990, S. 545-556, zit.: *Bosman*, ZUM 1990.

*Brand, Horst W.*, Die Legende von den „geheimen Verführern", Weinheim/Basel 1978, zit.: *Brand,* Die Legende von den „geheimen Verführern".

*Brand, Torsten*, Rundfunk im Sinne des Artikels 5 Abs. 1 Satz 2 GG, Berlin 2001, zit.: *Brand.*

*Bredow, Hans*, Im Banne der Ätherwellen, Stuttgart, 1954, zit.: *Bredow.*

*Bressler, Eva Susanne*, Von der Experimentierbühne zum Propagandainstrument, Köln 2009, zit.: *Bressler*.

*Bruhn, Manfred; Mehlinger, Rudolf*, Rechtliche Gestaltung des Sponsoring, München 1999, zit.: *Bruhn/Mehlinger.*

*Bülow, Lorenz*, Themen Sponsoring im Fernsehen, München 1998, zit.: *Bülow.*

*Castendyk, Oliver; Dommering, Egbert, Scheuer, Alexander*, European Media Law, Alphen aan den Rijn/Niederlande 2008, zit.: Castendyk/Dommering/ Scheuer/*Bearbeiter.*

*Castendyk, Oliver; Böttcher, Kathrin*, Ein neuer Rundfunkbegriff für Deutschland? – Die Richtlinie für audiovisuelle Mediendienste und der deutsche Rundfunkbegriff, in: MMR 2008, S. 13-18, zit.: *Castendyk/Böttcher*, MMR 2008.

*Castendyk, Oliver*, Werbeintegration im TV-Programm – wann sind Themen Placements Schleichwerbung oder Sponsoring?, in: ZUM 2005, S. 857 – 865, zit.: *Castendyk,* ZUM 2005.

*Castendyk, Oliver*, Die Neuregelung der Produktplatzierung im Fernsehen, in: ZUM 2010, S. 29-38, zit.: *Castendyk*, ZUM 2010.

*Castendyk, Oliver*, Lizenzverträge und AGB-Recht, in: ZUM 2007, S. 169-178, zit.: *Castendyk*, ZUM 2007.

*Cromme, Franz*, Die Programmüberwachung des Rundfunkrates, in: NJW 1985, S. 351-360, zit.: *Cromme*, NJW 1985.

*Danwitz, Thomas von*, Zur Regulierung von „product placement" bei der Novellierung der EU-Fernsehrichtlinie, in: AfP 2005, S. 417-421, zit.: *Danwitz*, AfP 2005.

*Daufeldt, Dirk*, Duale Rundfunkordnung im digitalen und europäischen Medienzeitalter, Münster 2002, zit.: *Daufeldt.*

*Diller, Ansgar*, Rundfunkpolitik im Dritten Reich, München 1980, zit.: *Diller.*

*Dörfler, Gabriele*, Product Placement im Fernsehen – unlautere Werbung oder denkbare Finanzierungsquelle im dualen Rundfunksystem?, Frankfurt 1993, zit.: *Dörfler.*

*Dörr, Dieter*, Die Einflüsse europarechtlicher Entwicklungen auf das Bund-Länder-Verhältnis im Rundfunkwesen, München/Berlin 1992, zit.: *Dörr,* Rundfunkwesen.

*Dörr, Dieter*, Programmvielfalt im öffentlich-rechtlichen Rundfunk durch funktionsgerechte Finanzausstattung, Baden-Baden, 1997/98, zit.: *Dörr*, Programmvielfalt.

*Dreier, Horst*, Grundgesetz, 2. Auflage, Tübingen 2004, zit.: Dreier/*Bearbeiter.*

*Drettmann, Fritz*, Wirtschaftswerbung und Meinungsfreiheit, Frankfurt a. M. 1984, zit.: *Drettmann.*

*Duisburg, Hendrik von*, Gezielt und preiswert – die Soap im Internet, in: ZUM 2011, S. 141-150, zit.: *Duisburg*, ZUM 2011.

*Eckhardt, Judith*, Strukturen, Aufgaben und Perspektiven des öffentlich-rechtlichen Rundfunks im Kräftefeld der Politik, Köln 1998, zit.: *Eckhardt.*

*Eifert, Martin*, Konkretisierung des Programmauftrags des öffentlich-rechtlichen Rundfunks, Baden-Baden 2002, zit.: *Eifert.*

*Emrich, Marc-Oliver*, EU- und nationalrechtliche Liberalisierung des Product Placement im öffentlich-rechtlichen und privaten Fernsehen sowie für Spielfilme, Hamburg 2011, zit.: *Emrich.*

*Engels, Stefan; Giebel, Torsten*, Das neue Fernsehwerberecht, in: ZUM 2000, 265-283, zit.: *Engels/Giebel*, ZUM 2000.

*Fessmann, Ingo*, Rundfunk und Rundfunkrecht in der Weimarer Republik, 1973 Frankfurt a. M.; zit.: *Fessmann.*

*Fix, Oliver*, Organisation des Rundfunks, Wiesbaden 1988, zit.: *Fix.*

*Forsthoff, Martin*, Grenzen des Runfunkmonopols, in: AfP 1975, S. 739-742, zit.: *Forsthoff*, AfP 1975.

*Frey, Frederik*, Werbung im Programm, Saarbrücken 2007, zit.: *Frey.*

*Friccius, Enno*, Aktuelle Probleme der Vertragsgestaltung bei der Produktion von Filmen und Fernsehfilmen, in: ZUM 1991, S. 392-399.

*Fromm, Friedrich Karl; Nordemann, Wilhelm*, Kommentar zum Urheberrechtsgesetz, Verlagsgesetz, Urheberrechtswahrnehmungsgesetz, 10. Auflage, Stuttgart 2008, zit.: Fromm/Nordemann/*Bearbeiter.*

*Frye, Bernhard*, Die Staatsaufsicht über die öffentlich-rechtlichen Rundfunkanstalten, Berlin 2001, zit.: *Frye.*

*Fuchs, Christian*, Leise schleicht's durch mein TV, Product Placement und Schleichwerbung im öffentlich-rechtlichen Fernsehen, Berlin 2005, zit.: *Fuchs.*

*Gersdorf, Hubertus*, Der verfassungsrechtliche Rundfunkbegriff im Lichte der Digitalisierung der Telekommunikation, Berlin 1995, zit.: *Gersdorf*, Rundfunkbegriff.

*Gersdorf, Hubertus*, Grundzüge des Rundfunkrechts, München 2003, zit.: *Gersdorf*, Rundfunkrecht.

*Glockzin, Kai*, „Product Placement" im Fernsehen – Abschied vom strikten Trennungsgebot zwischen redaktionellem Inhalt und Werbung, in: MMR 2010, S. 161-166, zit.: *Glockzin*, MMR 2010.

*Gloy, Wolfgang; Loschelder Michael; Erdmann, Willi*, Handbuch des Wettbewerbsrechts, 4. Auflage, München 2010, zit.: Gloy/Loschelder/Erdmann/*Bearbeiter.*

*Goerlich, Helmut*, Duale Rundfunkordnung, Aufsicht und Gebühr, Programmzahl und Frequenzzuweisung, in: ZUM 1999, S. 472-474, zit.: *Goerlich*, ZUM 1999.

*Goerlich, Helmut; Meier, Anne-Kristin*, Selbstverpflichtungen und Autonomie am Beispiel des öffentlich-rechtlichen Rundfunks, in: ZUM 2007, S. 889-898, zit.: *Goerlich/Meier*, ZUM 2007.

*Gottschalk, Christoph; Scheele, Michael*, Schluss mit der Schleichwerbung – es lebe Product Placement, in: MA 1987, S. 532-536, zit.: *Gottschalk/Scheele*, MA 1987.

*Gounalakis, Georgios*, Funktionsauftrag und wirtschaftliche Betätigung des Zweiten Deutschen Fernsehens, Mainz 2000, zit.: *Gounalakis.*

*Gounalakis, Georgios; Wege, Christoph*, Product Placement und Schleichwerbungsverbot – Widersprüche im neuen Fernsehrichtlinien-Entwurf, in: Kommunikation & Recht 2006, S. 97-101, zit.: *Gounalakis/Wege*, K&R 2006.

*Gounalakis, Georgios*, Werbung im Rundfunkprogramm – Zwischen Trennungsgrundsatz und Schleichwerbungsverbot, in: WRP 2005, S. 1476-1484, zit.: *Gounalakis*, WRP 2005.

*Grabitz, Eberhard; Hilf, Meinhard*, Das Recht der Europäischen Union, München, Stand August 2012, zit.: Grabitz/Hilf/*Bearbeiter.*

*Groeben, Hans von der; Schwarze, Jürgen*, Kommentar zum Vertrag über die Europäische Union und zur Gründung der Europäischen Gemeinschaft, 6. Auflage, Baden-Baden 2003, zit.: von der Groeben/Schwarze/*Bearbeiter.*

*Groß, Thomas*, Selbstregulierung im medienrechtlichen Jugendschutz am Beispiel der Freiwilligen Selbstkontrolle Fernsehen, in: NVwZ 2004, S. 1393-1399, zit: *Groß*, NVwZ 2004.

*Hahn, Werner; Vesting, Thomas*, Rundfunkrecht, 2. Auflage, München 2008, zit.: Hahn/Vesting/*Bearbeiter.*

*Harte-Bavendamm, Henning; Henning-Bodewig, Frauke,* Gesetz gegen den unlauteren Wettbewerb (UWG), 2. Auflage, München 2009, zit.: Harte-Bavendamm/Henning-Bodewig/*Bearbeiter.*

*Hartel, Ulrich*, Product Placement, in: ZUM Sonderheft 1996, S. 1033-1036, zit.: *Hartel*, ZUM Sonderheft 1996.

*Hartlieb, Holger von; Schwarz, Mathias*, Handbuch des Film-, Fernseh- und Videorechts, 5. Auflage, München 2011, zit.: Hartlieb/Schwarz/*Bearbeiter.*

*Hartstein, Reinhard; Ring, Wolf-Dieter, Kreile, Johannes*, Rundfunkstaatsvertrag, Kommentar, München 1989, zit.: *Hartstein/Ring/Kreile.*

*Hauschka, Christoph*, Product Placement und Wettbewerbsrecht – ein Lösungsversuch, in: Der Betrieb 1988, S. 165-169, zit.: Hauschka, DB 1988.

*Henning-Bodewig, Frauke*, Neuere Entwicklungen im Sponsoring, in: ZUM 1997, S. 633-642, zit.: *Henning-Bodewig*, ZUM 1997.

*Henning-Bodewig, Frauke*, Product Placement und Sponsoring, in: GRUR 1988, S. 867-873, zit.: *Henning-Bodewig*, GRUR 1988.

*Hermanns, Arnold*, Sponsoring, 2. Auflage, München 1997, zit.: *Hermanns.*

*Herrmann, Günter*, Fernsehen und Hörfunk in der Verfassung der Bundesrepublik Deutschland, Tübingen 1975, zit.: *Herrmann*.

*Herrmann, Günter*, Rundfunkgesetze, 2. Auflage, Köln/Berlin/Bonn/München 1977, zit.: *Herrmann*, Rundfunkgesetze.

*Herrmann, Günter; Lausen, Matthias*, Rundfunkrecht, 2. Auflage, München 2004, zit.: *Herrmann/Lausen*.

*Hesse, Albrecht*, Rundfunkrecht, 3. Auflage, München 2003, zit.: *Hesse*.

*Hoeren, Thomas; Sieber, Ulrich*, Handbuch Multimedia-Recht, München 2010, zit.: *Hoeren/Sieber*.

*Hoffmann-Riem, Wolfgang*, Pay TV im öffentlich-rechtlichen Rundfunk, Baden-Baden 1996, zit.: *Hoffmann-Riem*.

*Holzapfel, Anette*, Liberalisierung von Product Placement, Saarbrücken 2007, zit.: *Holzapfel*.

*Holzgraefe, Moritz*, Bühne frei für Product Placement – Werden die neuen Werberichtlinien der Landesmedienanstalten dem RStV gerecht? in: MMR 2011, S. 221-226, zit.: *Holzgraefe*, MMR 2011.

*Holznagel, Bernd,* Der spezifische Funktionsauftrag des Zweiten Deutschen Fernsehens (ZDF), Mainz 1999, zit.: *Holznagel*, Funktionsauftrag des ZDF.

*Holznagel, Bernd*, Konvergenz der Medien – Herausforderungen an das Recht, in: NJW 2002, S. 2351-2356, zit.: *Holznagel*, NJW 2002.

*Holznagel, Bernd*, Rundfunkrecht in Europa, Tübingen 1996, zit.: *Holznagel*, Rundfunkrecht.

*Holznagel, Bernd; Stenner, Daniel*, Rundfunkrecht, Oldenburg 2004, zit.: *Holznagel/Stenner*.

*Holznagel, Bernd; Stenner*, Daniel, Die Zulässigkeit neuer Werbeformen, in: ZUM 2004, S. 617-626, zit.: *Holznagel/Stenner*, ZUM 2004.

*Huber, Peter M.*, Aktuelle Fragen des Drei-Stufen-Tests, in: ZUM 2010, S. 201-211, zit.: *Huber*, ZUM 2010.

*Hümmerich, Klaus*, Nationale Rundfunkordnung oder Europäischer Medienmarkt, in: AfP 1991, S. 591-594, zit.: *Hümmerich*, AfP 1991.

*Jacobshagen, Patrick*, Filmrecht, 3. Auflage, Bergkirchen 2008, zit.: *Jacobshagen*.

*Jansen, Kathrin; Ricke, Thorsten*, Medienwandel und Medienkrise – Folgen für Medienstrukturen und ihre Erforschung, in: MMR-Aktuell 2011 (Newsletter), 313155, zit: *Jansen/Ricke*, MMR-Aktuell 2011.

*Jarass, Hans D.; Pieroth, Bodo*, Grundgesetz, München 2007, 9. Auflage, zit.: Jarass/Pieroth/*Bearbeiter*.

*Johansson, Anja*, Product Placement in Film und Fernsehen, Berlin 2001, zit.: *Johansson*.

*Jolly, Jaspal,* Marken sind die TV-Helden von morgen, in: Absatzwirtschaft, 48. Jg., Nr. 3 (2005), S. 92-94, zit.: *Jolly,* Absatzwirtschaft 3/05.

*Kirchhof, Paul,* Die Finanzierung des öffentlich-rechtlichen Rundfunks, Baden-Baden 2010, zit.: *Kirchhof.*

*Kloss, Ingomar,* Werbung, München 2007, 4. Auflage, zit.: *Kloss.*

*Klöppel, Moritz,* Infotainment, Marburg 2008, zit.: *Klöppel.*

*Koberger, Vera,* Product Placement, Sponsoring, Merchandising, Münster 1990, zit.: *Koberger.*

*König, Almut,* Die EU-Fernseh-Richtlinie – Revision oder Abschied?, in: ZUM 2002, S. 803-816, zit.: *König,* ZUM 2002.

*Kops, Manfred,* Die Finanzierung des öffentlich-rechtlichen Rundfunks nach dem Gebührenurteil des Bundesverfassungsgerichts, Berlin 1995, zit.: Kopf/ *Bearbeiter.*

*Kreile, Johannes,* Aktuelle Probleme der Vertragsgestaltung bei der Produktion von Filmen und Fernsehfilmen – „Auftragsproduktion“, in: ZUM 1991, S. 386-392, zit.: *Kreile,* ZUM 1991.

*Kreile, Johannes,* Die Umsetzung der Werbebestimmungen der EU-Richtlinie über audiovisuelle Mediendienste in deutsches Recht aus Sicht der Produzenten, in: ZUM 2009, S. 709-717, zit.: *Kreile,* ZUM 2009.

*Kuch, Hansjörg,* Der Staatsvertrag über Mediendienste, in: ZUM 1997, S. 225-230, zit.: *Kuch,* ZUM 1997.

*Ladeur, Karl-Heinz,* Neue Werbeformen und der Grundsatz der Trennung von Werbung und Programm, in: ZUM 1999, S. 672-682, zit.: *Ladeur,* ZUM 1999.

*Ladeur, Karl-Heinz,* Reform der Rundfunkwerbung – Regulierung, Deregulierung oder regulierte Selbstregulierung? in: AfP 2003, S. 385-391, zit.: *Ladeur,* AfP 2003.

*Leitgeb, Stephan,* Die Revision der Fernsehrichtlinie – Überblick über die wesentlichen geplanten Änderungen unter besonderer Berücksichtigung der Liberalisierung des Verbotes von Produktplatzierungen, in: ZUM 2006, S. 837-844, zit.: *Leitgeb,* ZUM 2006.

*Leitgeb, Stephan,* Product-Placement, Hamburg 2010, zit.: *Leitgeb.*

*Lerche, Peter,* Beteiligung Privater im Rundfunkbereich und Vielfaltsstandard, in: NJW 1982, S. 1676-1682, zit.: *Lerche,* NJW 1982.

*Lerg, Winfried B.,* Rundfunkpolitik in der Weimarer Republik, München, 1980, zit.: *Lerg.*

*Libertus, Michael,* Zur Frage der Eindringtiefe und Reichweite der Prüfungskompetenz der Kommission zur Ermittlung des Finanzbedarfs der Rundfunkanstalten (KEF) bei den Parametern Wirtschaftlichkeit und Sparsamkeit, in: ZUM 2000, S. 1064-1070, zit.: *Libertus,* ZUM 2000.

*Lilienthal, Volker*, Bavaria Film verdiente über Jahre an Schleichwerbung, in: epd medien, 42/05 vom 1. Juni 2005, zit.: *Lilienthal*, epd medien 42/05.

*Loewenheim, Ulrich*, Handbuch des Urheberrechts, 2. Auflage, München 2010, zit.: Loewenheim/*Bearbeiter*.

*Mahrenholz, Ernst Gottfried*, Die gesellschaftliche Bedeutung des öffentlich-rechtlichen Rundfunks in: ZUM 1995, S. 508-513, zit.: *Mahrenholz*, ZUM 1995.

*Mallick, Rani*, Product-Placement in den Massenmedien, Rechtstatsachen und Rechtsgrundlagen, Baden-Baden 2009, zit.: *Mallick*.

*Mangoldt, Hermann von; Klein, Friedrich; Starck, Christian*, Kommentar zum Grundgesetz, Band 1, 5. Auflage, München 2005, zit.: v. Mangoldt/Klein/Starck/*Bearbeiter*, GG I.

*Martin, Guido*, Staatsaufsicht über die Landesmedienanstalten, in: ZUM 1993, S. 515-521, zit.: *Martin*, ZUM 1993.

*Maunz, Theodor; Dürig, Günter*, Grundgesetz, Kommentar, München 2010, 57. Ergänzungslieferung, zit.: Maunz/Dürig/*Bearbeiter*.

*Montag, Helga*, Privater oder öffentlich-rechtlicher Rundfunk?, Berlin 1978, zit.: *Montag*.

*Nicolini, Käte; Ahlberg, Hartwig*, Urheberrechtsgesetz, München 2000, zit.: Möhring/Nicolini/*Bearbeiter*.

*Müller-Rüster, Jannis*, Product Placement im Fernsehen, Tübingen, 2010, zit.: *Müller-Rüster*.

*Münch, Ingo von; Kunig, Philip*, Grundgesetz-Kommentar, München 2000, 5. Auflage, zit.: v. Münch/Kunig/*Bearbeiter*.

Münchner Kommentar zum BGB, München 2007/2012, 5./6. Auflage, zit.: Münchner Kommentar/*Bearbeiter*.

*Neun*, Andreas, Öffentlich-rechtlicher Rundfunk: Grenzen des Wachstums, Berlin 2002, zit.: *Neun*.

*Nickel, Ulrike*, Bartering, Frankfurt 1996, zit.: *Nickel*.

*Nieschlag, Robert*; *Dichtl, Erwin*; *Hörschgen, Hans;* Marketing, Berlin 2002, 19. Auflage, zit.: *Nieschlag/Dichtl/Hörschgen*.

*Ohly, Ansgar; Sosnitza, Olaf*, UWG, 5. Auflage, München 2010, zit.: Ohly/Sosnitza/*Bearbeiter*.

*Oppermann, Thomas; Kilian, Michael*, Rechtsgrundsätze der Finanzierung öffentlich-rechtlichen Rundfunks in der dualen Rundfunkverfassung der Bundesrepublik Deutschland, Frankfurt a. M. 1989, zit.: *Oppermann/Kilian*.

*Peters, Butz*, Fernseh- und Filmproduktion, Baden-Baden 2003, zit.: *Peters*.

*Pießkalla, Michael; Leitgeb, Stephan*, Product Placements im Fernsehen – Schleichwerbung ohne Grenzen, in: K&R 2005, S. 433-440, zit.: *Pießkalla/Leitgeb*, K&R 2005.

*Piper, Henning; Ohly, Ansgar; Sosnitza, Olaf,* Gesetz gegen den unlauteren Wettbewerb, 5. Auflage, München 2010, zit.: Piper/Ohly/Sosnitza/*Bearbeiter.*

*Platho, Rolf,* Die Systematik von Schleichwerbung und Produktplatzierung und ihre Verfehlung in der AVMD-Richtlinie, in: MMR 2008, S. 582 – 587, zit.: *Platho*, MMR 2008.

*Platho, Rolf,* Werbung, nichts als Werbung – und wo bleibt der Trennungsgrundsatz?, in: ZUM 2000, S. 46-55, zit.: *Platho*, ZUM 2000.

*Pohle, Heinz*, Der Rundfunk als Instrument der Politik, Hamburg 1955, zit.: *Pohle.*

*Reber, Nikolaus*, Die Beteiligung von Urhebern und ausübenden Künstlern an der Verwertung von Filmwerken in Deutschland und den USA, München 1998, zit.: *Reber.*

*Ricker, Reinhard*, Die gesetzliche Regelung des Kabelpilotprojektes Ludwigshafen, in: NJW 1981, S. 849-852, zit.: *Ricker*, NJW 1981.

*Ring, Wolf-Dieter*, Medienrecht, Bd. I-IV, Loseblattsammlung, München 1987, zit.: *Ring.*

*Rossen-Stadtfeld, Helge*, Medienaufsicht unter Konvergenzbedingungen, in: ZUM 2000, S. 36-46, zit.: *Rossen-Stadtfeld*, ZUM 2000.

*Sack, Rolf,* Zur wettbewerbsrechtlichen Problematik des Product Placement im Fernsehen in: ZUM Sonderheft 1987, S. 103-128, zit.: *Sack* ZUM Sonderheft.

*Schaar, Oliver*, Programmintegrierte Fernsehwerbung in Europa, Baden-Baden 2001, zit.: *Schaar.*

*Scharf, Albert*, Das neue Rundfunkgebührenrecht, in: ARD Jahrbuch 70, Hamburg 1970, zit.: *Scharf*, ARD-Jahrbuch 70.

*Scheble, Roland*, Perspektiven der Grundversorgung, Baden-Baden 1994, zit.: *Scheble.*

*Scherer, Beate*, „Product Placement" im Fernsehprogramm, Baden-Baden 1990, zit.: *Scherer.*

*Schmitt-Vockenhausen, Monika*, Revision der EG-Fernsehrichtlinie, in: ZUM 1998, S. 377-381, zit.: *Schmitt-Vockenhausen*, ZUM 1998.

*Schmittmann, Michael; Kempermann, Philip*, Dienstleistungsrichtlinie – Fernsehrichtlinie – Jungendschutz, in: AfP 2006, S. 536-539, zit.: *Schmittmann/ Kempermann*, AfP 2006.

*Schnaitter, Marcus*, Möglichkeiten und Grenzen der Ausgestaltung des Programmauftrags der öffentlich-rechtlichen Rundfunkanstalten, Berlin 2008, zit.: *Schnaitter.*

*Schneider, Hans-Peter*, Werbung im öffentlich-rechtlichen Rundfunk, Baden-Baden 2010, zit.: *Schneider.*

*Schroeder, Werner*, Teleshopping und Rundfunkfreiheit, in: ZUM 1994, S. 471-482, zit.: *Schroeder*, ZUM 1994.

*Schulz, Wolfgang*, Medienkonvergenz light – Zur neuen Europäischen Richtlinie über audiovisuelle Mediendienste, in: EuZW 2008, S. 107 – 111, zit.: *Schulz*, EuZW 2008.

*Schüller, Valérie*, Die Auftragsdefinition für den öffentlich-rechtlichen Rundfunk nach dem 7. und 8. Rundfunkänderungsstaatsvertrag, Frankfurt a. M. 2007, zit.: *Schüller*.

*Schwarz, Matthias*, Aktuelle Probleme der Vertragsgestaltung bei der Produktion von Filmen und Fernsehfilmen, in: ZUM 1991, S. 381-386, zit.: *Schwarz*, ZUM 1991.

*Spindler, Gerald; Schuster, Fabian*, Recht der elektronischen Medien, 2. Auflage, München 2011, zit.: Spindler/Schuster/*Bearbeiter*.

*Staudinger, Julius*, Kommentar zum Bürgerlichen Gesetzbuch, Berlin 2006, zit.: Staudinger/*Bearbeiter*.

*Stettner, Rupert*, Die Öffnung des Rundfunks für Private durch das Bayerische Medienerprobungs- und -entwicklungsgesetz, in: ZUM 1986, S: 559-572, zit.: *Stettner*, ZUM 1986.

*Stock, Martin*, Das deutsche duale Rundfunksystem: Alte Probleme, neue Perspektiven, Münster 2004, zit.: *Stock*.

*Stock, Martin*, Das vierte Rundfunkurteil des Bundesverfassungsgerichts: Kontinuität oder Wende?, in: NJW 1987, S. 217-224, zit.: *Stock*, NJW 1987.

*Strouvali, Konstantina*, Product Placement im Rahmen des Kommissionsentwurfs für eine Novelle der Fernsehrichtlinie, Hamburg 2008, zit.: *Strouvali*.

*Verband Privater Rundfunk und Telekommunikation e. V.*, Öffentlich-rechtlicher Rundfunk und Werbefinanzierung, Berlin 1995, zit.: VPRT/*Bearbeiter*.

*Vesting, Thomas*, Prozedurales Rundfunkrecht, Baden-Baden 1997, zit.: *Vesting*.

*Volpers, Helmut; Dirk Herkströter; Detlef Schnier*, Die Trennung von Werbung und Programm im Fernsehen, Opladen 1998, zit.: *Volpers*, Trennung von Werbung und Programm.

*Volpers, Helmut*, Die Regelungen zur Produktplatzierung im Rundfunkstaatsvertrag und in den Gemeinsamen Werberichtlinien der Landesmedienanstalten und ihre Umsetzung im TV, Studie des Instituts für Medienforschung, Göttingen 2011, zit.: *Volpers*, Studie zur Produktplatzierung.

*Völkel, Rüdiger*, Product Placement aus der Sicht der Werbebranche und seine rechtliche Einordnung, in: ZUM 1992, S. 55-72, zit.: *Völkel*, ZUM 1992.

*Wandtke, Artur-Axel; Bullinger, Winfried*, Praxiskommentar zum Urheberrecht, 3. Auflage, München 2009, zit.: Wandtke/Bullinger/*Bearbeiter*.

*Weber, Peter*, Neue Nutzungsarten – Neue Organisation der Rechteverwaltung?, in: ZUM 2007, S. 688-694, zit.: *Weber*, ZUM 2007.

*Weng, Hsiao-Ling*, Rechtsprobleme der indirekten Werbung durch Sponsoring und Product Placement im Kinospielfilm, Frankfurt 1999, zit.: *Weng*.

*Wolf, Christopher*, Der Kulturauftrag des öffentlich-rechtlichen Rundfunks in der Rechtsprechung des Bundesverfassungsgerichts, Frankfurt a. M. 2010, zit.: *Wolf.*

*Wolf, Martin*, Vampir an der Wursttheke, in: DER SPIEGEL, 22/10 vom 31.05.2010, S. 114-115, zit.: *Wolf,* DER SPIEGEL.

## II. Quellen ohne Autoren

ALM/Die Medienanstalten, Jahrbuch 2010/2011, Berlin 2010, zit.: ALM Jahrbuch 2010/2011.

ARD-Jahrbuch 70, Hamburg 1970, zit.: ARD-Jahrbuch 70.

*Kommission für den Ausbau des technischen Kommunikationssystems,* Bedürfnisse und Bedarf für Telekommunikation, Anlageband 1 zum Telekommunikationsbericht, Bonn 1976, zit.: *Kommission für den Ausbau des technischen Kommunikationssystems*, Bedürfnisse und Bedarf für Telekommunikation.